우리말처럼 쉽게 나오는
체험영어회화
1000장면

우리말처럼 쉽게나오는
체험영어회화 1000장면

1판 1쇄 발행 2004년 1월 1일
개정판 1쇄 발행 2010년 7월 10일
개정판 4쇄 발행 2018년 10월 29일

지은이	박찬영, Michael Elliott
펴낸이	박찬영
기획편집	정민정, 김혜경, 한미정
디자인	박시내
마케팅	이진규, 장민영
발행처	리베르
주소	서울시 성동구 왕십리로 58 서울숲포휴 11층
등록번호	제2003-43호
전화	02-790-0587, 0588
팩스	02-790-0589
홈페이지	www.liberbooks.co.kr
커뮤니티	blog.naver.com/liber_book(블로그) cafe.naver.com/talkinbook(카페)
e-mai	skyblue7410@hanmail.net
ISBN	978-89-91759-94-7 (13740)

리베르(LIBER)는 디오니소스신에 해당하며 책과 전원의 신을 의미합니다.
또한 liberty(자유), library(도서관)의 어원으로서 자유와 지성을 상징합니다.

우리말처럼 쉽게 나오는

체험영어회화
1000장면

박찬영, 마이클 엘리엇(Michael Elliott) 지음

리베르

머리말

영어 회화를 위해 모범 문장을 수십, 수백 번 외웠지만 몇 시간도 지나지도 않아 잊어버리는 기막힌 경험을 하지 않았습니까? 애써 외웠다 해도 실제 상황에서는 제대로 사용해 보지도 못한 적이 더 많았을 것입니다.

왜 그럴까요? 결코 노력이 부족해서 그런 것만은 아닙니다. 지금까지 우리는 영어를 영어식으로 공부한 것이 아니라 영어를 우리말식으로 공부했기 때문입니다.

한때 우리나라에서는 '무작정 듣기' 열풍이 일었지만 일부 열성파에게만 자극제 역할을 했을 뿐 대다수 학습자들은 또다시 절망에 빠졌습니다. 뒤이어 중국에서 유행한 '무작정 말하기'라는 학습법이 한국에 선보였습니다. 무작정 듣고 말하는 방식 역시 학습자의 고통을 요구하기는 마찬가지였습니다.

노력만을 요구하는 공부 방법들이 학습자를 좌절시켜 왔던 것입니다. 영어란 미친 듯이 공부해야 하는 대상이 아니라 편안한 마음으로 최대한 적은 시간을 들여 즐기는 대상이어야 합니다. 언어란 평생을 공략해야 할 대상이 아니라 기본적인 정보를 교환하고 의사소통을 하는 수단에 불과합니다. 전문적인 분야의 영어라 하더라도 그 분야의 용어만 제대로 파악하고 있으면 됩니다.

심지어 수십 가지 문장 패턴을 암기하기 위해 필요하지도 않은 방대한 기억법 자료를 외게 하는 납득할 수 없는 학습 방법도 소개되었습니다. 어쩌면 학습자들은 지금까지 검증되지 않은 학습법의 실험 대상이 되어온 것입니다. 영어도사가 열심히 공부해야만 목표에 도달하는 방법은 일반인에게는 별로 도움이 되지 않습니다. 일반인이 짧은 기간에 자연스럽게 탁월한 성과를 이룰 수 있어야만 제대로 된 학습법이라고 할 수 있지요.

기존 방식으로는 10년이 아니라 100년을 해도 영어를 정복할 수 없다!

영어 스트레스에서 벗어나는 비밀의 열쇠는 '영어를 있는 그대로 해석하는 것'에 있습니다. 영어의 어순대로 단어 하나하나의 원뜻을 그대로 새기는 방식이 그것입니다. 지금까지 해왔던 대로 무작정 암기하고, 무작정 듣고, 우리말식으로 해석하면 10년 아니라 100년을 공부해도 영어를 정복할 수 없다고 단언합니다.

영어 공부 방법은 간단합니다.

첫째, 영어를 있는 그대로 받아들이기만 하면 됩니다. 우선 영어의 어순을 그대로 지켜줘야 합니다. 우리말은 도치법이 발달한 유연한 언어이기 때문에 영어의 어순 그대로 직역해도 이해하는 데는 거의 지장이 없습니다. 우리말은 세상에서 가장 뛰어난 언어입니다. 그 근거는 과학적 창제 과정이라기보다 도치법에 있다고 봅니다.

그러나 영어는 어순에 얽매입니다. 예컨대 'K love you'는 어순을 바꾸면 'love you K'처럼 문장이 성립되지 않거나 'You love K'처럼 뜻이 바뀝니다. 그러나 '나는 너를 사랑한다'는 어순을 바꿔 '사랑한다 나는 너를' 혹은 '너를 사랑한다 나는'이라고 말해도 의미가 바뀌지 않습니다.

영어를 정확히 있는 그대로 파악하면 번역은 우리말 실력의 문제입니다. 가능하면 영문의 순서대로, 원래 의미 그대로 번역하는 것이 좋습니다. 구태여 힘들게 말을 돌려가며 번역하는 것이 반드시 잘하는 번역은 아닙니다. 다만 전치사, 조동사, 접속사, 부정어 등은 자연스러운 연결을 위해 뒤에 해석해주는 것이 좋습니다.

둘째, 가능한 영어 단어의 원래 의미 그대로 옮겨야 합니다. 영어 단어에는 기본적으로 하나의 뜻밖에 없습니다. 영어 단어에 있는 수많은 의미는 원뜻, 즉 하나의 뿌리에서 나온 곁가지들에 불과합니다. 단어의 파생된 의미, 혹은 비유적인 의미들은 원뜻만 충실하게 새겨주면 전체 문맥을 통해 자연스럽게 드러납니다.

기본 의미가 무엇인지 애매한 경우에는 자신이 잘 아는 의미를 기본 의미로 정할 수도 있습니다. 자신이 아는 의미라면 충분히 기본 의미의 자격이 있지요. 그 의미를 토대로 의미 확장을 시도해보는 겁니다.

어원을 아는 것은 기본 의미를 파악하는 데 매우 도움이 됩니다. 어원을 모르더라도 일단 넘어가세요. 우리말 중에서도 어원을 모르고 쓰는 말이 얼마나 많습니까. 원어민도

수많은 언어들에 근거를 둔 영어의 어원을 모르고 쓰는 경우가 부지기수입니다.

품사에는 절대 신경 쓰지 마세요. 품사 팔자는 시간문제입니다. 대다수 단어들은 문장 속에서 다양한 품사로 사용됩니다. 파생어나 파생된 의미들은 단어장을 통해 외우는 것보다 는 단어의 원래 의미를 정확히 적용하면서 많은 영문을 접하는 것이 훨씬 효율적입니다.

실제로 영어 어순 그대로 이해하고 영어 단어의 기본 의미를 그대로 적용해볼까요.

Do you think I am wearing heavy makeup?

Mind if I sit here? No.

Give my best regards to your mother.

I have a tight muscle around my neck.

I had my bicycle stolen in the park.

내가 화장을 너무 진하게 한다고 생각하니?

여기 앉아도 될까요? 예.

너의 어머니에게 안부 전해줘.

목이 뻣뻣합니다.

나는 공원에서 자전거를 도난당했다.

우리는 위의 번역문처럼 영어 문장을 해석해왔습니다. 바로 이것이 한국 영어를 망쳐 온 근본 원인입니다. 영어 문장을 받아들이는 우리의 사고방식이 한국식이라면 영 어를 배우는 것이 아니라 영어에 해당되는 우리말을 공부한 것이나 다름없습니다. 이런 방식으로는 일부 영어 도사들이 그랬던 것처럼 영어에 목매달고 공부하지 않는 한, 일반인의 일반적인 노력으로는 10년 아니라 100년 해도 안 됩니다.

위의 문장을 다음처럼 단어 하나하나 원래의 뜻대로 해석해봅시다. 영어식으로 우리 말을 떠올리는 것이 목적입니다.

너는 생각하니, 내가 입고 있다고, 무거운 화장을.

꺼리십니까, 내가 앉으면, 여기에? 아니요.

('여기 앉아도 될까요? 예.'라고 해석하는 것은 원문을 무시하는 것이다. No는 어디까지나 No일 뿐이다.)

주세요, 나의 가장 좋은 관심들을, 당신의 어머니에게.

나는 갖고 있어요, 꽉 끼는 근육을, 나의 목 주변에.

나는 가졌다, 나의 자전거를, 도난당한, 공원에서.

(have를 사역동사로 해석하기보다 원래의 뜻대로 '가지고 있다'로 해석하는 습관이 중요합니다.)

위의 한글 해석은 영어를 원래 의미 그대로, 있는 그대로 옮긴 것이므로 내용 자체는 영어와 다를 바가 없습니다. 자 이제는 위의 해석을 보면서 영어를 떠올려보세요. 마치 마법이 풀리는 것처럼 영어가 술술 나오지 않습니까.

단어의 원뜻도 제대로 확인하지 않고 영문의 의미를 그냥 통째로 외우려 든다면 셀 수 없을 정도로 다양하게 조합되는 문장들도 그런 식으로 외워야 할 것입니다. 결국 평생을 해도 안 된다는 것이지요. 원래의 뜻대로 해석을 해도 의미 파악에는 거의 지장이 없습니다. 관용적인 표현도 거의 다 의미 파악이 가능합니다. '무거운 화장'은 당연히 '진한 화장'으로 생각할 수 있을 것입니다. '입는다, 무거운 화장을'이란 표현이 재미있게 느껴질 수도 있습니다. 재미있는 표현은 기억에 큰 도움을 주지요.

전통 영문법이 죽어야 영어가 산다

일제의 잔재가 지금도 한국의 영어 교육 현장에서는 사라지지 않고 있습니다. 우리가 지금까지 배워온 영문법은 대부분이 일제 때의 영문법 그대로입니다. 마치 약속이나 한 듯이 반세기 이상을 의심 없이 사용해온 일제식 영문법의 틀이 우리의 발목을 잡고 있습니다. 우리는 지금까지 영어를 공부하지 않고 우리말을 토대로 영어를 연구해왔던 것입니다. 일본의 영문법은 거의 대다수가 영어 원어민이 쓴 영문법을 그대로 모방한 것입니다. 원어민이 자국인이나 유럽인을 염두에 두고 쓴 영문법은 한국인의 입장을 거의 고려

하지 않은 것입니다. 이제는 한국인을 위한 영문법을 자체 개발할 필요가 있습니다. 우리말과 영어를 구조적으로 '있는 그대로' 대응시켜 영어의 기본 문형을 확실하게 익히도록 하는 것이 대안이 될 수 있습니다. 영문법도 '우리말식'이 아닌 '영어식'으로 공부해야 합니다. 영문법 용어도 알기 쉽게 고치고 필요 없는 용어는 가능한 사용하지 말아야 합니다.

영문을 있는 그대로 정확히 읽기 위해서는 기본 문형이 몸에 배어 있어야 합니다. 영문을 확실하게 이해해야 자신감도 붙고 빠른 성과도 기대할 수 있습니다. 영어를 대충 이해하면 영어도 대충 지나가버립니다. 10년을 공부해도 영어에 자신감을 가질 수 없는 이유를 바로 여기서 찾을 수 있습니다.

이 책에서 소개한 65가지의 문장 패턴만 익히면 수많은 영문법 규칙을 공부한 사람보다 훨씬 더 자신감을 가질 수 있을 것입니다. 무릇 실전에 강하지 않은 지식은 장식품에 지나지 않습니다. 백과사전식으로 나열한 기존 영문법은 토익이나 토플 문제를 해결하는 데도 별로 도움이 되지 않습니다. 토익이나 토플의 문제도 영문의 기본 틀을 묻는 경우가 대부분이기 때문입니다. 이 책의 영문법 예문은 모두 실전 영어 회화와 영작 자료에서 뽑았으므로 실용 영어는 물론 영어 시험에도 큰 도움이 될 것입니다.

영어 발음은 지금 당장 좋아질 수 있습니다

왜 우리는 영어를 제대로 말하지도 듣지도 못할까요. 영어와 우리말은 발성 구조가 다르기 때문입니다. 우리말은 평상시 혀가 윗니와 윗잇몸에 붙어 있고 말할 때는 대부분 입 안에 떠 있지만, 영어는 혀끝이 아랫니와 아랫잇몸에 붙어 있습니다. 따라서 영어는 소리를 내기 시작할 때 항상 약한 [으] 발음으로 시작하는 느낌을 받게 됩니다.

우리말은 자음과 모음을 붙여서 발음하지만 영어는 자음과 모음을 분리해서 발음하는 경향이 강합니다. 자음과 모음을 분리하게 되면 혀끝은 기본적으로 아랫니와 아랫잇몸에 붙어 있게 되고 입술은 자연스레 양옆으로 벌어지는 모양을 취하게 됩니다.

미국인은 [디자인]을 [드이즈아으인]으로, [한자]를 [흐아은 즈아]로 발음합니다. 디자이

너 앙드레 김도 디자인을 [드이즈아으인]이라고 발음하는 것을 들은 적이 있습니다. 약한 [으]로 발음을 시작하다 보면 자연스레 입술이 옆으로 벌어집니다. 미국인의 발음을 흉내 내려면 음절마다 약한 [으]로 시작해 다음 소리로 빨리 연결해주면 됩니다.

영어 발음도 있는 그대로 우리말과 1:1로 대응시키면 간단히 해결됩니다. 필자가 독자적으로 개발한 복자음, 반자음만 익히면 됩니다. 복자음에는 [f=ㅍㅎ v=ㅂㅎ l=ㄹㄹ th=ㄷㅎ, ㄸㅎ z=ㅅㅈ]이 있고 반자음에는 [r=루, 어)가 있습니다. 이 여섯 가지만 알면 영어 발음은 거의 해결됩니다. 복자음과 반자음은 영어의 발음을 우리말로 가장 정확하게 표현한 것입니다. 발음기호보다도 더 정확하고 이해하기 쉽습니다.

다음 페이지의 몇 가지 단어를 영어를 읽기 전에 워밍업을 하는 기분으로 큰 소리로 읽어보세요. 물론 혀끝을 약한 [으] 발음으로 시작하는 것은 항상 지켜야겠지요. 영어의 우리말 표기를 입에 착 달라붙을 정도로 연습하면 영어식 발음과 구강 구조는 자연스럽게 만들어집니다.

발음 이론과 구강 구조는 잊어버리세요. 생각도 하지 마세요. 여러분이 우리말을 할 때 발음 이론을 생각하지 않듯이 말입니다. 수많은 영어 발음 이론을 익히기보다는 단어 몇 개라도 제대로 발음하는 연습만 해도 영어의 구강 구조는 자연스럽게 만들어집니다. 다만 발성을 할 때 어깨에 힘을 빼고 가슴에서 소리를 끌어올리면 더욱 효과적입니다.

이제 여러분 앞에는 신기한 경험이 펼쳐질 것입니다. 여러분의 혀에 버터가 발라진 느낌을 가지게 될 것입니다. 우리말에 없는 영어 발음의 한글 표기, 발음과 혀의 위치, 알파벳과 발음과의 관계를 조금만 시간을 내서 입으로 연습하면 발음 걱정은 사라질 것입니다.

처음에는 어색하게 느껴지는 우리말 표기를 입에 착 달라붙을 때까지 소리 내어 크게 읽으면서 연습해보세요.

약한 [으] 소리를 만들기 위해 가슴에서 소리를 끌어올리며 다음 단어들을 자신 있을 때까지 큰 소리로 발음해보세요. 복자음은 동시에 발음하기 힘들기 때문에 분리해서 발음하는 경우가 많습니다.

우리말에 없는 영어 발음의 한글 표기

f=ㅍㅎ v=ㅂㅎ l=ㄹㄹ r=루, 어 th=(혀를 물고) ㄷㅎ, ㄸㅎ z=ㅅㅈ

〔f〕 윗니로 아랫입술을 깨물며 〔프흐〕로 발음한다.

〔v〕 윗니로 아랫입술을 깨물며 〔브흐〕로 발음한다.

〔l〕 혀끝으로 입천장의 딱딱한 곳을 치며 〔ㄹㄹ〕을 동시에 발음한다.

　　단어 끝에서는 〔을〕로 발음한다.

〔r〕 혀끝으로 입천장의 딱딱한 앞부분을 치며 〔ㄹㄹ〕로 발음한다.

　　단어 끝에서는 〔어〕로 발음한다.

〔th〕 혀를 물고 안으로 넣으며 연음은 〔ㄷ〕, 경음은 〔ㄸ〕로 발음한다.

〔z〕 혀를 윗니 뒤에 놓고 떨면서 〔스즈〕로 발음하되, 〔즈〕에 가까운 소리를 낸다.

father〔ㅍ하더〕	아버지	victory〔브힉터뤼〕	승리
lady〔을레이디〕	숙녀	rain〔뤠인〕	비
hear〔히어〕	듣다	thank you〔땡 뉴〕	감사합니다
they〔데이〕	그들	zero〔즈이로우〕	제로

이 책으로 학습할 때는

첫째, 영문을 있는 그대로 해석한 후 교재 오른쪽의 '영어식 해석'과 비교하세요. 영어식 해석만으로도 대부분 의미 파악이 가능하지만 그래도 뜻이 떠오르지 않으면 '우리말식 해석(번역)'을 잠깐 참조하면 됩니다.

둘째, 영어식 해석 부분만을 보면서 영문 순서대로 영어를 떠올려보세요. 마치 마법이 풀리는 것처럼 영작이 될 것입니다.

셋째, CD를 들으면서 눈으로는 영어식 해석을 보고 입으로는 영어를 큰 소리로 읽어보세요. 듣기, 영작, 말하기를 동시에 하는 셈이 됩니다. 영어식 해석의 순서는 실제 영문의 순서와 동일하므로 CD를 따라가는 데 하등 부담을 느끼지 않을 것입니다.

　주기적으로 '영어식 해석' 부분을 보며 영어를 떠올리는 훈련을 자주 해주세요. 이 교재와 다른 교재의 경쟁력은 하늘과 땅의 차이라고 해도 과언이 아닙니다. 수많은 사람들을 이 방식으로 훈련시킨 결과, 탁월한 효과가 있다는 것이 이미 입증됐습니다.

　서점의 외국어교재 코너에 가면 약속이나 한 듯이 회화, 영작, 문법, 발음, 어휘별로 책들을 분류해놓았습니다. 회화가 바로 영작이자 문법인데도 모든 분야가 조화되도록 고려한 책은 찾아볼 수가 없습니다. 영어 회화책이라 하더라도 어휘, 문법, 작문에 대한 연습을 병행시켜 완전학습을 유도하는 것이 바람직합니다. 이 책은 회화, 발음, 문법, 작문, 어휘 등 영어의 모든 분야를 일체화하고 있습니다. 한마디로 '종합 영어 회화책'이라고 할 수 있지요.

　이 책의 예문들은 실제 경험에 입각해서 수백 권의 관련 서적을 토대로 엄선했고, 미국인의 첨삭을 거쳤습니다. 따라서 이 책의 실용성과 활용성은 다른 회화책 수십 권에 해당할 것입니다. 내용은 주제별로 서로 연관성이 있도록 구성했으므로 전체 내용의 파악에도 도움이 될 것입니다. 이 책이 영어 회화는 물론 일반 영어 실력을 전반적으로 향상시키는 데 큰 도움이 되기를 기대합니다.

　다시 한번 강조합니다. 아무리 좋은 구슬이 있다 하더라도 꿰어야만 보배가 될 수 있습니다. '있는 그대로' 학습법을 준수하세요. CD를 들으면서 큰 소리로 따라 말하세요. 영어는 음악 감상이 아니라 온몸 운동입니다. 수영을 머리로 연습하지 않듯이 영어도 입으로, 귀로, 몸짓으로, 아니 온몸으로 읽어야 합니다. 이 책이 영어 온몸 운동의 길잡이가 될 것입니다.

지은이 씀

차례

Chapter 1 **Greetings** / 인사 **19**

SITUATION 001   Introduction, First greeting / 소개, 첫인사 • **20**
SITUATION 002   Greetings : people who meet often / 자주 만나는 사이의 인사 • **20**
SITUATION 003   Calling a person by name / 이름 부르기 • **22**
SITUATION 004   Farewells, Inquiring after a person's health / 헤어질 때 인사, 안부 전하기 • **22**
SITUATION 005   Getting to know each other / 초면 대화 • **24**
SITUATION 006   Talking with a stranger / 낯선 사람과의 대화 • **24**

Chapter 2 **Love, Friendship** / 사랑, 우정 **29**

SITUATION 007   Love / 사랑 • **30**
SITUATION 008   Matchmaking / 이성 소개 • **30**
SITUATION 009   Friends / 친구 • **32**
SITUATION 010   Dating / 데이트 • **32**
SITUATION 011   Flirting / 희롱 • **34**
SITUATION 012   Personality / 성격 • **36**
SITUATION 013   Arguing / 말다툼 • **38**
SITUATION 014   Slandering, Apologizing / 험담, 사과 • **40**
SITUATION 015   Breaking up / 헤어지기 • **40**
SITUATION 016   Consoling / 위로 • **40**

Chapter 3 **Marriage** / 결혼 **45**

SITUATION 017   Marriage / 결혼 • **46**
SITUATION 018   Childcare, Death / 육아, 죽음 • **46**
SITUATION 019   Family / 가족 • **48**
SITUATION 020   Married life / 결혼 생활 • **48**
SITUATION 021   Separation, Secrets / 별거, 비밀 • **50**
SITUATION 022   Divorce / 이혼 • **50**

Chapter 4 **House** / 주거   **53**

SITUATION 023   Residence / 주거 • **54**
SITUATION 024   Household affairs / 집안일 • **54**
SITUATION 025   Cleaning up a house, Waste / 청소, 쓰레기 • **56**

Chapter 5 **Hobby** / 취미   **59**

SITUATION 026   Music / 음악 • **60**
SITUATION 027   Song / 노래 • **60**
SITUATION 028   At the discotheque / 디스코텍에서 • **62**
SITUATION 029   At the movie theater / 영화관에서 • **62**
SITUATION 030   About a movie / 영화에 관한 이야기 • **64**
SITUATION 031   Television, Radio / 텔레비전, 라디오 • **66**
SITUATION 032   Watching a game / 운동 경기 관전 • **68**
SITUATION 033   Playing a game, Scoring / 경기하기, 득점 • **70**
SITUATION 034   Hiking / 하이킹 • **70**
SITUATION 035   Taking a picture / 사진 찍기 • **72**
SITUATION 036   Betting, Gambling / 내기, 도박 • **72**
SITUATION 037   Books / 책 • **74**

Chapter 6 **Occupation** / 직업   **77**

SITUATION 038   Occupation / 직업 • **78**
SITUATION 039   One's workplace / 직장 • **78**
SITUATION 040   A two-paycheck couple / 맞벌이 부부 • **78**
SITUATION 041   Job hunting, A new job / 직장 구하기, 새 직장 • **80**
SITUATION 042   Promotion / 승진 • **80**
SITUATION 043   Resignation, Transfers / 사직, 전근 • **82**
SITUATION 044   Layoffs, Retirement / 해고, 은퇴 • **84**

Chapter 7 **Work, Vacation** / 일, 휴가   **87**

SITUATION 045   Attendance / 출퇴근 • **88**
SITUATION 046   A day-off, A shift / 휴무, 근무 교대 • **88**
SITUATION 047   Vacation / 휴가 • **90**
SITUATION 048   Work / 근무 • **90**
SITUATION 049   Assistance / 도와주기 • **92**
SITUATION 050   Disturbance / 방해 • **94**

SITUATION 051   Mistakes, Scolding / 실수, 꾸중하기 • **94**
SITUATION 052   Pay / 봉급 • **96**
SITUATION 053   Meetings / 회의 • **96**
SITUATION 054   Speeches / 연설 • **98**
SITUATION 055   Pros and cons / 찬반 • **98**
SITUATION 056   An opinion / 의견 • **100**

Chapter 8   Business, Economy / 사업, 경제 **103**

SITUATION 057   A business talk / 사업 상담 • **104**
SITUATION 058   Appointments / 약속 • **106**
SITUATION 059   Visiting / 방문 • **108**
SITUATION 060   Telephoning / 전화 • **110**
SITUATION 061   Management / 경영 • **112**
SITUATION 062   An investment / 투자 • **114**
SITUATION 063   Recession / 불경기 • **114**
SITUATION 064   Economy, Restructuring / 경제, 구조 조정 • **116**
SITUATION 065   The stock market / 주식 시장 • **118**

Chapter 9   Invitation / 초대 **121**

SITUATION 066   Invitation, Giving a present / 초대, 선물 • **122**
SITUATION 067   Giving a party / 파티 • **122**
SITUATION 068   Appetite / 식욕 • **124**
SITUATION 069   Having coffee / 커피 권하기 • **124**
SITUATION 070   A parting guest / 떠날 때 인사 • **126**

Chapter 10   At the restaurant / 식당 **129**

SITUATION 071   Eating out / 외식 • **130**
SITUATION 072   Lunch / 점심 • **130**
SITUATION 073   Korean dishes / 한국 음식 • **132**
SITUATION 074   Restaurant / 식당 • **134**
SITUATION 075   Fast food / 패스트푸드 • **136**
SITUATION 076   Having a snack / 간식 • **138**
SITUATION 077   Payment / 지불 • **138**
SITUATION 078   Drinking / 음주 • **140**
SITUATION 079   A hangover / 숙취 • **142**
SITUATION 080   Smoking / 흡연 • **142**

Chapter 11 **Air travel** / 비행기 여행   **147**

SITUATION 081   Booking a flight / 비행기표 예약 • **148**
SITUATION 082   Boarding / 탑승 수속 • **148**
SITUATION 083   Entry into a country / 입국 신고 • **150**

Chapter 12 **Lodging** / 숙소   **155**

SITUATION 084   Hotel / 호텔 • **156**
SITUATION 085   Room service / 룸서비스 • **158**
SITUATION 086   The barbershop, The beauty parlor / 이발소, 미장원 • **158**
SITUATION 087   Breakfast / 아침 식사 • **160**

Chapter 13 **Transportation, Crime** / 교통, 범죄   **163**

SITUATION 088   Taxi / 택시 • **164**
SITUATION 089   Bus / 버스 • **164**
SITUATION 090   Train / 기차 • **166**
SITUATION 091   Driving / 운전 • **166**
SITUATION 092   Parking, At the gas station, Renting a car / 주차, 주유소, 렌터카 • **168**
SITUATION 093   A novice driver / 초보 운전자 • **170**
SITUATION 094   Traffic congestion / 교통 체증 • **170**
SITUATION 095   Traffic accident / 교통 사고 • **172**
SITUATION 096   A crime / 범죄 • **174**
SITUATION 097   Legal proceedings / 고소 • **174**
SITUATION 098   A fraud / 사기 • **176**

Chapter 14 **Direction, Sightseeing** / 길 묻기, 관광   **179**

SITUATION 099   Asking for directions / 길 묻기 • **180**
SITUATION 100   Looking for a restroom / 화장실 찾기 • **182**
SITUATION 101   Travel / 여행 • **184**
SITUATION 102   Sightseeing / 관광 • **184**

Chapter 15 **Shopping** / 쇼핑   **189**

SITUATION 103   In the clothe's section / 의류 매장에서 • **190**
SITUATION 104   Dressing stylishly / 멋 부리기 • **192**
SITUATION 105   Fashion / 패션 • **192**

SITUATION 106   Electronic products / 가전제품 • **194**
SITUATION 107   Delivery, Wrapping / 배달, 포장 • **194**
SITUATION 108   Price / 가격 • **194**
SITUATION 109   Payment, Refund / 지불, 반환 • **196**
SITUATION 110   Discount / 할인 • **198**

Chapter 16   Money / 돈   201

SITUATION 111   At the bank / 은행에서 • **202**
SITUATION 112   At the postoffice /우체국에서 • **202**
SITUATION 113   Money, Thriftiness / 돈, 절약 • **204**
SITUATION 114   Borrowing and lending / 돈 빌려주고 받기 • **204**
SITUATION 115   Repayment / 상환 • **206**
SITUATION 116   Poor and rich / 빈부 • **206**

Chapter 17   Health / 건강   209

SITUATION 117   Consulting a doctor / 의사 진찰 • **210**
SITUATION 118   Hospitalization, Leaving the hospital / 입원, 퇴원 • **210**
SITUATION 119   Inquiring after one's health / 병문안 • **212**
SITUATION 120   At the drugstore / 약국에서 • **212**
SITUATION 121   The head / 머리 • **214**
SITUATION 122   Hands and feet / 손, 발 • **214**
SITUATION 123   The back, The waist / 등, 허리 • **216**
SITUATION 124   An eye / 눈 • **216**
SITUATION 125   Nose and ears / 코, 귀 • **216**
SITUATION 126   The mouth, Teeth / 입, 이 • **218**
SITUATION 127   A throat, A neck / 목, 목구멍 • **218**
SITUATION 128   The stomach and the intestines, The anus / 위장, 장, 항문 • **218**
SITUATION 129   The skin, The genital area / 피부, 음부 • **220**
SITUATION 130   Blood / 혈액 • **220**
SITUATION 131   Sleep / 잠 • **220**
SITUATION 132   Exercise, Diet / 운동, 다이어트 • **222**

Chapter 18   School / 학교   225

SITUATION 133   School, A major, A grade / 학교, 전공, 학년 • **226**
SITUATION 134   Graduation, Dropping out of school / 졸업, 중퇴 • **226**
SITUATION 135   Entrance into a school / 입학 • **228**

SITUATION 136   Attending school / 등교 • **228**
SITUATION 137   Attending class / 수업 • **228**
SITUATION 138   Homework / 숙제 • **230**
SITUATION 139   Extracurricular activities, A classmate / 과외 활동, 급우 • **232**
SITUATION 140   One's speaking ability / 외국어 능력 • **232**
SITUATION 141   Examination / 시험 • **234**
SITUATION 142   An entrance examination / 입학 시험 • **236**

Chapter 19   Computers / 컴퓨터   239

SITUATION 143   Computers / 컴퓨터 • **240**
SITUATION 144   Computer problems / 컴퓨터 고장 • **240**
SITUATION 145   The internet / 인터넷 • **242**

Chapter 20   Time, Age, Weather / 시간, 나이, 날씨   247

SITUATION 146   Time, Date / 시간, 날짜 • **248**
SITUATION 147   Age / 나이 • **248**
SITUATION 148   Nice weather / 좋은 날씨 • **250**
SITUATION 149   Hot weather, Cold weather / 더운 날씨, 추운 날씨 • **250**
SITUATION 150   Rain / 비 • **252**

【영어 회화와 영작을 위한 新영문법】

CHAPTER 1   Infinitive / 부정사 • **256**
CHAPTER 2   Gerund / 동명사 • **262**
CHAPTER 3   Participle / 현재분사, 과거분사 • **268**
CHAPTER 4   Conjunction / 접속사 • **274**
CHAPTER 5   Relative Pronoun, Adverb / 관계대명사, 관계부사 • **284**
CHAPTER 6   Verb / 동사의 형식 • **290**
CHAPTER 7   Subjunctive Mood, Tense / 가정법, 시제 • **304**

Chapter 1
Greetings / 인사

SITUATION 001

Introduction, First greeting / 소개, 첫인사

SITUATION 002

Greetings : people who meet often / 자주 만나는 사이의 인사

SITUATION 003

Calling a person by name / 이름 부르기

SITUATION 004

Farewells, Inquiring after a person's health / 헤어질 때 인사, 안부 전하기

SITUATION 005

Getting to know each other / 초면 대화

SITUATION 006

Talking with a stranger / 낯선 사람과의 대화

001

☐ Why don't you~?

　～하는 게 어때?

☐ I would like you to ~

　당신이 ～하기를 원한다

☐ work for ~

　～에서 근무하다

002

☐ What's up?

　요즘 어떠세요?

☐ How's it going?

　요즘 어떻게 지내세요?

☐ So far so good.

　그럭저럭 지내.

☐ What a small world!

　세상 참 좁군요!

☐ Long time no see.

　오랜만입니다.

☐ as usual

　평상시처럼

이름을 부르는 사이

미국인들 중에는 Mr.나 Mrs.를 붙여 성을 부르는 것에 거리감을 느끼는 사람이 많다. 심지어 손자가 할아버지를 부를 때도 이름을 부르기도 한다. 그렇다고 다짜고짜 first name(이름)을 부르는 것은 실례다. 그다지 가깝지 않거나 호감을 주지 않는 상대가 first name으로 부르는 것을 싫어할 수도 있기 때문이다.

서양에서 first name을 불러달라고 요청하는 것은 친하게 지내자는 제안으로 해석할 수 있다. 상대방이 first name으로 소개를 하면서 그렇게 불러달라고 하기 전에는 Mr. Mrs. Ms. 다음에 last name(성)을 붙여 불러주는 것이 예의다.

👥 SITUATION 001 Introduction, First greeting

01　A: Mr. Kim, did you meet Mrs. Miller yet?

　　B: No, not yet.

　　A: Why don't you meet each other now, then?

02　A: Mr. Kim, I would like you to meet Mrs. Miller.

　　　She is the president of our company.

　　B: Hi. I'm In-su Kim.

　　　Nice to meet you, Mrs. Miller.

　　C: Nice to meet you too, Mr. Kim.

03　A: I work for a trading company.

　　B: I've heard a lot about you.

04　A: I'm In-su and this is my buddy Sue.

　　B: I'm Jane and this is John.

　　　Nice meeting you guys.

👥 SITUATION 002 Greetings : people who meet often

01　A: What's up?

　　B: Well, I've been pretty busy.

02　A: Hello, In-su. How's it going?

　　B: So far so good.

03　A: What are you doing here?

　　B: Mrs. Miller, what a small world!

04　A: Hi, Mr. Kim. Long time no see.

　　　You look so well.

　　B: Mrs. Miller! I haven't seen you for a long time.

　　　You haven't changed a bit.

05　A: How have you been?

　　B: The same as usual.

🔔 001 소개, 첫인사

01 A: 김 선생님, 당신은 만났습니까, 밀러 부인을, 벌써?
B: 아니, 못 만났습니다, 아직.
A: 왜, 당신들은 만나지 않습니까, 서로, 지금, 그러면?

02 A: 김 선생님, 나는 원합니다, 당신이 만나기를, 밀러 부인을.
그녀는 사장님입니다, 우리 회사의.
B: 안녕하세요. 나는 인수 김입니다.
만나서 좋습니다, 당신을, 밀러 부인.
C: 만나서 좋습니다, 당신을, 역시, 김 선생님.

03 A: 저는 일합니다, 무역 회사를 위해.
B: 나는 들어왔습니다, 많은 것을, 당신에 대해.

04 A: 나는 인수입니다, 그리고 이 사람은 내 친구 수입니다.
B: 나는 제인입니다, 그리고 이 사람은 존입니다.
좋습니다, 만나서, 당신들을.

🔔 002 자주 만나는 사이의 인사

01 A: 무슨 일 있습니까, 위에?
B: 음, 저는 꽤 바빴습니다.

02 A: 안녕, 인수. 어떻게 그것이 가고 있니?
B: 지금까지는, 그냥 좋아.

03 A: 무엇을, 당신은 하고 있습니까, 여기서.
B: 밀러 부인, 무슨 작은 세상!

04 A: 안녕하세요, 김 선생님. 오랜 시간, 보지 못했군요.
당신은 보입니다, 그토록 좋게.
B: 밀러 부인! 나는 보지 못했습니다 당신을, 오랜 시간 동안.
당신은 변하지 않았습니다, 조금도.

05 A: 어떻게 당신은 있었습니까?
B: 똑같은 (상태), 평소처럼.

---

01 A: 김 선생님, 밀러 부인과 인사하였습니까?
B: 아니, 아직 못 했습니다.
A: 그럼 두 분이 서로 인사하시죠?

02 A: 김 선생님, 밀러 부인과 인사하시죠.
저희 회사 사장님이십니다.
B: 안녕하세요. 나는 김인수입니다.
만나서 반갑습니다, 밀러 부인.
C: 저도 만나서 반갑습니다. 김 선생님.

03 A: 저는 무역 회사에서 일합니다.
B: 말씀 많이 들었습니다.

04 A: 저는 인수이고 이쪽은 내 친구 수입니다.
B: 나는 제인이고 이쪽은 존입니다.
만나서 반가워요.

---

01 A: 요즘 어떠세요?
B: 예, 무척 바빴습니다.

02 A: 안녕, 인수. 어떻게 지내니?
B: 그럭저럭 지내.

03 A: 여기 웬일이십니까?
B: 밀러 부인, 세상 참 좁군요!

04 A: 안녕하세요, 김 선생님. 오랜만입니다.
얼굴 좋아지셨습니다.
B: 밀러 부인 아니세요, 오랜만이군요.
하나도 안 변하셨군요.

05 A: 그동안 어떻게 지냈습니까?
B: 늘 똑같지요.

003

□ be on a first-name basis
　～와 이름을 부르는 친숙한 사이다
□ be on the tip of my tongue
　말이 내 혀끝에서 맴돌다
□ know of ~
　～에 관해서 간접적으로 알다
□ ~ ring a bell
　～를 들어본 적이 있는 것 같다

004

□ get together
　모이다
□ give my best regards to
　= say hello to
　～에게 안부를 전해주다
□ become of ~
　(what, whatever를 주어로 하여)
　～는 어떻게 되는가

헤어질 때 하는 말

헤어질 때 만남의 즐거움을 표시하는 것도 에티켓이다. 상대방이 "Nice talking to you."라고 하면 그 말을 그대로 따라 하는 것도 좋지만 이왕이면 "I enjoyed your company."와 같은 동일한 상황에서 쓸 수 있는 다른 표현을 사용하도록 하자. 여기서 company는 '회사'라는 뜻이 아니라 '동료, 모임'을 의미한다.
"Take care."는 "Take care of yourself."를 짧게 말한 것으로 우리말의 "살펴 가세요."에 해당한다. 근무 중인 사람과 헤어질 때는 "Take it easy!"라고 인사할 수도 있다.

👩 **SITUATION 003 Calling a person by name**

01　A: Mr. Kim. You can call me Mary.
　　B: All right, Mary. You can call me Jin-woo, then.
　　A: I will. Now we are on a first-name basis.

02　A: What was your name again?
　　　 It's on the tip of my tongue.
　　B: Kim, Jin-woo, but you can call me Jin-woo.

03　A: Do you know Jane?
　　B: No, I don't know Jane, but I know of her.

04　A: Does the name Sam Brown mean anything to you?
　　B: The name doesn't ring a bell.

👩 **SITUATION 004 Farewells,**
　　　　　　　 Inquiring after a person's health

01　A: Nice talking to you. See you later.
　　B: I enjoyed your company. Take care.

02　A: Hope you have a great weekend.
　　B: Thanks. Same to you. See you on Monday.

03　A: Let's get together sometime for a dinner.
　　B: Why not. That sounds great.

04　A: Give my best regards to your mother.
　　B: Say hello to your mother.
　　A: Sure, I will.

05　A: What has become of him?
　　B: I hear he has gone to America.

🔔 003 이름 부르기

01 **A:** 김 선생님. 당신은 부를 수 있습니다 나를, 메리라고.
　　B: 좋습니다. 메리. 당신은 부를 수 있습니다 나를, 진우라고, 그러면.
　　A: 나는 그러겠습니다. 이제, 우리는 있군요, 이름 기초 위에.

02 **A:** 무엇이었죠, 당신의 이름, 다시?
　　그것은 있어요, 끝 위에, 나의 혀의.
　　B: 김진우, 그러나 당신은 부를 수 있습니다 나를, 진우라고.

03 **A:** 너는 알고 있니, 제인을?
　　B: 아니, 나는 몰라 제인을, 그러나 나는 알아, 그녀의 (이름을).

04 **A:** 그 이름 샘 브라운은, 의미하니 어떤 것을, 너에게?
　　B: 그 이름은 울리지 않아 벨을.

🔔 004 헤어질 때 인사, 안부 전하기

01 **A:** 좋은 말하기(나눴습니다), 당신에게. 나중에 봅시다.
　　B: 나는 즐겼습니다, 당신의 동석을. 취하세요 조심을.

02 **A:** 희망한다, 네가 가지고 있기를, 대단한 주말을.
　　B: 고마워. 같은 것을 너에게. 월요일에 보자.

03 **A:** 모입시다, 언제, 저녁을 위해.
　　B: 왜 아니랍니까. 그것은 들립니다, 대단한 (것으로).

04 **A:** 주세요, 나의 최상의 관심들을, 당신의 어머니에게.
　　B: 말하세요, '헬로'라고, 당신 어머니에게.
　　A: 물론, 나는 (그렇게) 할 겁니다.

05 **A:** 무엇이 되어왔습니까, 그에게.
　　B: 나는 듣습니다, 그가 갔다고, 미국으로.

---

01 **A:** 김 선생님, 그냥 메리라고 불러주세요.
　　B: 좋습니다, 메리. 그럼 나도 진우라고 부르세요.
　　A: 그러죠. 이제 우리는 이름을 부르는 사이입니다.

02 **A:** 이름이 뭐라고 하셨죠?
　　혀끝에서 뱅뱅 도는데 생각이 안 나요.
　　B: 김진우라고 합니다만 그냥 진우라고 부르세요.

03 **A:** 제인을 알고 있니?
　　B: 아니, 직접은 모르고 이름만 들어서 알고 있어.

04 **A:** 샘 브라운이라고 아는 바 있니?
　　B: 그런 이름 모르겠는데.

---

01 **A:** 대화 즐거웠습니다. 나중에 봅시다.
　　B: 함께 있어서 즐거웠습니다. 살펴 가세요.

02 **A:** 즐거운 주말 보내세요.
　　B: 고마워. 너도. 월요일에 보자.

03 **A:** 언제 한번 저녁이나 합시다.
　　B: 그럽시다. 좋지요.

04 **A:** 당신 어머니에게 안부 전해주세요.
　　B: 당신 어머니에게도 안부 전해주세요.
　　A: 물론 그렇게 하지요.

05 **A:** 그 사람은 어떻게 되었습니까?
　　B: 미국에 갔다고 들었습니다.

005

☐ the first impression of ~
~의 첫인상
☐ be impressed by ~
~에 깊은 감명을 받다
☐ How do you like ~?
~은 어떻습니까? ~은 마음에 드십니까?
☐ get used to ~
~에 익숙해지다
☐ Have you ever been to ~?
~에 가보신 적이 있습니까?

006

☐ Mind if I ~?
~해도 되겠습니까?
mind : 마음, 꺼리다

여기 좀 앉아도 되겠습니까?

극장이나 버스 대합실 등에서 다른 사람 옆에 앉고 싶을 때는 반드시 누가 앉아 있는지를 확인해야 한다. "Mind if I sit here?" 앞에는 Do you가 생략돼 있다. mind는 '마음에 꺼리다'를 뜻하므로 Yes로 대답하면 "예, 싫습니다. 앉지 마십시오."를 의미한다. 부탁을 들어줄 경우에는 "No, not at all." 혹은 "No, (I don't mind) go ahead."라고 부정형으로 대답한다.

"Is anybody sitting here?"(여기 누가 자리잡았습니까?) 혹은 "Is this seat taken?"(여기 자리 있습니까?)이라고 물어볼 수도 있다.

🗣 SITUATION 005 Getting to know each other

01 A: Where are you from?
B: I am from New York.

02 A: Is this your first time visiting Korea?
B: Yes. Korea is a nice place to live in.

03 A: How long have you been in Korea?
B: Just one week.

04 A: What was your first impression of Korea?
B: Well, I'm impressed by Korean's kindness and the beauty of mountains.

05 A: How do you like Seoul so far?
B: So many things seem strange to me.

06 A: You'll get used to it soon.
B: When in Rome do as the Romans do.

07 A: Have you ever been to America?
B: No, not yet.

🗣 SITUATION 006 Talking with a stranger

01 A: Excuse me. Mind if I sit here?
B: No. go ahead.

02 A: Nice weather, isn't it?
B: Yes, not a cloud in the sky.

03 A: May I have your name?
B: My name is Vinson.

04 A: How do you spell it?
B: V as in victory, I, N, S, O, N.

🔔 005 초면 대화

01 A: 어디로부터 있습니까, 당신은?
　　B: 나는 있습니다, 뉴욕으로부터.

02 A: 이것은, 당신의 첫 시간입니까, 방문하는, 한국을.
　　B: 예. 한국은, 좋은 장소입니다, 살기에 안에서.

03 A: 얼마나 오래, 당신은 있었습니까, 한국에?
　　B: 단지 한 주.

04 A: 무엇이었습니까, 당신의 첫인상은, 한국의?
　　B: 음, 나는 인상을 받았습니다,
　　　 한국인의 친절과, 산의 아름다움에 의해.

05 A: 어떻게, 당신은 좋아하십니까, 서울을, 지금까지?
　　B: 너무 많은 일들이, 보입니다 낯설게, 나에게는.

06 A: 당신은 익숙해질 겁니다 그것에, 곧.
　　B: 로마에 있을 때는, 하세요, 로마 사람이 하는 대로.

07 A: 당신은 있은 적이 있습니까, 미국으로?
　　B: 아뇨, 없습니다, 아직.

---

01 A: 고향이 어디입니까?
　　B: 뉴욕에서 왔습니다.

02 A: 한국에는 처음 오셨습니까?
　　B: 예, 한국은 살기에 좋은 곳입니다.

03 A: 한국에는 얼마나 오래 계셨습니까?
　　B: 일주일밖에 안 됐습니다.

04 A: 한국에 대한 첫인상은 어땠습니까?
　　B: 저는 한국인의 친절과 아름다운 산에
　　　 감명을 받았습니다.

05 A: 지내보니까 서울이 어떻습니까?
　　B: 너무 많은 것들이 낯설어 보입니다.

06 A: 곧 익숙해지겠지요.
　　B: 로마에서는 로마 풍속을 따르세요.

07 A: 미국에 가보신 적이 있습니까?
　　B: 아뇨, 아직 없습니다.

🔔 006 낯선 사람과의 대화

01 A: 실례합니다. 꺼리십니까, 만약 내가 앉으면, 여기에?
　　B: 아니요(꺼리지 않습니다), 가세요 앞으로.

02 A: 좋은 날씨, 그렇지 않습니까?
　　B: 예, 없군요, 하나의 구름도, 하늘에.

03 A: 내가 가질 수 있을까요, 당신의 이름을?
　　B: 제 이름은 빈슨입니다.

04 A: 어떻게, 당신은 철자로 표기하지요, 그것을?
　　B: V, Victory에서처럼, I, N, S, O, N.

---

01 A: 실례합니다. 여기 좀 앉아도 되겠습니까?
　　B: 예. 어서 앉으세요.

02 A: 날씨 참 좋습니다.
　　B: 예, 하늘에 구름 한 점 없군요.

03 A: 성함이 어떻게 되시죠?
　　B: 제 이름은 빈슨입니다.

04 A: 철자가 어떻게 되죠?
　　B: Victory의 V, 그리고 I, N, S, O, N입니다.

☐ be flattered

　어깨가 으쓱해지다

☐ How do you say ~ in Korean?

　~를 한국어로 뭐라고 말합니까?

이름 묻기

잘 모르는 사람에게 이름을 정중하게 물을 때는 "What's your name?"(이름이 무엇인가요?)이라고 하지 않고 "May I have your name?"(이름을 좀 알 수 있을까요?)이라고 한다. 특히 전화로 호텔 방, 식당, 비행기표 등을 예약할 때 흔히 들을 수 있는 표현이다.

한국인들은 기차나 버스 안에서 옆자리에 앉은 사람과 헤어질 때까지 말 한마디 나누지 않는 경우가 많고 대화를 나누더라도 이름을 먼저 밝히지는 않는다. 그러나 미국인들은 말끝마다 이름을 붙인다. 미국인들은 자기 이름을 소개할 때 "My name is Smith."(내 이름은 스미스입니다.)와 같이 보통 last name(성)은 빼고 first name(이름)만 말한다. 한국인의 이름은 발음하기 어려워 성을 말해주는 것이 보통이다.

자신을 소개할 때

자신을 소개할 때 (한국인이 지은) 회화책에는 꼭 나오지만 잘 쓰이지 않는 표현 두 가지. "How do you do?"(처음 뵙겠습니다.)와 "Let me introduce myself."(제 소개를 하겠습니다.)가 그것. 격식을 꺼리는 대화 경향 때문인 것 같다.

한두 사람 만난 자리에서 자신을 소개할 때는 먼저 "I don't think we've met."(뵌 적이 없는 것 같군요.)라는 식으로 말을 꺼내는 것이 보통이다.

---

05 A: May I say I think you are the most beautiful girl I've ever met in America.

　 B: Oh, I'm so flattered.

06 A: How do you say 'Hi' in Korean?

　 B: You can say 'An-nyeong-ha-se-yo'.

05 **A:** 내가 말해도 됩니까, 내가 생각한다고, 당신이 가장 아름다운 소녀라고, 내가 지금까지 만나본 (중에서), 미국에서?

B: 나는 너무 아첨을 받았군요.

06 **A:** 어떻게, 당신은 말합니까, 'Hi'를, 한국에서?

B: 당신은 말할 수 있습니다, '안녕하세요'.

05 A: 당신은 제가 미국에서 만난 여자 중 가장 미인이라고 생각합니다.

B: 과찬이십니다.

06 A: 'Hi'는 한국에서는 뭐라고 말합니까?

B: '안녕하세요'라고 말할 수 있습니다.

Chapter 2
Love, Friendship / 사랑, 우정

SITUATION 007

Love / 사랑

SITUATION 008

Matchmaking / 이성 소개

SITUATION 009

Friends / 친구

SITUATION 010

Dating / 데이트

SITUATION 011

Flirting / 희롱

SITUATION 012

Personality / 성격

SITUATION 013

Arguing / 말다툼

SITUATION 014

Slandering, Apologizing / 험담, 사과

SITUATION 015

Breaking up / 헤어지기

SITUATION 016

Consoling / 위로

✔ 바로 이것이 포인트!

007

□ What do you think of ~?
　～를 어떻게 생각하니?
□ my cup of tea
　내 기호에 맞는 것, 좋아하는 것
□ turn me on ~
　～에 흥미가 있다
□ homely 못생긴
□ an eyeful 미인
□ get a crush on ~
　～에게 반하다
□ be lovesick
　상사병이 나다
□ ask her out
　그녀에게 데이트를 신청하다
□ fall in love with ~
　～와 사랑에 빠지다
□ Do as you would be done by.
　남에게 대접받고자 하는 대로 행하라.
□ You've got a point there.
　너의 말에 일리가 있어.
□ have a hunch that ~
　～이 아닌가 하는 예감이 들다
□ Don't tell me that ~
　설마 ～라는 건 아니겠지
□ go too far 도를 넘다

008

□ Seeing is believing.
　백문이 불여일견이다.
□ fix me up with ~
　～를 소개시켜줘
□ be a matchmaker
　중매자가 되다

🗣 SITUATION 007 Love

01　A: What do you think of Susan?
　　　B: She is not my cup of tea. = She is not my kind of girl.

02　A: Susan really turns me on.
　　　B: Well, beauty lies in the eye of the beholder.

03　A: I think she is rather homely.
　　　B: But I think she is an eyeful.

04　A: You know I got a crush on Susan.
　　　　I am lovesick.
　　　B: Why don't you ask her out?

05　A: I'd like to know how to make Susan fall
　　　　in love with me.
　　　B: You should follow the Golden Rule:
　　　　Do as you would be done by.
　　　　Talk to her about herself.
　　　A: You've got a point there.

06　A: Susan, I have a hunch that Sam loves you.
　　　B: Don't tell me that he loves me.

07　A: I love with my teacher but it's hopeless.
　　　B: You've gone too far.

🗣 SITUATION 008 Matchmaking

01　A: My new girlfriend is very pretty and slim.
　　　B: Seeing is believing.

02　A: What do you want me to do for you?
　　　B: Fix me up with that handsome friend of yours.
　　　　Please be a matchmaker between him and me.

🔔 007 사랑

01 A: 무엇을 너는 생각하니, 수잔에 대해?
   B: 그녀는 아니야, 나의 찻잔은.
      = 그녀는 아니야, 나의 종류는, 소녀에 대한.

02 A: 수잔은, 정말, 내 흥미를 끈다.
   B: 글쎄, 아름다움은 놓여 있지, 눈 안에, '보는 사람'의

03 A: 나는 생각해, 그녀는 좀 못생겼다고.
   B: 그러나 나는 생각해, 그녀는 '눈길을 끄는 여자'라고.

04 A: 너는 알고 있어, 내가 가졌다는 것을 '눌러서 뭉개진 것(마음)'을,
      수잔에 대해. 나는 있어, 사랑병에 걸린 (상태에).
   B: 왜 너는 묻지 않니, 그녀에게, 밖으로 (가자고)?

05 A: 나는 알기를 원해, 어떻게 만드는지를,
      수잔이 사랑에 빠지도록, 나와 함께.
   B: 너는 따라야 해, 그 황금 법칙을:
      하라, 당신이 행해졌으면 하는 대로, (다른 사람에) 의해.
      말해 그녀에게, 그녀 자신에 대해.
   A: 너는 갖고 있어, 포인트를, 거기에.

06 A: 수잔, 나는 가지고 있어 예감을, 샘이 사랑한다는 너를.
   B: 말하지 마 나에게, 그가 사랑한다고 나를.

07 A: 나는 사랑해, 나의 선생님을, 그러나 그것은 희망이 없어.
   B: 너는 가버렸어, 너무 멀리.

🔔 008 이성 소개

01 A: 나의 새 여자 친구는, 매우 예쁘고, 날씬해.
   B: 보는 것이, 믿는 것이야.

02 A: 무엇을, 너는 원하니 나에게, 해주기를, 너를 위해?
   B: 고정시켜줘 나를, 저 멋진 친구와 함께, 너의.
      제발, 되어줘 중매쟁이가, 사이에서 그와 나.

---

01 A: 수잔을 어떻게 생각하니?
   B: 그녀는 내 타입이 아니야.

02 A: 나는 수잔에게 정말 흥미가 있어.
   B: 글쎄, 제 눈에 안경이라니까.

03 A: 그녀는 못생겼다고 생각해.
   B: 그래도 내겐 매력적인 여자야.

04 A: 내가 제인에게 반한 것 너도 알 거야.
      나 상사병에 걸렸어.
   B: 한번 데이트 신청해보지 그래?

05 A: 나는 수잔이 나에게 푹 빠지게 하는
      방법을 알고 싶어.
   B: '남에게 대접받고자 하는 대로 행하라'는
      황금 룰을 따라야지.
      그녀에 관한 이야기를 그녀에게 말해봐.
   A: 너의 말에 상당히 일리가 있어.

06 A: 수잔, 샘이 너를 좋아한다는 예감이 들어.
   B: 설마 그가 나를 사랑하겠어.

07 A: 나는 우리 선생님을 사랑하지만 가망이 없어.
   B: 넌 도를 지나쳤어.

---

01 A: 내가 새로 사귄 여자친구는 너무 예쁘고 날씬해.
   B: 보기 전엔 알 수 없지.

02 A: 너를 위해 뭘 해주길 바라니?
   B: 멋진 너의 친구 소개 좀 시켜줘.
      제발 중매를 서줘.

□ meet on a blind date
　미팅(소개팅)에서 만나다

009
□ make friends with ~
　~와 사귀다
□ Birds of a feather flock together.
　유유상종, 끼리끼리 모이다.
□ take it for granted ~
　당연히 ~일 거라고 믿다
□ get tired of ~
　~에 질리다, ~에 지치다

010
□ take her out
　그녀를 데리고 나가 대접하다
□ ask her out
　그녀에게 데이트를 신청하다
□ turn me down
　나를 퇴짜 놓다

소개할 때는 윗사람부터

사람을 소개할 때는 소개받는 사람의 이름을 먼저 말한 후 I would like you to meet 다음에 소개하려는 사람의 이름을 말하는 것이 보통이다. "Mr. Kim, this is Mrs. Brown."이라고 간단히 말하기도 한다. 사람을 소개시킬 때는 나이 많은 사람이나 손윗사람의 이름을 먼저 말해야 한다. 또 남자보다 여자의 이름을 먼저 말한다.

악수는 남성끼리의 경우 아랫사람은 윗사람이 손을 내미는 것을 기다려야 하며 남성이 여성과 악수를 할 경우에는 여성이 먼저 손을 내민다. 여성이 손을 내밀지 않을 때는 가볍게 고개를 끄덕이는 것이 좋다.

03　A: How did you meet each other?
　　B: We met on a blind date.

04　A: I'm meeting my girlfriend's parents for the first time tonight.
　　B: That's a big step. You'd better wear your Sunday best.

👥 SITUATION **009** Friends

01　A: You shouldn't make friends with Jane.
　　B: Why? She is popular and pretty.

02　A: All that glitters is not gold.
　　B: Beauty is definitely only skin-deep.

03　A: A man is known by the company he keeps.
　　B: Birds of a feather flock together.

04　A: I took it for granted you were good friends.
　　B: We used to be. Not anymore, though.
　　　I got tired of his remarks.

👥 SITUATION **010** Dating

01　A: I'm taking her out today.
　　B: So why don't you come over afterwards?

02　A: Do you think I'm wearing heavy makeup?
　　B: Not really. A little is okay.

03　A: I know you asked her out to dinner. How did it go?
　　B: She turned me down.

03 A: 어떻게, 너희는 만났니, 서로?

B: 우리는 만났어, 눈 먼 데이트 위에서.

04 A: 나는 만날 거야, 나의 여자 친구의 부모를, 첫 시간을 위해, 오늘.

B: 그것 큰 발걸음인걸, 너는 입는 게 좋을 거야. 너의 일요일 (에 입는) 가장 좋은 (옷을).

03 A: 서로 어떻게 만났니?

B: 미팅에서 만났어.

04 A: 오늘 밤 여자 친구 부모님을 처음으로 만나.

B: 대단한 발전이군.

너는 제일 좋은 옷을 입어야겠다.

🔔 009 친구

01 A: 너는 만들어서는 안 돼, 친구를, 제인과.

B: 왜? 그녀는 인기 있고, 예쁘지.

02 A: 모든 것이, 반짝이는, 아니야 금은.

B: 아름다움은, 확실히, 단지 피부 깊이일 뿐.

03 A: 사람은 알게 된다, 친구에 의해, 그가 유지하는(사귀는).

B: 새들은, 하나의 깃털의, 무리 짓는다, 함께.

04 A: 나는 받아들였어 그것을, 당연한 것으로, 너희는 좋은 친구라는 것.

B: 우리는 그랬지. 더 이상은 아니야, 그렇지만.

나는 피곤해졌어, 그의 말에.

01 A: 제인과는 사귀지 마.

B: 왜? 인기도 있고 예쁘잖아.

02 A: 반짝인다고 모두 금은 아냐.

B: 미모는 가죽 한 꺼풀 차이일 뿐이야.

03 A: 사람은 그가 사귀는 친구를 보면 알 수 있어.

B: 끼리끼리 노는 법이야.

04 A: 나는 너희 둘이 좋은 친구인 줄 알았는데.

B: 그랬지만 이젠 아냐.

그가 하는 말에 질렸거든.

🔔 010 데이트

01 A: 나는 그녀를 데리고 갈 거야, 밖으로, 오늘.

B: 그러면, 왜 당신은 오지 않으세요, (데이트) 끝난 후에.

02 A: 너는 생각하니, 내가 입고 있다고, 무거운 화장을?

B: 아니야 실제로는. 약간은 괜찮아.

03 A: 나는 알아, 네가 요청한 것을 그녀에게, 밖으로,

저녁 식사 하러 (가자고). 어떻게, 그것은 갔지?

B: 그녀가 돌렸어 나를, 아래로.

01 A: 오늘 그녀와 데이트하기로 했어.

B: 그러면 데이트 끝나고 오세요.

02 A: 내가 화장을 너무 진하게 했다고 생각하니?

B: 아니야, 실제로는. 조금 화장하는 것은 괜찮아.

03 A: 네가 그녀에게 저녁 같이 먹자고 데이트

신청한 걸로 아는데. 어떻게 됐지?

B: 그녀가 거절했어.

- pop the question
  청혼하다
- Don't chicken out.
  겁먹지 마.
- find the nerve to ~
  ~할 용기를 내다
- get along with ~
  ~와 잘 지내다
- go steady with ~
  ~와 계속 사귀고 있다
- dump
  애인을 차다

011
- make a pass at ~
  ~에게 수작을 걸다
- have no class
  품위가 없다
- play tricks on ~
  ~에게 장난을 치다
- flirt with ~
  ~에게 장난 삼아 해보다, ~를 농락하다
- Look before you leap.
  돌다리도 두드려 보고 건너라.
- be cut out to be ~
  ~가 되기에 적합하다
- Everyone has a skeleton in his closet.
  털어서 먼지 안 나는 사람 없다.
- make eyes at ~
  ~에게 추파를 던지다

04 A: Did you pop the question?
B: I couldn't decide whether I should propose to her or not.
A: Don't chicken out.

05 A: What's your big problem?
B: I can't find the nerve to propose to her.

06 A: How are you getting along with your new girlfriend?
B: We're getting along just fine.

07 A: Are you going steady with her?
B: We've been dating for a year, but she has dumped me because I'm a poor salary worker.
A: "No money, no honey", they say.

🗣 SITUATION 011 Flirting

01 A: He made a pass at me.
He touched my behind.
B: That means you are very attractive.
A: But he seems to have no class.
He often plays tricks on young girls.

02 A: I think he isn't serious about me, he is just flirting with me.
B: Look before you leap.
You can't be too careful.

03 A: He isn't qualified to be a teacher.
He is a philanderer.
I doubt whether he is cut out to be a teacher.
B: Well, everyone has a skeleton in his closet.

04 A: Why are you smiling so much tonight?
B: I think that the girl over there is making eyes at me.

04 A: 너는 터뜨렸니, 그 질문을?

B: 나는 결정할 수 없었어, 내가 프로포즈를 해야 할지,

그녀에게, 혹은 말아야 할지를.

A: (닭처럼) 겁내지 마.

05 A: 무엇이, 너의 큰 문제지?

B: 나는 발견할 수 없어, 신경을, 프로포즈할, 그녀에게.

06 A: 어떻게, 너는 되고 있니, 줄곧, 너의 새 여자 친구와.

B: 우리는 되고 있어, 줄곧, 단지 좋은 (상태로).

07 A: 너는 가고 있니, 꾸준한 (상태로), 그녀와?

B: 우리는 데이트해 오고 있었어, 1년 동안, 그러나 그녀는 던졌지

나를, 왜냐하면 내가 가난한 월급쟁이이기 때문에.

A: "돈 없으면 꿀도 없다" 그들(사람들)은 말한다.

---

04 A: 청혼했니?

B: 청혼을 해야 할지 말지 결정할 수 없었어.

A: 두려워하지 마.

05 A: 뭐가 문제니?

B: 그녀에게 청혼할 용기를 낼 수 없어.

06 A: 새 여자 친구와는 어떻게 지내니?

B: 우리는 잘 지내.

07 A: 그녀와 사귀고 있니?

B: 우리는 일 년간 사귀어왔지만

그녀는 내가 가난한 월급쟁이라고 차버렸어.

A: 돈이 없으면 애인도 안 생긴다잖아.

🔔 011 희롱

01 A: 그는 만들었어 하나의 지나감을, 나에게.

그는 만졌어, 나의 뒤(엉덩이)를.

B: 그건 의미하지, 네가 매우 매력적이라는 것을.

A: 그러나 그는 보여, 갖고 있지 않는 것처럼 아무 기품도.

그가 자주, 장난을 치지, 젊은 소녀들에게.

02 A: 나는 생각해, 그가 진지하지 않다고, 나에 대해,

그는 단지 '장난 삼아 연애하는' 거야, 나와.

B: 살펴봐, 네가 뛰기 전에.

너는 너무 조심할 수 없어.

03 A: 그는 자격이 갖춰져 있지 않아, 교사가 되기에는.

그는 바람둥이야.

나는 의심해, 어떤지, 그가 깎아졌는지, 교사가 되도록.

B: 글쎄, 모든 사람들이 가지고 있어, 해골을, 그의 벽장에.

04 A: 왜 너는 미소 짓고 있지, 그렇게 많이, 오늘 밤?

B: 나는 생각해, 그 아가씨가, 저기 있는, 만들고 있다고

눈길들을, 나에게.

---

01 A: 그 녀석이 나에게 수작을 걸었어.

내 엉덩이를 만졌다니까.

B: 그건 네가 매력적이란 뜻이지.

A: 하지만 그는 교양이 없는 것 같아.

자주 젊은 여자들에게 장난을 치잖아.

02 A: 그는 나를 정말 좋아하는 게 아니라

그냥 데리고 노는 것 같아.

B: 돌다리도 두드려보고 건너.

아무리 조심해도 지나치지 않아.

03 A: 그는 교사가 되기에는 적합치 않아.

그는 바람둥이야.

그는 교사가 되기에 적격이 아닌 것 같아.

B: 어쨌든 털어서 먼지 안 나는 사람 있나.

04 A: 오늘 밤 왜 활짝 미소를 짓고 있지?

B: 저기서 아가씨가 네게 추파를 던지고

있는 것 같아.

□ Don't judge a book by its cover.
　겉을 보고 속을 판단하지 말라.
□ None but the brave deserves the
　fair.
　용기 있는 자만이 미인을 얻는다.

012
□ have an air of importance
　잘난 체하다
□ brag
　자랑하다, 떠벌리다
□ That's what I say.
　내 말이 바로 그거야.
□ show off
　으스대다
□ put everyone down
　모두를 깎아내리다, 깔아뭉개다
□ keep company with ~
　~와 사귀다
□ stubborn
　고집이 센
□ Little strokes fell great oaks.
　열 번 찍어 안 넘어가는 나무 없다
□ capricious
　변덕스러운
□ weird
　기이한
□ narrow-minded
　속이 좁은
□ open-minded
　마음이 열린
□ lose his temper
　화를 내다
□ be quick tempered
　화를 잘 내다, 걸핏하면 화내다

05 A: Look at that gorgeous blonde!
　　She is leggy, busty, curvaceous. Period!
　B: You can't judge a book by its cover.
　A: Anyway, none but the brave deserves the fair.

06 A: Why is your face so red?
　B: I saw Susan through the bathroom window and she didn't have a stitch on.

👥 SITUATION 012 Personality

01 A: He has an air of importance.
　　He always brags about himself.
　B: That's what I say! I don't like the way he shows off in front of everyone.

02 A: He's too arrogant and puts everyone down.
　B: I don't want to keep company with that kind of guy.

03 A: He is really stubborn.
　B: Little strokes fell great oaks.

04 A: Yeah, I think that he seems like a very strange guy.
　B: He is so capricious and weird.

05 A: Is he always so narrow-minded about religion?
　B: Yes, but he's much more open-minded about other things.

06 A: He loses his temper easily, doesn't he?
　B: Yes. He's very quick tempered.

07 A: They have completely opposite characters.
　　He is an introvert while she is an extrovert.
　B: He likes Chinese food while she hates it. They have nothing in common.

05 A: 보라구, 저 눈부신 금발을!

그 여자는 다리가 날씬하고, 가슴이 풍만하고, 곡선미 있고. 끝!

B: 너는 판단할 수 없어, 책을, 그것의 겉표지에 의해.

A: 어쨌든, 아무도, 용감한 자를 제외하고, 받을 만하지 않다, 아름다운 (사람을).

06 A: 왜 너의 얼굴이 그렇게 빨갛니?

B: 나는 보았어 수잔을, 그 목욕실 창문을 통해, 그리고 그녀는 가지지 않았어, 실오라기 하나, (몸) 위에.

05 A: 저 멋있는 금발 아가씨를 봐!

날씬한 다리, 풍만한 가슴, 곡선미. 끝내주는군!

B: 겉만 보고 판단하지 마!

A: 어쨌든 용감한 자만이 미인을 차지할 수 있지.

06 A: 얼굴이 왜 그렇게 빨개졌니?

B: 목욕실 창을 통해 수잔을 봤는데 몸에 실오라기 하나 걸치지 않고 있지 뭐야.

🔔 012 성격

01 A: 그는 가지고 있다, 태도를, 중요함의.

그는 항상, 허풍을 떨어, 자신에 대해.

B: 그것이, 내가 말하는 것이지요! 나는 좋아하지 않아, 방식을, 그가 보여주는, 모든 사람들 앞에서.

02 A: 그는 너무 건방지다, 그리고 놓는다, 모든 사람을, 아래로.

B: 나는 원하지 않는다, 사귀는 것을, 그런 종류의 녀석과.

03 A: 그는 정말, 고집이 세.

B: 작은 일격들이, 넘어뜨리지, 큰 참나무들을.

04 A: 그래, 나는 생각해, 그는 보인다고, 매우 이상한 녀석처럼.

B: 그는 너무 변덕이 심하고, 희한하지요.

05 A: 그는 항상, 그토록 좁은 마음이니, 종교에 대해?

B: 그래, 그러나 그는 훨씬 더, 열린 마음이야, 다른 일들에 대해서는.

06 A: 그는 잃어버려, 그의 기분을, 쉽게, 그렇지 않아?

B: 그래. 그는 매우 급한 성격이야.

07 A: 그들은 갖고 있어, 완전히 반대되는 성격을.

그는 내향적인 사람이지, 반면에, 그녀는 외향적인 사람이지.

B: 그는 좋아해, 중국 음식을, 반면에, 그녀는 싫어해 그것을.

그들은 갖고 있지 않아, 아무것도, 공통적인.

01 A: 그는 잘난 체해.

그는 늘 허풍을 떨어.

B: 내 말이 바로 그거야!

여러 사람 앞에서 자랑하는 꼴이 보기 싫어.

02 A: 그는 너무 건방지고 사람들을 무시해.

B: 나는 그런 녀석과는 사귀고 싶지 않아.

03 A: 그는 정말 고집이 세.

B: 열 번 찍어 안 넘어가는 나무는 없어.

04 A: 그래, 내 생각에도 그는 정말 이상해.

B: 그는 매우 변덕이 심하고 기묘하지요.

05 A: 그는 항상 종교에 대해 편협하니?

B: 그래, 하지만 다른 것에는 훨씬 더 열린 마음을 갖고 있어.

06 A: 그는 쉽게 화를 내지 않니?

B: 그래. 그는 성격이 너무 급해.

07 A: 그들은 완전히 상반된 성격을 가졌어.

그는 내향적인 반면에 그녀는 외향적이지.

B: 그는 중국 음식을 좋아하는데 그녀는 싫어해.

그들은 공통점이 없어.

✔ 바로 이것이 포인트!

☐ a selfish miser
이기적인 구두쇠
☐ That's only skin-deep.
그건 피상적일 뿐이야.
☐ wish-washy
우유부단한
☐ have trouble ~ing
~하는 데 문제가 있다

013

☐ beat around the bush
말을 빙빙 돌리다, 둘러대다
☐ level with ~
~에게 솔직히 말하다
☐ We have the right chemistry between us.
우리는 서로 마음이 통한다.
☐ be through with ~
~와 끝장나다
☐ You can't do this to me!
너 어떻게 내게 이럴 수 있니!
☐ You'll pay for this.
어디 두고 보자.
☐ have an argument with ~
~와 말다툼하다
☐ make up
화해하다
☐ calm down
진정하다
☐ This is none of your business.
당신이 상관할 바가 아니다.
☐ Get off your high horse.
건방 떨지 마.
☐ get angry with ~
~에게 화내다
☐ get involved in ~
~에 말려들다, 휘말리다

---

08 A: What's your boss like?
   B: He is a selfish miser.

09 A: Our boss seems to be cold and stubborn, doesn't he?

   B: That's only skin-deep. Inside he has a kind and gentle personality.
   A: My boss is very wish-washy. He has trouble deciding who should do what, and he doesn't give clear orders.

🗣 SITUATION 013 Arguing

01 A: Come on, Susan. Don't beat around the bush anymore.
   Why don't you give it to me straight?
   B: I'll level with you. I don't like you.

02 A: I think we just don't have the right chemistry between us.
   So, I don't want to see you again.
   I'm through with you.
   B: You can't do this to me! You'll pay for this!

03 A: I had an argument with Susan.
   B: Did you make up?

04 A: Stop bickering, will you?
   B: Look, why don't you calm down?

05 A: This is none of your business.
   Get off your high horse and butt out, please.
   B: Don't get angry with me.
   I don't want to get involved in that argument about who is to blame.

08 A: 무엇 같습니까, 당신 사장님은?

B: 그는 이기적인 구두쇠입니다.

08 A: 그 사람 성격이 어때요?

B: 그는 이기적인 구두쇠입니다.

09 A: 우리 사장님은, 보이지, 차갑고, 그리고 고집 센 (사람으로),
그렇지 않니?

B: 그건 단지, 피부 깊이일 뿐. 안에는, 그가 가지고 있어,
친절하고, 그리고 상냥한 성격을.

A: 나의 사장님은, 매우 우유부단해. 그는 어려움이 있어,
결정하는 데, 누가 해야 하는지, 무엇을, 그리고 그는 주지 않아,
분명한 명령을.

09 A: 우리 사장님은 차갑고 고집 세어 보이지
않니?

B: 그건 피상적일 뿐이지. 속으로는 친절하고
상냥한 성격을 지녔어.

A: 우리 사장님은 매사에 우유부단해.
그는 누가 뭘 할지 결정하는 데 문제가 있어.
분명한 명령을 내리지 않거든.

🔔 013 말다툼

01 A: 이봐, 수잔. 치지 마, 덤불 주변을,
더 이상.
왜, 너는 주지 않니, 그것을, 나에게, 똑바로.

B: 나는 솔직하게 말할 거야, 너와. 나는 좋아하지 않아 너를.

01 A: 이봐, 수잔. 둘러대지 마.
왜 그것에 대해 솔직하게 말하지 않니?

B: 솔직히 말하지. 나는 너를 좋아하지 않아.

02 A: 나는 생각한다, 우리는 단지, 가지고 있지 않다고, 맞는
화학적 성질을, 우리 사이에.
그래서, 나는 원하지 않아,
보기를 너를, 다시. 나는 지나쳐 있어, 너와.

B: 너는 할 수 없어, 이것을, 나에게! 너는 지불할 거야, 이것을 위해!

02 A: 우리는 서로 마음이 통하지 않는 것 같아.
그래서 더 만나고 싶지 않아. 너와는 끝났어.

B: 너 어떻게 내게 이럴 수 있니!
어디 두고 보자!

03 A: 나는 가졌어, 말다툼을, 수잔과.

B: 너는 만들었니, 위(바로잡는 쪽)로?

03 A: 어제 수잔과 말다툼을 했어.

B: 화해했니?

04 A: 그만하세요, 말다툼을, 네?

B: 자, 왜 당신은 가라앉히지 않습니까, 밑으로.

04 A: 말다툼 그만들 하세요, 네?

B: 자, 진정하세요.

05 A: 이것은 아니오, 당신의 일이.
내려와, 당신의 높은 말에서, 그리고 빠져요, 제발.

B: 화내지 마세요, 나에게.
나는 원하지 않아요, 말려드는 것을, 그 논쟁에.
누가 비난할(대상인지)에 대한.

05 A: 당신이 참견할 일이 아니오.
건방진 소리 하지 말고 빠지시오.

B: 나에게 화내지 마세요.
난 누구를 비난할지에 대한
그런 논쟁에 말려들고 싶지 않아요.

✔ 바로 이것이 포인트!

014

☐ behind your back
   너 없는 데서, 뒷전에서
☐ hit below the belt
   비겁한 짓을 하다
☐ give her a piece of my mind
   그녀에게 따끔하게 한마디하다
☐ Don't open up a can of worms.
   긁어 부스럼 내지 마.
☐ Just let it go.
   그냥 내버려둬.
☐ I wish I had + p.p.
   ~했으면 좋았을걸
☐ Don't cry over spilt milk.
   이미 엎질러진 물이야.
☐ Your guess is as good as mine.
   나도 모르겠어.
☐ Speak of the devil.
   호랑이도 제 말하면 온다더니.

015

☐ turn a cold shoulder to ~
   ~를 쌀쌀맞게 대하다
☐ stand me up
   나를 바람맞히다
☐ burn me up
   나를 열 받게 하다
☐ be in a bad mood
   기분이 좋지 않다
☐ call off 취소하다
☐ get engaged to ~
   ~와 약혼하다
☐ What am I supposed to do now?
   이제 어떻게 하면 좋지?
☐ Don't go to pieces.
   좌절하지 마.

016

☐ Why the long face?
   왜 시무룩한 얼굴을 하고 있니?

😊 SITUATION 014 Slandering, Apologizing

01 A: Do you know that Susan has been gossiping about you behind your back?
   B: That's really hitting below the belt!

02 A: If she continues to slander me, someday I'm going to give her a piece of my mind.
   B: Please, don't open up a can of worms. Just let it go.

03 A: I sure wish I hadn't said that to Sam.
   B: Don't cry over spilt milk.
   Just call him and apologize.

04 A: Where do you think Susan's gone?
   B: Your guess is as good as mine.
   A: Oh, speak of the devil, here she comes now.

😊 SITUATION 015 Breaking up

01 A: Why did you turn a cold shoulder to Sam?
   B: Sam stood me up last night. He always burns me up.
   I'm in a bad mood.

02 A: I hear they called off their engagement.
   B: That's too bad.

03 A: Jane dumped me and got engaged to some other guy.
   What am I supposed to do now?
   B: Don't go to pieces, Sam. This is not the end of the world.

😊 SITUATION 016 Consoling

01 A: Why the long face?

🔔 014 험담, 사과

01 A: 너는 알고 있니, 수잔이 수군거리고 있었다는 것을, 너에 대해, 너의 등 뒤에서?
B: 그건 정말, 치는 것이야, 벨트 아래를!

02 A: 만약 그녀가 계속한다면, 나를 비방하는 것을, 언젠가, 나는 줄 거야 그녀에게, 내 마음의 한 조각을.
B: 제발, 열지 마 위로, 벌레들의 깡통을. 그냥, 그것을 가게 해.

03 A: 나는 분명히 바란다, 내가 말하지 않았기를 그것을, 샘에게.
B: 울지 마, 엎질러진 우유를 놓고. 그냥 전화해 그에게, 그리고 사과해.

04 A: 어디로, 너는 생각하니, 수잔이 갔다고?
B: 너의 추측은, 좋다, 나의 것만큼.
A: 오, 말하라, 악마의 (존재에 대해), 여기, 그녀가 오는군, 지금.

01 A: 수잔이 너 없는 데서 너를 험담하고 있는 것을 알고 있니?
B: 그건 정말 비열한 짓인데.

02 A: 그녀가 나를 계속 비방하고 다니면 언젠가 따끔하게 한마디해야겠어.
B: 긁어 부스럼 만들지 말게. 내버려둬.

03 A: 샘에게 말하지 않았더라면 좋았을걸.
B: 이미 엎질러진 물이야. 그에게 전화해서 사과해.

04 A: 수잔이 어디 갔지?
B: 나도 모르겠어.
A: 오, 호랑이도 제 말하면 온다더니, 그녀가 지금 오고 있네.

🔔 015 헤어지기

01 A: 왜 너는 돌렸니, 차가운 어깨를, 샘에게?
B: 샘이 세워놓았어 나를 위로, 지난밤. 그는 항상, 불태워 나를 위로. 나는 있어, 나쁜 기분에.

02 A: 나는 듣고 있어, 그들이 취소했다고, 그들의 약혼을.
B: 그건 너무 나쁘다.

03 A: 제인이 버렸어 나를, 그리고 약혼했어, 어떤 다른 놈과. 무엇을, 나는 하도록 돼 있지, 이제?
B: 가지 마, 조각들로, 샘. 이것은 아니야, 끝이 세상의.

01 A: 왜 샘에게 쌀쌀맞게 대했지.
B: 샘이 어젯밤에 날 바람맞혔어. 그는 항상 날 열 받게 해. 기분이 좋지 않아.

02 A: 그들은 약혼을 취소했다던데.
B: 그것 정말 안됐다.

03 A: 제인이 나를 차버리고 다른 남자와 약혼했어. 어떡하면 좋아?
B: 좌절하지 마, 샘. 세상이 끝난 것은 아니잖아.

🔔 016 위로

01 A: 왜 그 긴 얼굴?

01 A: 왜 우울한 얼굴을 하고 있지?

□ break up with ~
　 ~와 헤어지다
□ feel down 우울하다
□ look depressed
　 우울해 보이다, 풀이 죽어 있다
□ have the blues
　 기분이 가라앉아 있다, 저기압이다
□ That's one of those things.
　 그런 건 흔히 있는 일이야.
□ Let bygones be bygones.
　 지난 일은 잊어버리기로 하자.
□ Every cloud has a silver lining.
　 아무리 어려워도 희망은 있다.
□ Put yourself in my shoes.
　 내 입장이 돼봐.

B: I broke up with her. I'm really feeling down.

02　A: You look depressed.
　　B: I am, I really have the blues today.

03　A: That's one of those things.
　　　Let bygones be bygones. Look on the bright side. Every cloud has a silver lining.
　　B: Put yourself in my shoes.

04　A: Why are you in such a good mood?
　　B: Because I'm happy about my new job.

위로할 때

누가 아프다든지 죽었다든지 등 슬픈 소식을 들었을 때는 "I'm sorry to hear that."(그것 참 유감이군요.)이라고 말하고 기쁜 소식을 들었을 때는 "I'm glad to hear that."(그것 듣던 중 반가운 소식이군요.)이라고 말한다. "That's too bad."(그것 안됐군요.)도 나쁜 소식을 들었을 때 흔히 사용된다. 큰 사고 소식을 접했을 경우에는 "That's terrible."(정말 끔찍한 일이군요.)이라고 하면 된다.
사망 소식을 들었을 때는 "Please accept my sympathy."(삼가 조의를 표합니다.)라고 위로해줄 수 있어야 친구라고 할 수 있을 것이다.

B: 나는 깼어 위로(완전히), 그녀와. 나는 정말, 느끼고 있어 밑으로.

02 A: 너는 보이는군, 내리눌린 (상태로).
B: 나는 그래, 나는 정말, 갖고 있어 그 '우울한 기분'을, 오늘.

03 A: 그것은 하나야, 그런 일들 중의.
지나간 일은, 되게 해, 지나간 일이. 쳐다봐, 밝은 면을.
모든 구름들은, 가지고 있어, 은빛 둘레를(구름 뒤쪽).
B: 두어라, 너 자신(의 발)을, 나의 신발 안에.

04 A: 왜, 너는 있지, 그토록 좋은 기분 속에?
B: 왜냐하면, 나는 행복하거든, 나의 새 일에 대해.

B: 나 그녀와 헤어졌어. 정말 우울해.

02 A: 풀이 죽은 것 같은데.
B: 오늘 정말 저기압이야.

03 A: 그런 건 어쩔 수 없는 일이야.
지난 일은 잊어버려. 밝은 면을 보라고.
아무리 어려워도 희망은 있어.
B: 너도 내 입장이 돼봐.

04 A: 왜 그렇게 기분이 좋지?
B: 새 직장을 얻게 돼 기뻐서.

Chapter 3
Marriage / 결혼

SITUATION 017

Marriage / 결혼

SITUATION 018

Childcare, Death / 육아, 죽음

SITUATION 019

Family / 가족

SITUATION 020

Married life / 결혼 생활

SITUATION 021

Separation, Secrets / 별거, 비밀

SITUATION 022

Divorce / 이혼

017

☐ have nothing to do with ~

~와는 전혀 관계가 없다

☐ Over my dead body!

내 눈에 흙이 들어가기 전에는 절대 안 돼!

☐ ~ be a dime a dozen

~는 쌔고 쌨다

☐ I bet you ~

너는 틀림없이 ~할 것이다

☐ You bet.

물론, 네 말이 맞아.

☐ What's done is done.

이미 지나간 일이다.

☐ Don't mount a dead horse.

죽은 아이 '고추' 만지기지.

☐ That's news to me.

그것은 금시초문이다.

☐ fit together like hand and glove

꼭 맞는다

☐ A match made in heaven.

그 부부는 천생연분이다.

☐ officiate

주례를 보다

018

☐ be in the family way

= be pregnant

임신하다

☐ When is ~ due?

~는 언제로 예정돼 있나요?

👥 SITUATION 017 Marriage

01 A: When are you going to get married?

B: I don't know. I haven't met Mr. Right yet.

02 A: Why are you going to an astrologer this morning?

B: Because I want to have my fortune told.

03 A: Dad, age has nothing to do with love.

I'm going to marry him.

B: Over my dead body!

04 A: What kind of man would you like to marry? A lawyer?

B: Lawyers are a dime a dozen.

I'd rather marry a doctor.

05 A: I bet you regret not marrying him.

B: You bet. What's done is done.

A: Don't mount a dead horse.

06 A: I hear Tom is getting married.

B: Really? That's news to me.

07 A: They fit together like hand and glove.

B: A match made in heaven!

08 A: The wedding will be held at her church, right?

B: Right. Rev. Brown will officiate at the wedding.

👥 SITUATION 018 Childcare, Death

01 A: You are in the family way, aren't you?

B: Yes, I am.

02 A: You're pregnant? That's fantastic!

When is your baby due?

B: In about two months.

🔔 017 결혼

01 **A:** 언제, 당신은 결혼할 겁니까?
B: 나는 모르겠어요. 나는 만나지 않았어요, 적당한 남자를, 아직.

02 **A:** 왜, 너는 가려고 하니, 점성가에게, 오늘 아침?
B: 왜냐하면, 나는 원하므로, 가지기를, 나의 운명이 말해진 (상태를).

03 **A:** 아빠, 나이는 아무 상관이 없어요, 사랑과는.
나는 결혼할 거예요, 그와.
B: 위로 (넘어라), 나의 죽은 몸을!

04 **A:** 어떤 종류의 사람을, 너는 원하니, 결혼하기를? 변호사?
B: 변호사들은 십 센트 한 다스야.
나는 오히려, 결혼하고 싶어, 의사와.

05 **A:** 나는 내기 건다, 네가 후회한다는 것에, 결혼하지 않은 것을, 그와.
B: 너 내기 걸어. (이미) 행해진 것은, 행해진 것이지.
A: 올라타지 마, 죽은 말 위에.

06 **A:** 나는 듣는다, 톰이 결혼한다고.
B: 정말? 그건 뉴스인데, 나에게는.

07 **A:** 그들은 맞는다 함께, 손과 장갑처럼.
B: 혼인이지, 만들어진, 하늘에서!

08 **A:** 결혼식은 열릴 거지, 그녀의 교회에서, 맞지?
B: 맞아. 브라운 목사님이 '식을 집행하실' 거야, 그 결혼식에서.

🔔 018 육아, 죽음

01 **A:** 당신은 가족의 길 안에 있군요, 그렇지 않나요?
B: 예, 나는 그래요.

02 **A:** 당신이 임신이라구요? 그것 환상적이군요!
언제, 당신의 아기는 (출산) 예정돼 있죠?
B: 약 두 달 안에.

01 **A:** 언제 결혼할 겁니까?
B: 모르겠어요. 아직 적당한 남자를 못 만났거든요.

02 **A:** 오늘 아침 왜 점성가에게 가려고 하니?
B: 점보고 싶어서.

03 **A:** 아빠, 나이가 사랑과 무슨 상관이 있어요.
나 그 사람과 결혼할 거예요.
B: 내 눈에 흙이 들어가기 전에는 안 된다.

04 **A:** 어떤 남자와 결혼할 거야, 변호사?
B: 변호사들은 쌔고쌨어.
의사와 결혼하고 싶어.

05 **A:** 그와 결혼하지 않은 것 후회하지.
B: 네 말이 맞아. 이미 지나간 일이야.
A: 죽은 아이 '고추' 만지기지.

06 **A:** 톰이 결혼한다고 하던데.
B: 정말로? 그건 금시초문인데.

07 **A:** 그들은 환상적인 커플이에요.
B: 천생연분이지요!

08 **A:** 결혼식은 그녀가 다니는 교회에서 할 거지?
B: 그래. 브라운 목사님이 주례를 서실 거야.

01 **A:** 임신을 하셨군요, 그렇죠?
B: 예, 임신했어요.

02 **A:** 임신했다고요? 정말 잘됐군요.
출산 예정일은 언젠가요?
B: 대략 두 달 남았어요.

□ bottle-feed
우유를 먹이다
□ breast-feed
모유를 먹이다
□ pass away
사망하다
□ Please accept my condolences on ~
~에 애도를 표합니다

019
□ How many are there in your ~?
당신의 ~에는 몇 명이 있나요?
□ a carbon copy of ~
~의 복사판
□ take after ~
~를 닮다
□ the ditto of ~
~와 같음, ~와 같은 사람(것)

020
□ silver wedding anniversary
은혼식, 결혼 25주년 기념
□ pearl wedding anniversary
진주혼식, 결혼 30주년 기념
□ ruby wedding anniversary
루비 혼식, 결혼 40주년 기념
□ golden wedding anniversary
금혼식, 결혼 50주년 기념
□ diamond wedding anniversary
결혼 60주년 기념
□ a henpecked husband
공처가
□ He's tied to her apron strings.
그는 마누라에게 쥐여지낸다.
□ put up with ~
~를 참다

03 A: Do you bottle-feed your baby?
B: No. I breast-feed her.

04 A: I can't believe Aunt Julie passed away.
B: Me, too.

05 A: I lost my father last month.
B: Please accept my condolences on your father's death.

👥 SITUATION 019 Family

01 A: How many are there in your family?
B: There are three in my family.

02 A: How many siblings do you have?
B: I've got two brothers but no sisters.
I'm the youngest of three children.

03 A: You are a carbon copy of your father.
B: I know I take after my father.
They say I'm the ditto of my dad.

👥 SITUATION 020 Married life

01 A: What did your husband get you for your silver(pearl, ruby, golden, diamond) wedding anniversary?
B: He bought me a gold necklace.

02 A: How is he getting along with his wife?
B: At work he's the boss, but at home he's just a henpecked husband.
A: He's tied to her apron strings.

03 A: I can't put up with your drinking anymore.
B: Give me a chance, please!

03 A: 당신은, '우유를 먹이나요', 당신의 아기?
　　 B: 아니요. 나는 '모유를 먹여요', 그녀에게.

04 A: 나는 믿을 수 없어, 아주머니 줄리가 돌아가셨다는 것을.
　　 B: 나 역시.

05 A: 나는 잃었어요, 나의 아버지를, 지난달.
　　 B: 제발, 받으세요, 나의 애도를, 당신 아버지의 죽음 위에.

03 A: 아기에게 우유를 먹입니까?
　　 B: 아니요. 젖을 먹여요.

04 A: 줄리 아주머니가 돌아가셨다니 믿을 수가 없어.
　　 B: 나도 그래.

05 A: 지난달 아버지를 여의었어요.
　　 B: 부친상에 애도의 뜻을 표합니다.

🔔 019 가족

01 A: 얼마나 많은, (사람이) 있습니까, 당신의 가족에?
　　 B: 있습니다, 세 명, 나의 가족에는.

02 A: 얼마나 많은 형제자매를, 당신은 가지고 있나요?
　　 B: 나는 가지고 있어요, 두 남자 형제를, 그러나 없어요, 여자 형제는.
　　　 나는 가장 어린(사람)이죠, 세 아이들 중의.

03 A: 너는 복사본이야, 네 아버지의.
　　 B: 나도 알아요, 내가 닮았다는 것을, 나의 아버지를.
　　　 그들(사람들)은 말하지요, 내가 '위와 같음'이라고, 나의 아버지의.

01 A: 가족이 몇 명이에요?
　　 B: 우리 가족은 세 명이에요.

02 A: 형제자매는 몇 명이에요?
　　 B: 두 명의 남자 형제가 있지만 여자 형제는
　　　 없어요. 3형제 중의 막내지요.

03 A: 너는 네 아버지 복사판이군.
　　 B: 나도 아버지를 닮았다는 것을 알아요.
　　　 사람들은 내가 아버지와 똑같다고 말하지요.

🔔 020 결혼 생활

01 A: 무엇을, 너의 남편이 주었니, 너에게, 너의 은혼식(30주년,
　　　 40주년, 50주년, 60주년)을 위해?
　　 B: 그는 사주었어 나에게, 금목걸이를.

02 A: 어떻게, 그는 되고 있지 줄곧, 그의 아내와?
　　 B: 일터에서는, 그가 사장이지만, 그러나 집에서는,
　　　 그는 단지 '암탉에 쪼이는' 남편이지.
　　 A: 그는 묶여 있어, 그녀의 앞치마 끈에.

03 A: 나는 참을 수 없어요, 당신의 음주를, 더 이상.
　　 B: 줘 나에게, 한 번의 기회를, 제발.

01 A: 남편이 당신에게 결혼 25(30, 40, 50,
　　　 60)주년 기념으로 무엇을 주었나요?
　　 B: 금목걸이를 사주었어요.

02 A: 그는 부인과 어떻게 지내지?
　　 B: 직장에서는 그가 사장이지만 집에서는
　　　 공처가야.
　　 A: 부인에게 꽉 쥐여살고 있어.

03 A: 더 이상 당신 술 마시는 것을 참을 수 없어요.
　　 B: 한 번만 봐줘.

✔️ 바로 이것이 포인트!

021

☐ live apart
　별거하다
☐ have an affair with ~
　~와 관계를 갖다, 바람을 피우다
☐ cheat on ~
　~를 속이고 바람을 피우다
☐ be two-timing
　다른 여자를 만나다
☐ Keep it to yourself.
　혼자만 알고 있어라.
☐ between you and me
　우리끼리 얘긴데
☐ spill the beans
　무심코 말해버리다
☐ be in trouble
　어려움에 처하다
☐ My lips are sealed.
　입을 꼭 다물고 있겠다.
☐ let the cat out of the bag
　무심코 비밀을 누설하다
☐ let out our secret
　우리의 비밀을 발설하다
☐ a big mouth
　입이 싼 사람

022

☐ be on the rocks
　파탄 직전이다
☐ a mismatch
　부조화, 어울리지 않는 부부
☐ an old hat
　구식이 된 것, 별것 아닌 것
☐ end up
　결국 ~에 처하게 되다

🗣️ SITUATION 021 Separation, Secrets

01 A: Why is Mary living apart?
　　B: They have been separated because she found out that her husband was having an affair with her best friend.
　　A: He doesn't look like the type of guy who'd ever cheat on his wife.
　　B: Anyway, he has been two-timing for a long time.

02 A: Just keep it to yourself. Between you and me, they are not married.
　　They're just living together.
　　If you spill the beans, we'll be in trouble.
　　B: My lips are sealed.
　　I won't let the cat out of the bag.

03 A: I can't believe she let out our secrets!
　　B: She has a big mouth.

🗣️ SITUATION 022 Divorce

01 A: Why did Mary hire a lawyer?
　　B: Because her marriage is on the rocks and she wants a divorce.

02 A: The Johnsons got divorced.
　　B: Really?
　　I thought they were a mismatch.

03 A: In olden days, divorce was something to be ashamed of, but it's an old hat these days.
　　B: I know. Every third marriage ends up in divorce in America nowadays.

🔔 021 별거, 비밀

01 A: 왜 메리가 살고 있지, 따로따로?
　　B: 그들은 떨어져 있었어, 왜냐하면, 그녀가 발견해냈기
　　　　때문이지, 그녀의 남편이, 가지고 있었다는 것을,
　　　　(애정)사건을, 그녀의 가장 친한 친구와.
　　A: 그는 보이지 않아, 타입의 남자처럼, 속였던, 그의 아내를.
　　B: 어쨌든, 그는 보내왔어, 두 가지 시간을, 오랫동안.

02 A: 오로지 간직해 그것을, 너 자신에게.
　　　　너와 나 사이(의 이야기인데), 그들은 결혼하지 않았어.
　　　　그들은 그냥, 사는 거야, 함께. 만약 네가 쏟는다면, 그 콩들을,
　　　　우리는 있게 될 거야, 문제 속에.
　　B: 나의 입술은, 봉해졌어.
　　　　나는 허용하지 않을 거야, 그 고양이가, 밖으로 (나오는 것을)
　　　　그 가방의.

03 A: 나는 믿을 수 없어, 그녀가 밖에 내놓다니, 우리의 비밀들을!
　　B: 그녀는 가지고 있어, 큰 입을.

---

01 A: 메리가 왜 별거하고 있지?
　　B: 남편이 메리의 가장 친한 친구와
　　　　바람피우는 것을 알아냈기 때문에
　　　　그들은 별거 중이었어.
　　A: 그는 아내 몰래 바람 피울 사람 같지는
　　　　않아 보여.
　　B: 어쨌든, 그는 오랫동안 다른 여자를 만나왔어.

02 A: 너만 알고 있어. 우리끼리 얘긴데
　　　　그들은 결혼한 사이가 아니고 그냥 같이
　　　　살고 있어. 비밀을 누설하면 우리는
　　　　난처해질 거야.
　　B: 입 꼭 다물게.
　　　　누설하지 않을 거야.

03 A: 그녀가 우리 비밀을 발설하다니!
　　B: 그녀는 입이 너무 싸.

🔔 022 이혼

01 A: 왜, 메리는 고용했지, 변호사를.
　　B: 왜냐하면, 그녀의 결혼이, 바위들 위에 있고, 그리고 그녀는
　　　　원하기 때문이지, 이혼을.

02 A: 존슨 부부가 이혼을 했어요.
　　B: 정말인가요?
　　　　나는 생각했죠, 그들이 '어울리지 않는 부부'였다고.

03 A: 오래된 날들에는, 이혼이 무엇이었어, 부끄러워할,
　　　　그러나 그건 오래된 모자야, 요즘에는.
　　B: 나도 알아. 매번 3번의 결혼(가운데 한 번)은, 끝장나, 이혼으로,
　　　　미국에서, 요즘은.

---

01 A: 메리는 왜 변호사를 고용했죠?
　　B: 그녀의 결혼이 파탄 지경이라 이혼을 원하기
　　　　때문이죠.

02 A: 존슨 부부가 이혼을 했어요.
　　B: 그래요?
　　　　나는 그들이 안 어울리는 부부라고 생각했죠.

03 A: 옛날엔 이혼이 수치스러운 일이었는데
　　　　요즘은 그런 생각이 구식이죠.
　　B: 그래. 요즘 미국에서는 결혼한 부부
　　　　세 쌍 중 한 쌍이 이혼하게 된다지.

Chapter 4

House / 주거

SITUATION 023

Residence / 주거

SITUATION 024

Household affairs / 집안일

SITUATION 025

Cleaning up a house, Waste / 청소, 쓰레기

✔ 바로 이것이 포인트!

023
- □ Compared to ~
  - ~와 비교하면
- □ a pie in the sky
  - 그림의 떡
- □ The grass is always greener on the other side of the fence.
  - 남의 떡이 더 커 보인다.

024
- □ do the dishes
  - 설거지하다
- □ use a carrot and a stick
  - 당근과 채찍을 사용하다
- □ do the chores
  - 집안일을 하다
- □ Don't fool around with ~
  - ~를 가지고 장난치지 마
- □ do the laundry
  - 빨래를 하다
- □ be upset with ~
  - ~에 화를 내다
- □ doesn't lift a finger
  - 손가락 하나 까딱 않다
- □ be plugged up
  - 막히다
- □ Could you send someone over to ~
  - ~하기 위해 누구 좀 보내주세요
- □ a regular customer
  - 단골손님

🗣 SITUATION 023 Residence

01 A: Do you live in an apartment or in a house?
B: I live in a house.

02 A: Compared to our small apartment, our uncle's house seemed like a palace.
B: It's just a pie in the sky for us.
A: The grass is always greener on the other side of the fence.

🗣 SITUATION 024 Household affairs

01 My husband is often responsible for doing the dishes at night.

02 My father always uses a carrot and a stick to make me do the chores in the house.

03 A: Don't fool around with that knife.
B: OK, I'm being careful.

04 I treat my wife to flowers and dinners out on Friday night every weekend.
I do the laundry, clean the house, take care of the kids.

05 I'm upset with my husband because he doesn't lift a finger to help with chores around the house on the weekend.

06 My kitchen drain is plugged up.
Could you send someone over to fix it?

07 A: How much would it cost me to fix it?
B: Since you are a regular customer, there will be no charge on it.

🔔 023 주거

01 A: 당신은 삽니까, 아파트에서, 혹은 집에서?
B: 나는 삽니다, 집에서.

02 A: 비교된, 우리의 작은 아파트와, 우리 삼촌의 집은,
보였어, 궁전같이.
B: 그건 단지, 파이야, 하늘에 있는, 우리에게는.
A: 풀이, 항상 더 초록색이지, 다른 쪽 위에서, 울타리의.

01 A: 아파트에서 사세요, 아니면 주택에서 사세요.
B: 주택에서 삽니다.

02 A: 우리의 작은 아파트에 비하면 우리 아저씨
집은 궁전 같았어.
B: 예. 우리에겐 그림의 떡이지요.
A: 남의 떡이 더 커 보이는 법이야.

🔔 024 집안일

01 나의 남편은 가끔, 책임이 있습니다, 그릇들을
(설거지)하는 것을, 저녁에.

02 나의 아버지는 항상, 사용하셔, 당근과 회초리를, 만들기 위해,
내가 하도록, 그 허드렛일들을, 집에서.

03 A: 바보짓 하지 마, 그 칼로.
B: 오케이. 나는 조심하고 있어.

04 나는 대접합니다, 나의 아내에게, 꽃들을, 그리고 저녁 식사를
바깥에서, 금요일 밤, 매주 주말에.
나는 빨래를 하고, 청소하고 집을, 돌봅니다 아이들을.

05 나는 뒤집어져 있어요, 나의 남편으로 (인해).
왜냐하면, 그가 올리지 않기 때문이죠, 손가락 하나도,
도우기 위해, 자질구레한 일들을, 집 주위에서, 주말에.

06 나의 부엌 하수구가, 막혔습니다.
당신은 보낼 수 있나요, 누군가를, 고치기 위해 그것을.

07 A: 얼마나 많이, 그것은 비용이 들죠, 나에게, 고치는 데 그것을?
B: 당신은 규칙적인 고객이므로, 없을 겁니다, 비용은, 그것 위에
(부과된).

01 남편은 가끔 저녁 설거지를 해야
합니다.

02 아버지는 집에서 나에게 허드렛일을
시키려고 항상 당근과 채찍을 사용하셔.

03 A: 칼 가지고 장난치지 마.
B: 괜찮아. 조심하고 있어.

04 나는 아내에게 꽃 선물을 하고 금요일 저녁마다
외식시켜 줍니다. 빨래도 하고 청소도 하고
아이들도 돌봅니다.

05 나는 남편이 주말이면 집안일에
손가락 하나 까딱하지 않는 것에 화가 나.

06 부엌 하수구가 막혔습니다.
누구 좀 보내주세요.

07 A: 그걸 고치는 데 얼마죠?
B: 단골손님이시니 비용은 없어요.

□ mess up
  어지럽히다, 엉망으로 만들다
□ take out 내가다, 내놓다
□ garbage 쓰레기, 음식 찌꺼기
□ trash = rubbish 쓰레기, 폐물
□ Never put off till tomorrow what
  can be done today.
  오늘 할 수 있는 일을 내일로 미루지 마라.
□ straighten it up
  정돈하다, 정리하다
□ a cigarette butt 담배꽁초
□ a litterbug 쓰레기 버리는 사람
□ biodegradable 생분해성의
□ non-biodegradable
  생분해성이 아닌
□ disposable paper plates
  일회용 종이 접시
□ sanitation (공중) 위생
□ pay attention to ~
  ~에 주의를 기울이다
□ for the sake of ~
  ~ 때문에, ~를 위해서

🗣 SITUATION 025 Cleaning up a house, Waste

01 A: Sam, you messed up your room again!
       Clean up the room and take out the garbage.
    B: I'll do it later.
    A: Never put off till tomorrow what can be done today.

02 A: Your desk is a mess.
    B: I'll straighten it up right now.

03 I just saw you throw a cigarette butt out and step on it.
    The trash can is over there.
    Let's not be a litterbug.

04 We have two different trash cans.
    We put biodegradable trash in one can,
    and non-biodegradable rubbish in the other.
    We don't put all our garbage in one trash can.

05 I think many people still use disposable paper plates and cups for sanitation and convenience.
    We really should pay attention to recycling for the sake of the environment.

집안 안내하기

영국이나 미국 가정에서는 친한 사람을 집으로 초청할 경우 집 안을 두루 안내하는 것이 보통이다. 한국과는 달리 미국의 집은 사교 모임 장소로도 흔히 사용된다. 호텔 같은 곳에서의 모임은 그리 흔치 않다. 서양의 집에 들어가면 우리와는 달리 신발을 벗지 않는다. 2층집의 경우 침실은 대개 2층에 있다.
집 안을 안내받을 때는 묵묵히 들여다보지만 말고 "Let me know how to use it."(사용하는 방법을 알려주세요.) 혹은 "That's a nice vase."(참 멋진 꽃병이군요.)라며 간단한 질문을 하거나 칭찬을 해주는 것이 좋다.

01 A: 샘, 너는 어지럽혔구나, 너의 방을, 다시!
　　청소해, 그 방을, 그리고 가지고 나가, 쓰레기를.
　　B: 나는 할 겁니다 그것을, 나중에.
　　A: 결코 미루지 마, 내일까지, 행해질 수 있는 것을, 오늘.

02 A: 너의 책상은, 난장판이군.
　　B: 제가 똑바르게 할게요 그것을, 바로 지금.

03 나는 방금 보았어, 네가 던지는 것을, 담배꽁초를, 그리고
　　밟는 것을, 그것 위에서.
　　쓰레기통이 있어, 저기.
　　되지 말자, '쓰레기 버리는 사람'은.

04 우리는 갖고 있다, 두 개의 다른 쓰레기통을.
　　우리는 놓는다, '미생물로 분해되는' 쓰레기를, 한 통에,
　　'분해되지 않는' 쓰레기를, 다른 통에.
　　우리는 놓지 않는다, 모든 우리의 쓰레기를, 한 쓰레기통에.

05 나는 생각한다, 많은 사람이, 아직 사용한다고, '처분할 수 있는'
　　종이접시들과 컵들을, 위생과 편리함을 위해.
　　우리는 정말, 주의를 기울여야 한다, 재활용에, 환경을 위해서.

01 A: 샘, 너 방을 또 어지럽혔구나.
　　방 청소하고 쓰레기 좀 버려라.
　　B: 조금 있다가 할게요.
　　A: 오늘 할 일을 내일로 미루지 마라.

02 A: 너의 책상은 엉망진창이구나.
　　B: 지금 똑바르게 해놓을게요.

03 방금 담배꽁초를 버리고 발로 밟아 끄더군.
　　쓰레기통이 저기 있잖아.
　　쓰레기를 함부로 버리지 마.

04 두 개의 다른 쓰레기통이 있어.
　　한 통에는 썩는 쓰레기를,
　　다른 통에는 안 썩는 쓰레기를 넣지.
　　우리는 모든 쓰레기를 한 통에 담지 않아.

05 아직도 많은 사람들이 위생이나 편리함
　　때문에 일회용 종이접시와 컵을 많이
　　사용하는 것 같아. 우리는 환경을 위해서
　　재활용에 관심을 가져야 해.

Chapter 5
Hobby / 취미

SITUATION 026
Music / 음악

SITUATION 027
Song / 노래

SITUATION 028
At the discotheque / 디스코텍에서

SITUATION 029
At the movie theater / 영화관에서

SITUATION 030
About a movie / 영화에 관한 이야기

SITUATION 031
Television, Radio / 텔레비전, 라디오

SITUATION 032
Watching a game / 운동 경기 관전

SITUATION 033
Playing a game, Scoring / 경기하기, 득점

SITUATION 034
Hiking / 하이킹

SITUATION 035
Taking a picture / 사진 찍기

SITUATION 036
Betting, Gambling / 내기, 도박

SITUATION 037
Books / 책

026

□ leisure(= spare) time 여가

□ matinee 낮 공연

□ Keep your shirt on. 화내지 마.

□ Take your time.
   (서두르지 않고) 천천히 해.

□ There's no rush.
   급할 것 없어요.

□ run in the family
   집안 내력이다

□ have what it takes to ~
   ~하는 데 필요한 재능이 있다

□ be all thumbs 손재주가 없다

□ when it comes to ~
   ~에 관해서라면, ~라면

027

□ I can't carry a tune in a bucket.
   나는 심한 음치다.

□ have a good ear for music
   음악에 소질이 있다, 음악을 잘 이해한다

□ a diamond in the rough
   가공하지 않은 다이아몬드, 숨은 인재

□ Have you ever thought about ~?
   ~에 대해 생각해봤니?

취미 묻기

우리말의 '광'에 해당하는 영어가 바로 buff이다. 영화광은 movie buff, 야구광은 baseball buff, 골프광은 golf buff, 자동차광은 car buff이다. maniac도 buff과 같은 뜻으로 쓰인다. favorite은 '가장 좋아하는 (것)'을 뜻하므로 favorite dish는 '가장 좋아하는 음식'이 되고 favorite movie star는 '가장 좋아하는 영화배우'가 된다.

취미를 직접 묻는 대신 "How do you spend your leisure time?"(여가를 어떻게 보내세요?)이라고 물어볼 수도 있다.

💬 SITUATION 026 Music

01 A: How do you spend your leisure(= spare) time?
     B: I listen to music.

02 A: Could you tell me what musical is playing tomorrow?
     B: We have Evita playing at the 3:00 matinee and also at 8:00.

03 A: We'll be late for the concert if you don't hurry up.
     B: Keep your shirt on and take your time.
        There's no rush.

04 A: Did you know that all three of Mr. Jung's children are professional musicians?
     B: Really?
        Musical talent must run in the family.

05 A: Do you think Mark has what it takes to be a pianist.
     B: I think so.

06 A: Can you play the piano?
     B: No. I am all thumbs when it comes to playing the piano.

💬 SITUATION 027 Song

01 A: Sing a song, Mr Kim.
     B: I'm sorry but I can't carry a tune in a bucket.
        I don't have a very good ear for music.

02   You have a very good voice.
        I think you are a diamond in the rough.
        Have you ever thought about becoming a singer?

🔔 026 음악

01 A: 어떻게, 당신은 보내세요, 당신의 여가를?
    B: 나는 듣습니다, 음악을.

02 A: 당신은 말해주실 수 있습니까 나에게, 무슨 뮤지컬이,
       공연되는지, 내일?
    B: 우리는 가지고 있습니다, '에비타'를, 공연하는, 3시 낮 공연에,
       그리고 역시, 8시에.

03 A: 우리는 늦을 거예요, 음악회에, 만약 당신이 서두르지 않으면.
    B: 유지해요, 당신의 셔츠를, (몸) 위에, 그리고 취해요, 당신의
       시간을. 없어요, 급할 것.

04 A: 당신은 아셨어요, 모든 세 명이, 정 선생님 자녀의, 전문적인
       음악가들이라는 것을.
    B: 정말인가요?
       음악적 재능이, 틀림없이 달립니다, 그 가족 속에서.

05 A: 너는 생각하니, 마크가 가지고 있다고, 그것이 취하는 것을,
       피아니스트가 되는 것이.
    B: 나는 생각해, 그렇다고.

06 A: 당신은 칠 수 있습니까, 피아노를?
    B: 아니요. 나는 모두 엄지손가락입니다, 관해서라면,
       피아노 치는 것에.

---

01 A: 여가를 어떻게 보내세요?
    B: 음악 감상을 합니다.

02 A: 내일은 어떤 뮤지컬이 공연됩니까?
    B: 『에비타』가 3시 낮 공연과 8시 공연이
       있습니다.

03 A: 서두르지 않으면 음악회에 늦을 거예요.
    B: 차분하게 천천히 해요.
       급할 것 없어요.

04 A: 정 선생님의 자녀 3명이 모두 전문
       음악가라는 것을 아셨어요?
    B: 그래요?
       음악적 재능은 유전인가 보죠.

05 A: 마크가 피아니스트로 성공할 소질이
       있다고 생각하니?
    B: 그렇게 생각해.

06 A: 피아노를 칠 줄 아십니까?
    B: 아니요. 피아노 치는 일이라면
       나는 엉망입니다.

🔔 027 노래

01 A: 부르세요 한 곡의 노래를, 김 선생님.
    B: 나는 미안합니다 그러나, 나는 옮길 수 없어요, 곡조를, 양동이
       속에서. 나는 가지고 있지 않습니다, 매우 좋은 귀를, 음악을 위한.

02 너는 갖고 있어, 매우 좋은 목소리를.
    나는 생각해, 네가 다이아몬드라고, 그 거친 것 속에 있는.
    너는 생각해본 적이 있니, 가수가 되는 것에 대해?

---

01 A: 김 선생님, 노래 한 곡 하세요.
    B: 미안합니다만 저는 음치입니다.
       음악에는 별로 소질이 없거든요.

02 넌 좋은 목소리를 가졌구나.
    숨은 인재야.
    가수가 될 생각은 해봤니?

✔ 바로 이것이 포인트!

☐ over the hill
　한물간
☐ a has-been
　한물간 사람
☐ a flash in the pan
　반짝 성공
☐ You are history.
　당신은 이미 끝났어.
☐ in the prime of life
　전성기에
☐ sweep the country
　나라를 휩쓸다
☐ be behind bars
　철창 속에 갇히다
☐ on charge of ~
　~의 혐의로, ~의 죄로
☐ That's the way the cookie
　crumbles.
　세상사가 다 그런 것이다.

028
☐ How do you like ~?
　~는 어때요?
☐ I feel like a fish out of water.
　어색하게 느껴져요.

029
☐ a movie buff 영화광
☐ be crazy about ~
　~에 미치다, 열광하다
☐ a baseball fanatic 야구광
☐ fool around
　노닥거리다, 빈둥거리다

03　A: Jo Yong-Pil is over the hill.
　　B: He is not a has-been Yet.
　　　He's not a flash in the pan.

04　A: Don't you realize you are history?
　　B: No, I'm not a goner yet!
　　　I'm yet in the prime of life.

05　A: What do you think of her new album?
　　B: It's so great that it will soon sweep the country.

06　A: Until a few weeks ago, he had been a superstar,
　　　but now he is behind bars on charge of swindling.
　　B: Well, that's the way the cookie crumbles.

👥 SITUATION 028 At the discotheque

01　A: How do you like this discotheque?
　　B: I feel like a fish out of water.
　　　I think I'm the oldest person here.

02　A: Susan, may I have the pleasure of dance?
　　B: Absolutely, Steve.

👥 SITUATION 029 At the movie theater

01　A: What is your favorite hobby?
　　B: I'm a movie buff.

02　　I'm not too crazy about movies.
　　I'm a baseball fanatic.

03　A: Shall we go to the movies tonight?
　　B: I don't have time to fool around like you do.
　　　I've got to study for my exam.

03 A: 조용필은, 있어, 언덕 너머에.

B: 그는 아니야, 완료된 (인물은), 아직.

그는 아니야, 불꽃은, 냄비 안에 (있는).

04 A: 당신은 깨닫지 않나요, 당신이 (지나간) 역사라고?

B: 아니요, 나는 아니오, '가버린 사람', 아직!

나는 아직, 전성기에 있어, 인생의.

05 A: 무엇을, 너는 생각하니, 그녀의 새 앨범의 (반응에 대해)?

B: 그것은 너무 훌륭해서, 그것은 곧 휩쓸 거야, 전국을.

06 A: 몇 주 전까지, 그는 슈퍼스타였었어, 그러나 이제, 그는 있어,

철창 뒤에, 사기 혐의로.

B: 음, 그게, 방식이야, 쿠키가 부서지는.

🔔 028 디스코텍에서

01 A: 어떻게, 당신은 좋아하지요, 이 디스코텍을?

B: 나는 느껴요, 물고기처럼, 물 밖의.

나는 생각합니다, 내가 가장 나이 많은 사람이라고, 여기서.

02 A: 수잔, 내가 가질 수 있나요, 기쁨을, 춤의?

B: 물론이죠, 스티브.

🔔 029 영화관에서

01 A: 무엇이, 당신의 가장 좋아하는 취미죠?

B: 나는 영화광입니다.

02 나는 너무 미쳐 있지는 않습니다, 영화들에 대해.

나는 야구광입니다.

03 A: 우리 갈래, 그 영화들로, 오늘 밤?

B: 나는 가지고 있지 않아, 시간을, 빈둥거릴, 네가 하는 것처럼.

나는 공부해야 돼, 나의 시험을 위해.

03 A: 조용필은 한물갔어.

B: 아직 완전히 끝난 가수는 아냐.

그의 명성은 반짝하는 것이 아냐.

04 A: 당신은 이미 끝났다는 사실을 깨닫지 못하나요?

B: 아니, 아직은 끝난 사람은 아니야!

나는 아직 한창이야.

05 A: 그녀의 새 앨범을 어떻게 생각하니?

B: 대단해. 인기가 곧 전국을 휩쓸 거야.

06 A: 몇 주 전까지만 해도 그는 슈퍼스타였는데

지금은 사기 혐의로 철창 신세가 됐지 뭐야.

B: 인생이란 그런 거야.

_____

01 A: 이 디스코텍 어때요?

B: 어색하게 느껴져요.

내가 여기서 가장 나이 많은 사람 같아요.

02 A: 수잔, 같이 춤추지 않겠어요?

B: 좋지요, 스티브.

_____

01 A: 가장 좋아하는 취미가 무엇이죠?

B: 저는 영화광입니다.

02 저는 영화는 그다지 좋아하지 않습니다.

나는 야구광이지요.

03 A: 오늘 밤 영화 보러 갈래?

B: 난 너처럼 빈둥거릴 시간이 없어.

시험공부해야 돼.

☐ hair-raising
　머리카락이 쭈뼛해지는, 극도로 무서운
☐ put on ~
　~을 입다
☐ Hold your horses.
　흥분부터 하지 마라. 잠시 기다려라.
☐ What happened to ~?
　~는 어떻게 된 거니?
☐ inside out
　뒤집어
☐ Don't cut in line.
　새치기하지 마세요.
☐ stand for ~
　~을 나타내다, 의미하다
☐ buy a ticket from a scalper
　암표를 사다
☐ The seats are all sold out.
　좌석이 매진입니다.
☐ Is this seat taken?
　좌석이 있습니까?

030
☐ star 주연을 맡다

04 A: What's showing at the theater?
   B: A horror movie. That movie is hair-raising.

05 A: Let's leave now so we'll get a good seat
      in the theater.
   B: I still haven't put on my shoes and socks,
      so hold your horses!

06 A: What time does the show begin?
   B: 7 o'clock, sir.

07 A: What happened to one of your socks?
   B: Gosh, I must have put it on inside out.

08 A: Excuse me. Are you in line?
   B: Don't cut in line.

09 A: How much is the admission?
   B: 5 dollars.

10 A: In the United States every film is rated
      as G, PG, R or X.
   B: What do the letters stand for?
   A: G means 'general audience', PG 'parental
      guidance', R 'restricted'. X-rated films are
      adult movies.

11 A: The seats are all sold out.
   B: I think I have to buy a ticket from a scalper.

12 A: Excuse me. Is this seat taken?
   B: Yes. My husband went to the restroom.

👥 SITUATION 030 About a movie

01　A: Who's starring in the film?

04 A: 무엇이, 보이고 있니, 극장에서? B: 공포 영화죠. 그 영화는, 머리를 서게 해.	**04** A: 극장에서 뭐가 상영되고 있죠? B: 공포 영화죠. 그 영화는 정말 무서워.
05 A: 떠나자, 지금, 그래서 우리는 얻을 거야, 좋은 좌석을. 극장에서. B: 나는 아직, 놓지 않았어 위에, 나의 신발과 양말을, 그러니, 붙잡아, 너의 말들을!	**05** A: 극장에서 좋은 좌석을 차지하도록 지금 출발하자. B: 아직 신발과 양말을 안 신었어, 그러니 잠시 기다려!
06 A: 몇 시에, 그 쇼가 시작합니까? B: 7시입니다, 선생님.	**06** A: 몇 시에 영화가 상영됩니까? B: 7시입니다.
07 A: 무엇이, 발생했니, 하나에, 너의 양말의? B: 이런, 내가 신은 게 틀림없어 그것을, 안쪽을 바깥쪽으로.	**07** A: 그 양말 한 짝이 어떻게 된 거니? B: 이런, 뒤집어 신었나봐.
08 A: 실례합니다. 있습니까 당신은, 줄 안에? B: 자르지 마세요, 줄에서.	**08** A: 실례합니다. 지금 줄을 서 계신 겁니까? B: 새치기하지 마세요.
09 A: 얼마나 많지요, 입장료는? B: 5달러입니다.	**09** A: 입장료는 얼마죠? B: 5달러입니다.
10 A: 미국에서는, 모든 필름은, 분류돼 있습니다, G, PG, R, X로. B: 무엇을, 그 글자들은, 의미합니까? A: G는 의미합니다, 일반 관객을, PG는 부모의 지도를, R은 제한을. X로 분류된 필름들은, 성인 영화들입니다.	**10** A: 미국에서는 모든 영화가 G, PG, R, X로 분류돼 있습니다. B: 그 글자들이 무엇을 의미합니까? A: G는 '일반 관객'을, PG는 '부모의 지도', R은 '제한'을 의미합니다. X로 분류된 영화는 성인 영화입니다.
11 A: 좌석들이, 모두 팔렸습니다. B: 나는 생각합니다, 내가 사야 한다고, 한 장의 표를, '머리가죽 벗기는 사람'으로부터.	**11** A: 좌석이 매진입니다. B: 나는 암표를 사야 할 것 같아.
12 A: 실례합니다. 있습니까, 이 자리는, 차지되어? B: 예. 나의 남편이, 갔습니다, 화장실로.	**12** A: 실례합니다. 이 자리에 누가 있습니까? B: 예, 우리 남편이 화장실에 갔습니다.

🔔 030 영화에 관한 이야기

01 A: 누가 스타 역을 하고 있지, 그 영화에서?	**01** A: 그 영화에 누가 주연으로 나오는데?

□ play the lead role
　주연을 맡다
□ make a cameo appearance
　카메오 출연을 하다
□ be not nearly as good as
　〜에 미치지 못하다
□ gross
　수익을 올리다
□ a tearjerker
　눈물을 흘리게 하는 신파조 영화

031
□ a soap opera
　연속극, 드라마
□ care about ~
　〜에 대해 걱정하다

B: Kevin Costner plays the lead role in it,
　besides directing the movie.

02　A: Did you know that Cameron Diaz is in this movie?
　B: Don't get too excited. She only makes a cameo
　appearance.

03　A: What was the name of that actress in 'For Whom
　the Bell Tolls'?
　B: Her name is on the tip of my tongue, but I can't
　think of it.

04　A: Did you see the sequel to 'Star Wars'?
　B: Yes, but it wasn't nearly as good as the original.

05　A: Did you expect 'Harry Potter' to be such a
　blockbuster?
　B: Of course! The books were so popular.

06　A: Which film is number one at the box office this
　week?
　B: I believe the new James Bond film grossed the
　most this week.

07　A: I cried so much at the end of 'Life is Beautiful'.
　B: That movie was a real tearjerker.

08　The film shows how Jews suffered increasingly
　violent attacks before being deported from
　ghettos in occupied Eastern Europe to
　concentration camps.

SITUATION 031　Television, Radio

01　A: I don't want to miss my favorite soap opera.
　B: Is that all you care about?

B: 케빈 코스트너가 하지요, 리드 역할을, 그것에서, 게다가, 연출하지요, 그 영화를.

02 A: 당신은 알았니, 카메론 디아즈가, 이 영화에 있다는 것을?
B: 너무 흥분하지 마. 그녀는 단지, 만든다, 카메오 출연을.

03 A: 무엇이었지, 이름은, 그 여배우의, 『누구를 위하여 종은 울리나』에 (나오는).
B: 그녀의 이름은, 끝 위에 있어, 나의 혀의, 그러나 나는 생각할 수 없어, 그것의 (이름을).

04 A: 너는 보았니, 『스타 워즈』속편을?
B: 응, 그러나 그것은 거의, 좋지는 않았어, 그 원작만큼.

05 A: 너는 기대했니, 『해리 포터』가 그런 블록버스터가 될 줄?
B: 물론! 그 책들은, 그렇게 인기 있었어.

06 A: 어느 필름이, 넘버원이지, 박스 오피스에서, 이번 주?
B: 나는 믿어, 새 제임스 본드 영화가, 총수익을 올렸다고, 가장 많이, 이번 주.

07 A: 나는 울었어, 너무 많이, 마지막에, 『인생은 아름다워』의.
B: 그 영화는, 정말 '눈물 짜는 영화'였어.

08 그 필름은 보여준다, 어떻게, 유대인들이 당한지를, 점점 더, 야만적인 공격들을, 추방당하기 전에, 유태인 거주지에서, 점령된 동유럽에 있는, 집중 캠프로.

☼ 031 텔레비전, 라디오

01 A: 나는 원하지 않아요, 놓치는 것을, 나의 가장 좋아하는 연속극을.
B: 그게, 모든 것인가요, 당신이 걱정하는?

B: 케빈 코스트너가 그 영화의 주연이자 감독이야.

02 A: 이 영화에 카메론 디아즈가 나오는 거 알았니?
B: 너무 흥분하지 마. 그냥 카메오로 나올 뿐이야.

03 A: 『누구를 위해 좋은 울리나』에 나오는 여배우가 누구더라?
B: 이름이 입에 뱅뱅 도는데 생각이 안 나.

04 A: 『스타 워즈』속편 봤니?
B: 응, 그런데 1편만큼 재미있지는 않아.

05 A: 『해리 포터』가 그렇게 대박을 터뜨릴 줄 알았어?
B: 물론이지! 책이 워낙 인기가 있었잖아.

06 A: 이번 주 박스 오피스 1위는 어떤 영화야?
B: 새로 나온 제임스 본드 영화가 이번 주 가장 많은 수익을 올렸을 거야.

07 A: 『인생은 아름다워』의 마지막 장면에서 마구 울었어.
B: 그 영화 정말 슬픈 영화였어.

08 그 영화는 유태인들이 점령하의 동유럽 유태인 거주지에서 수용소로 추방되기 전에 얼마나 야만적인 공격을 받았는지 보여주고 있다.

---

01 A: 내가 좋아하는 연속극을 놓치고 싶지 않아요.
B: 넌 그게 걱정이니?

☐ a couch potato
　오랫동안 가만히 앉아 텔레비전만 보는 사람
☐ What's on TV?
　TV에서 무엇을 방송하나요?
☐ go on the air
　TV에 출연하다
☐ Is this live or a recording?
　그건 생방송입니까, 녹화방송입니까?
☐ a rerun　재방송
☐ turn off
　(전기, 가스 등을) 끄다
☐ get on my nerves
　신경에 거슬리다, 짜증나다

032
☐ root for
　응원하다
☐ a toss-up
　동전 던지기
☐ a cut above
　~보다 한 수 위인
☐ come from behind
　역전승하다
☐ tie the game
　무승부가 되다
☐ score 2 goals
　두 골을 넣다
☐ turn the tables
　형세를 역전시키다
☐ A ball game is not over until it is over.
　구기경기란 끝나봐야 아는 거지요.

02　A: Why don't you get out and exercise?
　　　You seem to be becoming a real couch potato.
　　B: I don't care what people say about me or
　　　how I look anymore.

03　A: What's on today?
　　　Anything interesting on?
　　B: The Korea-Japan soccer game is on at 9 p.m.

04　A: I'll go on the air tonight.
　　B: That's great.

05　A: Is it live or a recording?
　　B: It is a rerun.

06　A: Please turn off the radio.
　　　It just gets on my nerves.
　　B: Sorry for bothering you.

👥 **SITUATION 032** Watching a game

01　A: Who are you rooting for?
　　B: The Yankees.

02　A: Who do you think will win the Subway Series,
　　　the Yankees or the Mets?
　　B: It's a toss-up. But the Yankees are a cut above
　　　the Mets.

03　A: Did you watch the Korea-Japan soccer game on TV?
　　B: Yes. The Korean team came from behind and tied the
　　　game scoring 2 goals during the last 10 minutes.

04　A: I had a feeling that the Korean team might turn
　　　the tables.
　　B: Well, a ball game is not over until it is over.

02 A: 왜, 너는 나가서, 운동을 하지 않니?
　　너는 보이는구나, 되어가고 있는 것처럼, 진짜 '소파 감자'가.
B: 나는 신경 쓰지 않아, 사람들이 말하는 것을, 나에 대해,
　　혹은, 어떻게 내가 보이는지를, 더 이상은.

03 A: 무엇이 있지, (화면) 위에, 오늘?
　　어떤 것, 재미있는, (화면) 위에?
B: 한일 축구 경기가, 있어, (화면) 위에, 9시에.

04 A: 나는 갈 겁니다, 공기 위에, 오늘 밤에.
B: 그것 대단하군요.

05 A: 그것은 살아 있는 겁니까, 아니면, 녹화한 것입니까?
B: 그것은 재방송입니다.

06 A: 제발, 돌려서 끄세요, 그 라디오.
　　그것은 단지, 올라타요, 내 신경 위에.
B: 죄송합니다, 방해해서, 당신을.

02 A: 나가서 운동 좀 해라.
　　넌 정말 '텔레비전만 보는 게으름뱅이'가
　　돼가는 것 같구나.
B: 사람들이 나에 대해서나 내 외모에 대해서
　　뭐라고 하든지 이제 신경 안 써.

03 A: 오늘 무슨 프로가 있지?
　　오늘 뭐 재미있는 프로 없을까?
B: 한일 축구 경기가 9시에 방영됩니다.

04 A: 나는 오늘 밤 TV에 출연해요.
B: 그것 잘됐군요.

05 A: 그것은 생방송입니까, 아니면 녹화방송입니까?
B: 그것은 재방송입니다.

06 A: 제발 라디오 좀 꺼주세요.
　　신경 거슬려요.
B: 방해해서 죄송합니다.

🔔 032 운동 경기 관전

01 A: 누구를, 당신은 응원하고 있습니까?
B: 양키즈 팀.

02 A: 누가, 당신은 생각합니까, 이길 거라고, 그 지하철 시리즈를,
　　양키즈 아니면 메츠?
B: 그건 동전 던지기입니다.
　　그러나 양키즈가 있죠, 한번 자른 것만큼, 메츠 위쪽에.

03 A: 당신은 보았나요, 한일 축구 경기를, TV 위에 (방송된).
B: 예. 한국 팀이 왔지요, 뒤에서부터, 그리고 무승부를 만들었지요,
　　그 게임을, 득점하면서 두 골을, 마지막 10분 동안.

04 A: 나는 가졌어요, 어떤 느낌, 한국 팀이, 뒤집을지 모른다는,
　　그 테이블들을.
B: 저, 구기경기는, 끝난 것이 아니지요, 그것이 끝날 때까지는.

01 A: 어느 편을 응원하십니까?
B: 양키즈 팀입니다.

02 A: 지하철 시리즈에서 양키즈와 메츠
　　중 어느 팀이 이길 것 같나요.
B: 예측하기 어렵군요.
　　그러나 양키즈가 메츠보다 한 수 위지요.

03 A: TV에서 한일 축구 경기를 보셨나요?
B: 예, 한국 팀이 지고 있다가 마지막 10분에
　　두 골을 넣어 무승부를 만들었지요.

04 A: 한국이 역전할지도 모른다는 느낌이
　　들었어요.
B: 구기경기란 끝나봐야 아는 거지요.

✔ 바로 이것이 포인트!

033
□ foul up
　일을 엉망으로 만들다
□ win by 2 points
　2점 차로 이기다
□ be ahead
　이기고 있다, 앞서 있다
□ be neck and neck
　막상막하다
□ end in a tie
　무승부로 끝나다
□ win the first place prize
　1등상을 타다
□ be tickled pink
　굉장히 기뻐하다
□ Cool it!
　열 내지 마!
□ lose the race
　경주에서 지다
□ swallow his pride
　자존심을 억누르다

034
□ a homebody
　집에 있기를 좋아하는 사람,
　집에 틀어박혀 있는 사람
□ be cooped up in ~
　~에 틀어박히다

👥 SITUATION 033 Playing a game, Scoring

01　A: Why didn't you ask Tom to be on our football team?
　　　B: Because he seems to foul up every play he's in.

02　A: What is the score?
　　　B: It's two to five.

03　A: Who is winning?
　　　B: We're winning by 2 points.

04　A: Which runner is ahead?
　　　B: They're still neck and neck coming around the turn.

05　A: Who won the game?
　　　B: It ended in a tie after all.

06　A: Who was first place in the race?
　　　B: Tom. John finished third.

07　A: Are you happy to have won the first place prize?
　　　B: I'm tickled pink.
　　　A　Don't get too excited and cool it!

08　A: What did he do after he lost the race?
　　　B: He swallowed his pride and shook hands with
　　　　the winner.

👥 SITUATION 034 Hiking

01　A: What do you do on weekends?
　　　B: Usually I stay home. I'm kind of a
　　　　homebody.

02　A: Cooped up in the house on a nice day like this?
　　　　Come on, let's go hiking.

🔔 033 경기하기, 득점

01　A: 왜, 당신은 부탁하지 않았니, 톰에게, 우리 축구 팀 위에 있으라고.
　　B: 왜냐하면, 그는 보여, 더럽히는 것처럼, 모든 경기를, 그가 안에 있는.

02　A: 무엇이, 스코어니?
　　B: 그것은 2대 5입니다.

03　A: 누가 이기고 있니?
　　B: 우리가 이기고 있어, 2점 차로.

04　A: 어느 주자가, 앞서 있지?
　　B: 그들은 아직, 목과 목이야(목 정도 차이입니다), 오면서,
　　　그 반환점 주변에.

05　A: 누가, 이겼지, 그 경기를?
　　B: 그것은 끝났어, '이어주는 것'(동점)으로, 결국에는.

06　A: 누가 1등이었지, 그 경주에서?
　　B: 톰. 존은 끝냈어, 세 번째로.

07　A: 너는 행복하니, 타서, 그 1등상을
　　B: 나는 간질여져서, 핑크색이 됐어.
　　A: 흥분하지 마, 그리고 식혀 그것을!

08　A: 무엇을, 그는 했지, 그가 진 후에, 그 경주를?
　　B: 그는 삼켰어, 그의 자존심을, 그리고 흔들었어 손을, 승자와.

🔔 034 하이킹

01　A: 무엇을, 당신은 합니까, 주말에?
　　B: 보통, 나는 머무릅니다 집에. 나는 일종의, '집에 들어박혀
　　　있는 사람'이죠.

02　A: 틀어박혀 있다니, 집에, 좋은 날에, 이처럼!
　　　이봐, 하이킹이나 가자.

01　A: 왜 톰에게 축구 팀에 들어오라고 부탁하지 않았니?
　　B: 그가 끼는 경기마다 망쳐놓는 것처럼 보여서.

02　A: 스코어가 어떻게 되니?
　　B: 2대 5입니다.

03　A: 어느 편이 이기고 있니?
　　B: 우리가 2점 차로 이기고 있어.

04　A: 어느 말이 앞섰지?
　　B: 반환점 주변에 오면서 아직 막상막하야.

05　A: 어느 편이 이겼지?
　　B: 결국 무승부로 끝났어.

06　A: 경주에서 누가 1등 했니?
　　B: 톰이야. 존은 3등 했어.

07　A: 1등상을 타서 기쁘니?
　　B: 너무 기뻐서 흥분돼.
　　A: 너무 흥분하지 말고 진정해!

08　A: 그가 경주에서 진 후 어떻게 했지?
　　B: 그는 자존심을 버리고 승자와 악수를 했어.

01　A: 주말에 뭘 하십니까?
　　B: 보통 집에 있습니다. 말하자면 구들장
　　　신세지는 사람이죠.

02　A: 이렇게 좋은 날 집 안에 틀어박혀 있다니!
　　　이봐, 하이킹이나 가지.

□ You made my day.
　네 덕분에 좋은 날이 되겠어.
□ Great minds think alike.
　위대한 사람들은 같은 생각을 한다.
□ Count me out! 나를 빼줘!
□ Let's catch our breath.
　숨을 돌리자.

035
□ Would you mind ~ing?
　~ 좀 해주시겠습니까?
□ take a picture 사진을 찍다
□ with the view of ~
　~가 내다보이는, ~를 배경으로
□ photogenic 사진이 잘 받는
□ do you justice
　너를 정당하게 평가하다
□ look much better in real life
　실물이 훨씬 낫다

036
□ make a bet 내기하다
□ A little knowledge is a dangerous
　thing. 선무당이 사람 잡는다.
□ Whatever you say.
　당신 좋으실 대로.
□ Whose turn is it?
　누구 차례지?

사진 찍기

"I don't take a very good picture."
는 "나는 사진을 잘 못 찍는다."란 말도 될
수 있고 "나는 사진이 잘 안 나온다."라는
말도 되므로 상황에 따라 뜻을 짐작해야
한다. 상대방이 사진을 잘 못 찍는다고 말
하면 "You just press the shutter."(그
냥 셔터만 누르세요.)라고 일러주며 부탁
하면 된다. 한국인은 사진을 찍을 때 "하
나, 둘, 셋"이라고 말하지만 미국인은 웃
으라는 뜻으로 "Say cheese."(치즈라고
말하세요.)라고 말한다.

B: Oh, yeah! You made my day.
　Great minds think alike.

03 A: Are you gonna go on a picnic with us on Sunday?
　B: No. Count me out, please. I'm too tired.

04 A: Shall we continue climbing the mountain?
　B: Let's rest here for a few minutes so we can catch our breath.

👥 SITUATION 035 Taking a picture

01 A: Excuse me. Would you mind taking a picture for me?
　B: I'm afraid I don't take very good pictures.

02 A: Would you like to take a picture with the view of Seoul Tower?
　B: That's a good idea.

03 A: You look fine in this picture.
　　You're very photogenic.
　B: This picture does not do you justice.
　　You look much better in real life.

👥 SITUATION 036 Betting, Gambling

01 A: Let's make a bet.
　　If I beat you, you buy me dinner.
　B: Whatever you say.

02 A: You beat me at poker again.
　　A little knowledge is a dangerous thing.
　B: It's just beginner's luck.

03 A: Whose turn is it?
　B: It's your turn.

B: 오, 예! 너는 만들었어, 나의 날을.
　위대한 마음들은, 생각한다, 똑같이.

03 A: 너는 갈 거니, 소풍 위에, 우리와, 일요일에?
　B: 아니, 계산해 나를 밖으로, 제발. 나는 너무 피곤해.

04 A: 우리 계속할까, 오르는 것을, 산을?
　B: 쉬자, 여기서, 몇 분 동안, 그래서 우리는 잡을 수 있다,
　우리의 호흡을.

035 사진 찍기

01 A: 실례합니다. 당신은 꺼리십니까, 찍는 것을 사진 한 장, 나를 위해?
　B: 나는 두렵습니다, 내가 찍지 못해서, 매우 좋은 사진들을.

02 A: 당신은 원하십니까, 찍기를 사진 한 장을, 경치와 함께,
　서울 타워의.
　B: 그것 좋은 아이디어입니다.

03 A: 너는 보인다, 좋은 (상태로), 이 사진에서.
　너는 매우 사진을 잘 받는다.
　B: 이 사진은, 너를 정당하게 평가하지 않는다.
　너는 보인다, 많이 더 좋게, 실제 생활에서.

036 내기, 도박

01 A: 만들자, 내기를.
　만약 내가 이기면 너를, 너는 사는 거야 나에게, 저녁을.
　B: 무엇이든지, 너가 말하는 것은.

02 A: 너는 쳤어 나를, 포커에서, 다시.
　작은 지식이, 위험한 것이군.
　B: 그건 단지, 초보자의 운이지.

03 A: 누구 차례죠, 그것은?
　B: 그것은 네 차례야.

B: 그것 좋은데. 덕분에 좋은 날이 되겠어.
　이심전심이야.

03 A: 일요일에 우리와 함께 소풍 갈 거니?
　B: 아니. 나는 빼줘. 너무 피곤하거든.

04 A: 산을 계속 올라갈까?
　B: 한숨 돌리게 여기서 좀 쉬자.

———————————————

01 A: 실례합니다만 사진 좀 찍어주시겠습니까?
　B: 저는 사진을 잘 못 찍는데요.

02 A: 서울 타워를 배경으로 사진을 찍고
　싶으세요?
　B: 그것 좋은 생각입니다.

03 A: 너 사진 잘 나왔는데.
　사진을 잘 받네.
　B: 너는 사진이 잘 나오지 않았어.
　넌 실물이 훨씬 더 잘생겼어.

———————————————

01 A: 내기하자.
　내가 이기면 네가 저녁을 사는 거야.
　B: 좋을 대로.

02 A: 포카 게임에서 또 졌어.
　선무당이 사람 잡는군.
　B: 초심자의 운이지.

03 A: 누구 차례야?
　B: 네 차례야.

□ get hooked on ~
　〜에 빠지다
□ lose his shirt
　무일푼이 되다, 다 날리다

037
□ with pleasure
　기꺼이
□ Are you done with ~?
　〜 하는 것을 끝마쳤니(다 읽었니)?
□ check out
　대출받다
□ When are ~ due?
　〜는 언제 예정돼 있지?
□ When are the books due?
　그 책은 언제 반납해야 해?
□ When are the baby due?
　출산 예정일은 언제지?
□ offhand
　즉석의, 앉은 자리에서
□ don't need to be ~
　〜할 필요는 없다
□ a rough figure
　대략적인 수치
□ ~ pop into my head
　〜가 번쩍 떠오르다

04 A: Mr. Kim got hooked on gambling and lost his shirt.
　　B: Really? That's too bad.

🗣 SITUATION 037 Books

01 A: Will you lend me the book?
　　B: Yes, with pleasure.

02 A: Are you done with the book?
　　B: Yes. Do you need it back?

03 A: I'd like to check out these books.
　　B: May I see your library card?

04 A: Here you are. When are the books due?
　　B: You can keep them for two weeks.

05 A: How much did you make from your book last year?
　　B: Well, I can't tell offhand.

06 A: You don't need to be prescise. Just give me a rough figure.
　　B: Approximately I made $70,000.

07 　　As soon as an idea for a new book pops into my head, I write it down in a small notebook.

04　A: 김 선생님은 걸렸어요, 노름 위에, 그리고 잃었어요, 그의 셔츠를.
　　B: 정말인가요? 그것 너무 나쁘군요.

☼ 037 책

01　A: 너는 빌려주겠니, 나에게, 그 책을?
　　B: 예, 기쁨과 함께.

02　A: 너는 해냈니, 그 책과 함께?
　　B: 그래. 너는 필요하니 그것이, 다시?

03　A: 나는 원합니다, 대출받기를, 이 책들을.
　　B: 내가 봐도 됩니까, 당신의 도서관 카드를?

04　A: 여기, 당신이 있습니다. 언제, 그 책들은 예정돼 있습니까?
　　B: 당신은 유지할 수 있습니다, 그것들을, 2주 동안.

05　A: 얼마나 많이, 너는 만들었니, 너의 책으로부터, 지난해?
　　B: 글쎄, 나는 말할 수 없어, 즉석에서.

06　A: 너는 정확할 필요는 없어, 그냥 줘 나에게, 거친 숫자를.
　　B: 대략, 나는 만들었어, 7만 달러를.

07　아이디어가, 새 책을 위한, 터지자마자, 나의 머리로,
　　나는 적어둔다 그것을, 작은 노트에.

04　A: 김 선생님은 노름에 미쳐서 큰 돈을 잃었어요.
　　B: 그래요? 그것 안됐군요.

01　A: 그 책 좀 빌려주겠니?
　　B: 예, 얼마든지.

02　A: 그 책 다 읽었니?
　　B: 그래. 돌려줄까?

03　A: 이 책들을 대출하려고 하는데요.
　　B: 도서관 카드 좀 보여주시겠습니까?

04　A: 여기 있습니다. 책은 언제까지 반납해야 되나요?
　　B: 2주간 대출하실 수 있습니다.

05　A: 작년에 책 쓰고 얼마나 벌었니?
　　B: 당장 말하기는 곤란한데.

06　A: 자세히 말하지 않아도 돼. 대충 말해.
　　B: 7만 달러 정도.

07　나는 새로운 책에 대한 아이디어가
　　떠오르는 즉시 그것을 작은 노트에 적어둔다.

Chapter 6
Occupation / 직업

SITUATION 038
Occupation / 직업

SITUATION 039
One's workplace / 직장

SITUATION 040
A two-paycheck couple / 맞벌이 부부

SITUATION 041
Job hunting, A new job / 직장 구하기, 새 직장

SITUATION 042
Promotion / 승진

SITUATION 043
Resignation, Transfers / 사직, 전근

SITUATION 044
Layoffs, Retirement / 해고, 은퇴

038

□ moonlight 부업을 하다
□ on the side 부업으로
□ What kind of business are you in?
  무슨 업종에 종사하고 계신가요?
□ work full-time 전임으로 일하다
□ work part-time 시간제로 일하다
□ work my way through college
  일을 하며 대학을 다니다

039

□ Who do you work for?
  어느 직장에서 일하세요?
□ in charge of ~
  ~을 맡아서, 담당해서
□ someone in charge 담당자
□ be responsible for ~
  ~에 책임이 있다
□ go get someone
  가서 누군가를 데려오다

040

□ a two-paycheck couple
  맞벌이 부부

직업 묻기

직업을 물을 때는 "What do you do for a living?"(직업이 무엇입니까?) 혹은 "What's your job?"이라고 한다. "What do you ~?"처럼 자주 쓰이는 문형의 발음은 입에 녹아 있을 정도가 돼야 한다.
"Who do you work for?"(어느 직장에서 일하십니까?)라는 질문을 받았을 때는 "I work for GM in the sales department."(GM 판매부에서 일합니다.)라고 대답하면 된다. 자영업을 하면 "I'm self-employed."라고 대답하면 된다.

🗣 SITUATION 038 Occupation

01 A: What do you do for a living?
   B: I'm a salesman.
      I also moonlight as a waiter.
   A: My boss runs a restaurant on the side.

02 A: What kind of business are you in?
   B: I own a gas station.

03 A: Do you work full-time or part-time?
   B: I work part-time at McDonald's.
   A: I worked my way through college.

04 A: Do you have any licences?
   B: I'm a certified public accountant.

🗣 SITUATION 039 One's workplace

01 A: Who do you work for?
   B: I work at General Motors.

02 A: What's your department?
   B: I'm in the accounting department.

03 A: What are you in charge of?
   B: I'm responsible for overseas marketing.

04 A: Who's in charge around here?
   B: One moment, please. I'll go get someone in charge.

🗣 SITUATION 040 A two-paycheck couple

01 A: Does your wife work, too?
   B: Yes, we are a two-paycheck couple.

🔔 038 직업

01 A: 무엇을, 당신은 합니까, 생활을 위해.
    B: 나는 세일즈맨입니다.
       나는 또한, '(달빛 비치는 밤에) 부업을 하지요', 웨이터로서.
    A: 나의 보스는, 운영합니다, 레스토랑을, 옆으로.

02 A: 어떤 종류의 사업 안에, 있습니까, 당신은?
    B: 나는 소유하고 있어요, 주유소를.

03 A: 너는 일하니, 가득 찬 시간, 혹은, 부분 시간?
    B: 나는 일해, 부분 시간, 맥도널드에서.
    A: 나는 일했어, 나의 길을, 대학을 통과하는 내내.

04 A: 당신은 가지고 있습니까, 어떤 자격증들을?
    B: 나는 공인된 공공 회계사입니다.

---

01 A: 직업이 무엇입니까?
    B: 나는 세일즈맨입니다. 부업으로 웨이터를 합니다.
    A: 우리 회사 사장님은 부업으로 식당을
       경영하지요.

02 A: 어떤 일에 종사하십니까?
    B: 주유소를 운영하고 있어요.

03 A: 전일 근무제로 근무하니 아니면아르바이트로 하니?
    B: 맥도널드에서 아르바이트합니다.
    A: 나는 일하며 대학을 다녔어.

04 A: 자격증이 있습니까?
    B: 나는 공인회계사입니다.

🔔 039 직장

01 A: 누구를 위해, 당신은 일합니까?
    B: 나는 일합니다, 제너럴 모터스에서.

02 A: 무엇이, 당신의 부서입니까?
    B: 나는 있습니다, 회계 부서에.

03 A: 무엇을, 당신은 담당하고 있습니까?
    B: 나는 책임이 있습니다, 해외 마케팅을 위해.

04 A: 누가, 담당하고 있나요, 여기 주변을?
    B: 한 순간, 부탁합니다. 내가 가서 데리고 오지요, 누군가를,
       담당하고 있는.

---

01 A: 어느 직장에 다니십니까?
    B: 나는 제너럴 모터스에서 근무합니다.

02 A: 어느 부서에서 일해요?
    B: 경리부에서 일해요.

03 A: 당신은 무엇을 담당하고 있습니까?
    B: 나는 해외 영업을 책임지고 있습니다.

04 A: 여기는 담당이 누구입니까?
    B: 잠깐 기다리세요. 담당자를 데리고
       오겠습니다.

🔔 040 맞벌이 부부

01 A: 당신의 부인도 일합니까, 역시?
    B: 예, 우리는 두 개의 급료 커플입니다.

---

01 A: 부인께서도 직장에 나가십니까?
    B: 예, 우리는 맞벌이 부부입니다.

□ bring home the bacon
  밥벌이를 하다, 성공하다
□ Times are changing.
  시대가 변한다.
□ choose careers over family
  가족보다 직업을 선택하다

041
□ out of work   실직한
□ put in a good word for ~
  ~을 위해 추천하다, ~을 위해 한마디 거들다
□ Chances are slim.
  가능성이 희박하다.
□ Make hay while the sun shines.
  기회를 잘 이용하다.
□ be compared with ~
  ~와 비교되다
□ You don't know what you have
  until you've lost it.
  구관이 명관이야.
□ a replacement   후임자

042
□ be on the fast track
  고속 승진하다, 출세가도를 달리다
□ pull strings or something
  백을 쓰다

정말이니?

상대방의 말을 믿을 수 없을 때는 "Are you sure?" 혹은 "Are you serious?" (진담이니?)라고 확인을 한다. 대답은 틀림없을 경우 "I'm positive." 혹은 "No doubt about it."이라고 한다. "Sure." 보다 더 강한 표현들이다. "아냐, 확실치는 않아."라고 부정적으로 대답하려면 "No, I'm not quite sure."라고 하면 된다.

---

02 A: Why did you say they were a unique couple?
   B: Well, he takes care of the kids all day while she brings home the bacon.

03 A: Sam and Susan have decided not to have kids at all.
   B: Times are changing, I suppose. People choose careers over family.

🗣 SITUATION 041 Job hunting, A new job

01 A: Have you found a job yet?
   B: No, I haven't. I'm out of work.
      Could you put in a good word for me with your boss?

02 A: Are you sure you can get the job?
   B: I don't think so. Chances are slim.
      Make hay while the sun shines.

03 A: How do you like your new job?
   B: I like it very much.

04 A: The newcomer can't be compared with Donald.
      I want him back.
   B: Yes. You don't know what you have until you've lost it.

05 A: We can't find the right person to replace Sam.
   B: Keep on trying, because we need a replacement as soon as possible.

🗣 SITUATION 042 Promotion

01 A: He got promoted to department chief.
   B: He's on the fast track.
      He must have pulled strings or something.

02 A: 왜, 당신은 말했습니까, 그들이 독특한 커플이라고?
 B: 음, 그는 돌봅니다, 그 아이들을, 하루 종일, 그녀가 가져오는 동안, 집으로, 그 베이컨을.

03 A: 샘과 수잔은, 결정했어요, 갖지 않기로, 아이들을, 전혀.
 B: 시간들이 바뀌고 있다고, 나는 생각해요. 사람들은 선택하지요, 직업을, 가족을 넘어서.

🔔 041 직장 구하기, 새 직장

01 A: 당신은 발견했나요, 일자리를, 이제는?
 B: 아니요, 못 찾았어요. 나는 있습니다, 일 밖에.
 당신은 놓을 수 있습니까, 하나의 좋은 말을, 나를 위해,
 당신 사장님과 함께?

02 A: 너는 확실하니, 네가 구할 수 있다고, 그 일자리를?
 B: 나는 생각하지 않아, 그렇게. 기회들은 가늘지.
 만들어, 건초를, 태양이 비치는 동안.

03 A: 어떻게, 당신은 좋아합니까, 당신의 새로운 직업을?
 B: 나는 좋아합니다 그것을, 매우 많이.

04 A: 신입사원은, 비교될 수 없어, 도널드와.
 나는 원해, 그가 돌아오기를.
 B: 그래. 너는 몰라, 무엇을, 네가 가지고 있는지를, 네가 잃어버릴
 때까지 그것을.

05 A: 우리는 발견할 수 없어요, 맞는 사람을, 대체할 샘을.
 B: 계속 시도해봐, 왜냐하면, 우리는 필요로 하니까, '대체할 사람'을,
 가능한 빨리.

🔔 042 승진

01 A: 그는 승진했어, 과장으로.
 B: 그는 있어, 빠른 트랙 위에.
 그는 당긴 게 틀림없어, 끈 혹은 뭔가를.

02 A: 왜 그들이 독특한 부부라고 말씀하시는 거죠?
 B: 남자는 하루 종일 애들을 보고 부인은 돈을
 벌어오거든요.

03 A: 샘과 수잔은 애를 갖지 않기로 결정했어요.
 B: 시대가 달라진 거예요. 가족보다는 직업을
 선택하게 된 거지요.

_____

01 A: 직장 구하셨어요?
 B: 아니요, 나는 (발견하지) 못했습니다.
 나는 실업자입니다. 당신 사장님에게
 말 좀 잘해 줄 수 있겠어요?

02 A: 네가 그 일자리를 구할 수 있겠어?
 B: 그렇게 못할 것 같아. 가능성이 희박해.
 기회를 놓치면 안 돼.

03 A: 새 직장이 마음에 드십니까?
 B: 아주 마음에 듭니다.

04 A: 새로 온 친구는 도널드와는 비교가 안 돼.
 도널드가 돌아와줬으면 좋겠어.
 B: 맞아. 구관이 명관이야.

05 A: 샘을 대신할 적임자를 못 찾겠어요.
 B: 계속 애써주게, 될 수 있는 한 빨리
 후임자가 필요하니까.

_____

01 A: 그가 과장으로 진급됐어.
 B: 그는 고속 승진했어.
 백을 쓴 게 틀림없어.

□ have good connections in ~
　~에 든든한 백이 있다, 연줄이 있다
□ obtain a promotion
　승진하다
□ get ahead
　출세하다, 성공하다
□ work nights 야근하다
□ One sows and the other reaps.
　재주는 곰이 부리고 돈은 되놈이 번다.

043
□ at the spur of the moment
　순간적으로
□ a slip of the tongue 말실수
□ have cold feet
　겁을 먹다, 긴장하다
□ Stick with it! 버텨봐!
□ What are your feelings about
　~ing?
　= How do you feel about ~ing?
　~하는 기분이 어때?
□ bittersweet
　씁쓸하면서도 달콤한
□ It's a bittersweet thing.
　시원섭섭해

승진 축하하기

좋은 일에 대해 축하를 해줄 경우에는
"Congratulations on your ~."라고
하면 된다. 노력하지 않아도 매년 돌아오는
생일 등을 축하할 때는 Congratulations
를 쓰지 않는다.
"Congratulations on your marriage."
(결혼을 축하합니다.)
"Congratulations on your passing
the exam."(합격을 축하합니다.)
"Congratulations on your graduation."
(졸업을 축하합니다.)
"Congratulations on your opening
an office."(개업을 축하합니다.)

A: Right. He has good connections in management.

02　A: Congratulations on your promotion.
　　B: Thanks a lot.

03　A: What's the secret for obtaining a promotion in this company?
　　B: To get ahead you'll have to work nights and take short vacations.
　　A: One sows and the other reaps, however.

😀 SITUATION 043 Resignation, Transfers

01　A: Did you think twice before you decided to quit this job?
　　B: No, I think I resigned at the spur of the moment.

02　A: Did you say you're going to quit your job?
　　B: Oh, that was just a slip of the tongue.

03　A: What's the reason for leaving the company?
　　B: Well, because I don't see any future in it.

04　A: Are you still planning to quit your job and start your own business?
　　B: I had cold feet for a while, but now I'm confident we can succeed.

05　A: I'm so tired of my job that I'm thinking of quitting.
　　B: Stick with it, Sam. The job market is pretty bad right now.

06　A: What are your feelings about leaving a workplace after such a long time?
　　B: It's kind of a bittersweet thing.

07　A: He keeps changing jobs.

A: 맞아. 그는 가지고 있어, 좋은 관계들을, 경영진에.

02 A: 축하, 당신의 승진 위에.
B: 감사합니다, 많이.

03 A: 무엇이, 비결이지요, 얻기 위한, 승진을, 이 회사에서?
B: 앞서 가기 위해서는, 당신은 일해야 합니다,
밤에, 그리고 가져야 합니다, 짧은 휴가를.
A: 누군가가 뿌리고, 다른 사람이 거두지요, 그렇지만.

A: 맞아. 그는 경영진에 연줄이 있어.

02 A: 승진을 축하합니다.
B: 감사합니다.

03 A: 이 회사에서 승진하려면 비결이 뭐지요?
B: 출세하려면 야근을 하고 휴가를 짧게
가져야 하지요.
A: 그렇지만 재주는 곰이 부리고
돈은 되놈이 벌지요.

🔔 043 사직, 전근

_____

01 A: 당신은 생각했습니까, 두 번, 당신이 결정하기 전에,
그만두기로, 이 직업을?
B: 아니요, 나는 생각합니다, 내가 사임했다고, 박차 위에서, 순간의.

01 A: 당신이 직장을 그만두기로 결정하기 전에
심사숙고했나요?
B: 아니요, 충동적으로 사임한 것 같아요.

02 A: 당신은 말했습니까, 당신이 그만둘 거라고, 당신의 일.
B: 오, 그것은 단지, 미끄러짐이었습니다, 그 혀의.

02 A: 일을 그만둘 거라고 말했습니까?
B: 아, 그건 실언이었습니다.

03 A: 무엇이, 이유이지, 떠나기 위한, 그 회사를?
B: 음, 왜냐하면 나는 보지 않기 때문이지, 어떤 미래도, 그 안에서.

03 A: 그 회사를 떠나는 이유가 뭔가?
B: 그 회사는 어떤 전망도 보이지 않아서.

04 A: 당신은 아직 계획하고 있니, 그만두는 것을, 너의 일, 그리고
시작하는 것을, 너 자신의 사업을?
B: 나는 가졌어, 차가운 발을, 잠시, 그러나 이제, 나는 확신해,
우리가 성공할 수 있다고.

04 A: 아직도 직장을 그만두고 개인 사업을
시작하려고 계획하고 있니?
B: 한동안 겁을 먹었는데 지금은 성공할
거라는 확신이 서.

05 A: 나는 너무 피곤해졌어, 내 일에, 나는 생각하고 있어,
그만두는 것을.
B: 붙어 있어, 그것과 함께, 샘. 직업 시장이 꽤 나빠, 바로 지금.

05 A: 이 일에 너무 질려 그만둘까 생각하고
있어.
B: 버텨봐, 샘. 당장은 취업 시장이 좋지 않아.

06 A: 무엇이 너의 느낌들이지, 떠나는 것에 대한, 일터를, 그런
오랜 시간 후에?
B: 그건 일종의, 씁쓸하면서도 달콤한 것이지.

06 A: 오랫동안 일했던 직장을 떠나는 기분이
어떤가?
B: 시원섭섭해.

07 A: 그는 지속하고 있어, 바꾸는 것을, 직업을.

07 A: 그는 계속해서 직장을 바꿔.

☐ A rolling stone gathers no moss.
   구르는 돌에는 이끼가 끼지 않는다.

044

☐ get fired = be laid off
   해고되다
☐ goof off
   빈둥거리다
☐ What do you think will happen
   when ~
   ~하면 무슨 일이 생길까?
☐ take over
   인수하다, 인계받다

B: A rolling stone gathers no moss.

08 A: I'm going to be transferred to Seattle.
   B: Oh, I'm sorry to hear that. I'm going to miss you.

🗣 SITUATION 044 Layoffs, Retirement

01 A: Why did he get fired?
   B: Because he goofed off all the time.

02 A: Did he resign from that company?
   B: No, he was laid off.

03 A: What do you think will happen when our boss
   retires?
   B: I'm sure one of his sons will take over and run
   the company.

B: 구르는 돌은, 모으지 않아, 어떤 이끼도.

08 A: 나는 옮겨지게 될 것입니다, 시애틀로.
B: 오, 나는 유감입니다, 듣게 돼서, 그것을.
나는 그리워할 겁니다, 당신을.

044 해고, 은퇴

01 A: 왜, 그가 해고당했죠?
B: 왜냐하면, 그는 빈둥거렸어, 모든 시간에.

02 A: 그는 사직했니, 그 회사로부터?
B: 아니, 그는 놓였어, 떨어져서.

03 A: 무엇이, 당신은 생각합니까, 일어날 거라고, 우리 사장이
은퇴할 때.
B: 나는 확신합니다, 그의 아들 중 한 명이, 인수할 거라고, 그리고
경영할 거라고, 그 회사를.

B: 구르는 돌에는 이끼가 끼지 않아.

08 A: 시애틀로 전근가게 됐어요.
B: 유감입니다. 보고 싶어질 겁니다.

---

01 A: 왜 그가 해고당했지요?
B: 그는 항상 업무에 태만했거든.

02 A: 그는 그 회사를 사직했나?
B: 아니, 그는 잘렸어.

03 A: 우리 사장이 은퇴하면 어떻게 될까?
B: 확신컨대, 아들 중 한 명이 회사를 인수해
경영할 거야.

Chapter 7
Work, Vacation / 일, 휴가

SITUATION 045
Attendance / 출퇴근

SITUATION 046
A day-off, A shift / 휴무, 근무 교대

SITUATION 047
Vacation / 휴가

SITUATION 048
Work / 근무

SITUATION 049
Assistance / 도와주기

SITUATION 050
Disturbance / 방해

SITUATION 051
Mistakes, Scolding / 실수, 꾸중하기

SITUATION 052
Pay / 봉급

SITUATION 053
Meetings / 회의

SITUATION 054
Speeches / 연설

SITUATION 055
Pros and cons / 찬반

SITUATION 056
An opinion / 의견

045

☐ report for = go to work
　출근하다

☐ get off duty = go home
　퇴근하다

☐ wrap things up 일을 마치다

☐ on time 시간을 어기지 않고, 정각에

☐ crop up
　불쑥 나타나다, 발생하다

☐ It's not like her to ~
　~하는 것은 그녀답지 않다

☐ commute 통근하다, 출퇴근 시간

046

☐ take this afternoon off
　오늘 오후에 쉬다

☐ take the rest of the day off
　조퇴하다

☐ day off 비번, 쉬는 날

☐ We are through for today.
　오늘 일은 끝났다.

☐ work the morning shift
　오전 근무를 하다

잠깐 자리를 비울 때

함께 식사를 하거나 차를 마시다가 화장실에 가거나 전화를 받기 위해 잠깐 자리를 비울 때는 "May I be excused?" (실례해도 될까요?)라고 양해를 구해야 한다. 보통은 "Excuse me."(실례합니다.)라고 말하지만 손윗사람이나 연장자에게는 "May I be excused?"라는 공손한 표현을 쓰는 것이 좋다.

자리에서 일어나면서 "I'll be right back."(곧 돌아오겠습니다.)이라고 말하면 상대방이 더 편안하게 받아들일 것이다.

"Go ahead."는 "그렇게 하세요."라는 의미 외에 상황에 따라 "먼저 드세요. 먼저 가세요. 계속 말씀하세요."의 뜻으로도 쓰인다.

🗣 SITUATION 045 Attendance

01　A: What time do you go to work?
　　　　(= What time do you report for work?)
　　　B: I report for work at 9 a.m.

02　A: What time do you go home?
　　　　B: I get off duty at 6:30.

03　A: I'm leaving. Are you going to stay a while longer?
　　　B: Yes, I want to wrap things up here before I quit
　　　　for the day. See you tomorrow.

04　A: Will you be home for dinner tonight on time?
　　　B: No, dear. Something important has cropped
　　　　up at the office so I'll be a little late.

05　　I'm worried Jane is not home yet.
　　　It's not like her to be this late coming home.
　　　I'm afraid something's happened to her.

06　A: How long is your commute?
　　　B: It takes about one hour from my home to the
　　　　office by subway.

🗣 SITUATION 046 A day-off, A shift

01　A: May I take this afternoon off, please?
　　　　I'm not feeling very well.
　　　B: All right, you may take the rest of the day off.

02　A: I thought you'd be working today.
　　　B: No. This is my day off.

03　A: We are through for today.
　　　　I'll work the morning shift tomorrow.
　　　B: Then let's call it a day.

🔔 045 출퇴근

01 A: 몇 시에, 당신은 갑니까, 일터에?
　　　(= 몇 시에, 당신은 보고합니까, 일을 위해.)
　　 B: 나는 보고합니다, 일을 위해, 9시에.

02 A: 몇 시에, 당신은 갑니까, 집에?
　　 B: 나는 떨어져 나옵니다, 의무에서, 6시 30분에.

03 A: 나는 떠날 거야. 너는 머물 거니, 잠시 더 오래?
　　 B: 그래, 나는 원해, 싸기를 일들을, 여기서, 내가 그만두기 전에,
　　　그날을 위해. 내일 보자.

04 A: 당신은 집에 있을 건가요, 저녁을 위해, 오늘, 제시간에?
　　 B: 아니. 여보. 뭔가 중요한 일이, 갑자기 생겼어, 사무실에서,
　　　그래서 나는 약간 늦을 거야.

05　나는 걱정돼, 제인이 집에 없어서, 아직.
　　　그것은 그녀 같지 않아, 이렇게 늦게 오는 것은, 집에.
　　　나는 걱정돼, 무언가 일어났는지, 그녀에게.

06 A: 얼마나 깁니까, 당신의 출퇴근 시간이?
　　 B: 그것은 걸립니다, 약 1시간, 나의 집에서부터, 그 사무실까지,
　　　지하철로.

---

01 A: 몇 시에 출근합니까?
　　 B: 9시에 출근합니다.

02 A: 몇 시에 퇴근합니까?
　　 B: 6시 30분에 퇴근합니다.

03 A: 난 간다. 좀 더 있을 거니?
　　 B: 그래, 퇴근하기 전에 마무리 지어야겠어.
　　　내일 봐.

04 A: 여보, 오늘 저녁 식사 때는 제시간에
　　　귀가하실 건가요?
　　 B: 아니, 여보. 사무실에서 중요한 일이
　　　갑자기 생겨서 좀 늦을 거요.

05　제인이 아직 집에 돌아오지 않아 걱정이야.
　　　이렇게 늦게 집에 오는 건 그녀답지 않아.
　　　제인에게 무슨 일이 일어나진 않았을까 걱정돼.

06 A: 출퇴근 시간이 얼마나 걸립니까?
　　 B: 집에서 사무실까지 지하철로 한 시간
　　　정도 걸립니다.

🔔 046 휴무, 근무 교대

01 A: 내가 쉬어도 되나요, 오늘 오후에, 부탁합니다?
　　　나는 느끼지 않아요, 매우 잘.
　　 B: 좋아요, 당신은 쉬어도 돼요, 나머지를, 그날의.

02 A: 나는 생각했어, 네가 일하고 있다고, 오늘.
　　 B: 아니. 이것이 나의 날이야, 떼놓은.

03 A: 우리는 통과해 있어, 오늘 동안.
　　　나는 일할 거야, 아침 교대조로, 내일.
　　 B: 그러면 부릅시다 그것을, 하루라고.

---

01 A: 오늘 오후에 쉬어도 될까요?
　　　컨디션이 좋지 않습니다.
　　 B: 좋아요. 오늘 나머지 시간은 쉬어도 좋아요.

02 A: 오늘 근무하는 줄 알았어.
　　 B: 아니야, 쉬는 날이야.

03 A: 오늘 일은 이제 끝났다.
　　　내일은 오전 근무야.
　　 B: 그러면, 오늘은 이만 끝냅시다.

□ work the graveyard shift
   야간 근무를 하다
□ Let's call it a day.
   오늘은 이만 끝냅시다.
□ the fly in the ointment
   옥에 티

047
□ take a vacation
   휴가를 얻다
□ take a day off
   하루 휴가를 얻다
□ get away from ~
   ~에서 벗어나다
□ work weekends
   주말에 일하다
□ have every other weekend off
   격주로 주말에 쉬다
□ Are you planning to ~?
   ~하실 계획이신가요?
□ be up in the air
   아직 미정이다
□ overcast
   구름이 뒤덮인

048
□ get the ball rolling
   일을 시작하다
□ keep the ball rolling
   일을 계속하다

출장 인사

아는 사람이 휴가나 출장을 간다고 할 경우 "Have a nice trip."(즐거운 여행 하세요.) 혹은 "Take care of yourself." (몸조심 하세요.)라며 잘 다녀오라는 인사말을 하게 된다.
"얼마나 계시다 오실 겁니까?"라고 물어볼 때에는 "How long will you be gone?"이라고 한다.

---

04 A: You seem to have the perfect workplace.
    B: I have to work the graveyard shift once every week.
       That's the fly in the ointment.

👤 SITUATION 047 Vacation

01 A: You look very tired.
    Why don't you take a vacation for a few weeks?
    Some rest should fix you up.
    B: I'm too busy to take any time off right now.

02 A: I think I'll take a day off tomorrow.
    B: Won't your boss mind?

03 A: When are you leaving for your vacation?
    B: I'm going to try to get away from the office
       next week for a few days.

04 A: Are you working weekends?
    B: I have every other weekend off.

05 A: Are you still planning to take your vacation
       in Hawaii next summer?
    B: Our travel plans are still up in the air.

06 A: How was your trip to Hawaii?
    B: It was overcast almost everyday, so we didn't get
       much sun.

👤 SITUATION 048 Work

01 A: How many hours do you work a day?
    B: I work from 8 a.m. to 5 p.m., but there is a one-
       hour lunch time from 12 noon to 1 p.m.

02 A: When would you like to get the ball rolling?

04 A: 너는 보이는구나, 갖고 있는 것처럼, 완벽한 일터를.
B: 나는 일해야 돼, 묘지 교대조로, 한 번씩, 매주.
그것이 파리야, 연고에 (있는).

🔔 047 휴가

01 A: 당신은 보이는군요, 매우 피곤한 (상태로).
왜, 당신은 취하지(얻지) 않습니까, 휴가를, 몇 주 동안?
약간의 휴식은, 고정시킬 겁니다, 당신을 위로.
B: 나는 너무 바쁩니다, 쉬기에는, 어떤 시간을, 바로 지금.

02 A: 나는 생각합니다, 내가 쉴 거라고, 하루, 내일.
B: 당신의 사장이, 꺼리지 않을까요?

03 A: 언제, 당신은 떠날 겁니까, 당신의 휴가를 위해?
B: 나는 시도하려 합니다, 벗어나는 것을, 사무실로부터,
다음 주, 며칠 동안.

04 A: 당신은 일합니까, 주말에.
B: 나는 가집니다, 모든 다른(건너뛴) 주말을, 쉬는.

05 A: 당신은 아직도, 계획하고 있나요, 취하는 것을, 당신의 휴가를,
하와이에서, 내년 여름에.
B: 우리 여행 계획들은, 아직 위에 있어요, 공기 안에서.

06 A: 어땠니, 너의 여행은, 하와이로의?
B: 날씨가 우중충했어, 거의 매일, 그래서 우리는 얻지 못했어,
많은 태양을.

🔔 048 근무

01 A: 얼마나 많은 시간들을, 당신은 일합니까, 하루에?
B: 나는 일합니다, 오전 8시에서 저녁 5시까지, 그러나 있어요,
1시간 점심시간이, 12시 정오에서 1시까지.

02 A: 언제, 당신은 원하지요, 그 공을 구르게 하기를?

---

04 A: 넌 완벽한 직장을 가진 것 같구나.
B: 일주일에 한 번씩 야간 근무를 해야 해.
그것이 옥의 티야.

_____

01 A: 몹시 피곤해 보이는군요.
몇 주간 휴가 가는 게 어때요?
좀 쉬면 나아질 거야.
B: 지금 당장은 너무 바빠서 잠시도 쉴 수 없어요.

02 A: 내일 하루 휴가를 내야겠어요.
B: 사장이 싫어하지 않을까요?

03 A: 언제 휴가를 떠날 건가요?
B: 다음 주 며칠간 사무실에서 벗어나려고
합니다.

04 A: 주말에도 일하십니까?
B: 격주로 쉽니다.

05 A: 내년 여름에 하와이로 휴가를 떠날
계획인가요?
B: 우리 여행 계획은 아직 미정이에요.

06 A: 하와이 여행은 어땠니?
B: 날씨가 거의 매일 우중충해서 햇볕을 쬐지
못했어.

_____

01 A: 하루에 몇 시간이나 일하십니까?
B: 나는 오전 8시에서 저녁 5시까지 일하지만
12시에서 1시까지 1시간 점심시간이 있어요.

02 A: 언제 일을 시작하시려 합니까?

□ Strike while the iron is hot.
　쇠가 달았을 때 두드려라.
□ Well begun is half done.
　시작이 반이다.
□ There is no rush.
　서두를 것 없다.
□ take a ten minute break
　10분간 휴식을 취하다
□ Can you have it done by ~?
　~까지 끝낼 수 있나요?
□ No sweat. 문제없어. 별거 아냐.
□ get a move on ~
　~를 서두르다
□ come along 되어가다
□ on schedule 예정대로
□ behind schedule 예정보다 늦게
□ Keep up the good work!
　계속 수고해!
□ Get the lead out!
　서둘러라! 행동을 개시해라!

049
□ Could you give me a hand?
　좀 도와주실래요?
□ Will you do me a favor?
　부탁 하나 들어주실래요?

일 도와주기

필요할 때 서로 도움을 주고받는 것은 세
상살이의 재미다. 구체적으로 짐가방을
들어달라고 할 경우에는 "Could you
help me with my baggage?"(가방
드는 걸 도와주시겠어요?)라고 하면 된다.
남에게 부탁할 때는 "Could you~?",
"Would you (please)~?"라는 정중한
표현을 쓰는 것이 좋다.
"부탁 하나 들어주시겠습니까?"는 "Will
you do me a favor?"라고 한다. 부탁
을 받았을 때는 "I'd be glad to!"라며
기꺼이 도와주자.

B: Right now! Strike while the iron is hot!
　Well begun is half done.

03　A: Let's keep the ball rolling.
　　B: There is no rush.
　　　Let's take a ten minute break.

04　A: Can you have it done by four o'clock?
　　B: No sweat! If we get a move on it, we'll be
　　　finished before 3.

05　A: How's your work coming along?
　　B: Everything's going pretty well on schedule.
　　A: I thought you were a little bit behind schedule.

06　A: I already finished half of the work.
　　B: Keep up the good work! But don't work too hard.

07　A: John, let's take our break.
　　B: OK. I'll get you a cup of coffee.

08　A: Are you through with it?
　　B: No, not yet.
　　A: Get the lead out!

😀 SITUATION 049 Assistance

01　A: Could you give me a hand?
　　　I'd like to move this outdoors.
　　B: Sure.
　　　You know, I'm as strong as Hercules.

02　A: Will you do me a favor?
　　　= Can I ask a favor of you?
　　B: I'll do what I can.

B: 바로 지금! 때려야죠, 쇠가 뜨거울 동안!
　 잘 시작된 것은, 반은 행해진 것이지요.

03　A: 유지합시다, 그 공을, 굴러가는 (상태로).
　　B: 없지요, 서두름은.
　　　 취합시다, 10분 휴식을.

04　A: 당신은 가질 수 있습니까, 그것이 되어 있는 (상태로), 4시까지?
　　B: 땀은 없습니다! 만약 우리가 얻는다면, 한 번의 움직임을,
　　　 그것에 대해, 우리는 끝마친 상태에 있을 겁니다, 3시 전에.

05　A: 어떻게 너의 일이, 오고 있니, 줄곧?
　　B: 모든 것이 가고 있어, 꽤 잘, 스케줄 위에서.
　　A: 나는 생각했어, 네가 약간 있었다고, 스케줄 뒤에.

06　A: 나는 이미 끝냈어, 반을, 그 일의.
　　B: 유지해 위로, 그 좋은 일을! 그러나 일하지 마, 너무 열심히는.

07　A: 존, 취합시다, 우리의 휴식을.
　　B: 좋지요. 내가 가져다주지요 당신에게, 커피 한 잔을.

08　A: 당신은 통해 있습니까, 그것과 함께?
　　B: 아니, 아닙니다, 아직.
　　A: 취하세요, 납을, 밖으로!

🔔 049 도와주기

01　A: 당신은 줄 수 있습니까 나에게, 하나의 손을?
　　　 나는 옮기고 싶습니다, 이것을, 밖으로.
　　B: 물론이죠.
　　　 당신도 아시겠지만, 나는 강합니다, 헤라클레스만큼.

02　A: 당신은 하겠습니까, 나에게, 친절한 행위를?
　　　 = 내가 요청할 수 있습니까, 친절한 행위를, 당신의?
　　B: 나는 할 것입니다, 내가 할 수 있는 것을.

B: 바로 지금요! 쇠뿔도 단 김에 빼야죠!
　 시작이 반이지요.

03　A: 계속 합시다.
　　B: 바쁠 건 없지요.
　　　 10분간 휴식합시다.

04　A: 4시까지 끝낼 수 있습니까?
　　B: 문제없습니다. 급히 서두르면 3시 전에
　　　 끝낼 수 있을 겁니다.

05　A: 일이 어떻게 되어가고 있니?
　　B: 모든 것이 계획대로 잘 되어가고 있어.
　　A: 계획보다 약간 늦어지고 있는 것으로 생각했는데.

06　A: 나는 이미 일의 반을 끝마쳤어.
　　B: 계속 수고해! 그렇지만 너무 무리하지 마.

07　A: 존, 좀 쉽시다.
　　B: 좋지요. 내가 커피를 한 잔 가져다주지요.

08　A: 그 일 다 끝났습니까?
　　B: 아니, 아직.
　　A: 빨리 좀 하세요!

01　A: 좀 도와주실래요?
　　　 이걸 문밖으로 옮기고 싶은데.
　　B: 그럼요. 내가 헤라클레스처럼 힘이 센 거
　　　 모릅니까?

02　A: 부탁 하나 들어주시겠어요?
　　B: 내가 할 수 있는 것은 하겠습니다.

□ My hands are full.
　손이 비지 않아요.
□ get a million things to do
　할 일이 수없이 많다
□ out of my mind
　제정신이 아닌
□ be behind in my work
　일이 밀려 있다
□ be related to ~
　~와 친척이다

050
□ leave it to ~
　~에게 맡기다
□ Too many cooks spoil the broth.
　사공이 많으면 배가 산으로 올라간다.
□ bother
　귀찮게 하다, 신경 쓰게 하다
□ ~ drive me crazy
　~가 나를 미치게 하다
□ a busybody
　참견하기 좋아하는 사람, 중뿔난 사람

051
□ A good marksman may
　sometimes miss.
　= Even Homer sometimes nods.
　원숭이도 나무에서 떨어지는 수가 있다.
□ ~ give me such a hard time
　~가 나를 힘들게 하다
□ Even the sparrow near a school
　sings the primer.
　서당 개 3년이면 풍월을 읊는다.
□ Don't call me names.
　욕하지 마.
□ Tread on a worm and it will turn.
　지렁이도 밟으면 꿈틀거린다.

03　A: I'm sorry I can't help. My hands are full.
　　I've got a million things to do.
　　I'm out of my mind.
　　B: Why are you so far behind in your work?

04　A: Are you related to Miss Kim in the next room?
　　B: No. She is not related to me.
　　She's just one of my coworkers.

👤 SITUATION 050 Disturbance

01　A: Let me help you with that.
　　B: Leave it to me.
　　Too many cooks spoil the broth.

02　A: Am I bothering you?
　　B: Don't worry. You're not bothering me.

03　　My co-workers are so noisy they're driving me crazy. When I am at the copier, these busybodies pop over to see what I am copying.

👤 SITUATION 051 Mistakes, Scolding

01　A: A good marksman may sometimes miss.
　　B: Even Homer sometimes nods.

02　A: Why are you so slow?
　　B: I'm working as fast as I can, so don't give me such a hard time!

03　A: Can't you do this simple thing, you idiot?
　　Even the sparrow near a school sings the primer.
　　B: Don't call me names. I'm doing my best.
　　Tread on a worm and it will turn.

03 A: 나는 미안해, 내가 도울 수 없어서. 내 손들은 가득 차 있어.

나는 가졌어요, 백만 가지 일들을, 해야 할.

나는 바깥에 있어, 내 정신의.

B: 왜, 당신은, 그렇게 멀리, 뒤에 있니, 당신의 일에서?

04 A: 당신은 관련돼 있습니까, 미스 김에게, 옆방에 (있는)?

B: 아니요, 그녀는 관련돼 있지 않아요, 나에게.

그녀는 단지 한 명이죠, 나의 동료들의.

03 A: 못 도와줘서 미안해. 일이 많거든.

할 일이 산더미처럼 쌓였어요.

나는 제정신이 아닙니다.

B: 왜 그렇게 일이 밀렸지요?

04 A: 옆방의 미스 김과는 친척입니까?

B: 아니요. 친척은 아니에요.

그냥 직장 동료일 뿐입니다.

🔔 050 방해

01 A: 하게 해, 내가 도와주는 것을 너를, 그 일로.

B: 내버려둬 그것을, 나에게.

너무 많은 요리사들은, 망치거든, 고깃국을.

02 A: 내가 방해가 되고 있니, 너에게?

B: 걱정 마. 너는 방해하고 있지 않아 나를.

03 나의 동료들은, 너무 시끄러워서, 그들은 몹니다,

나를 미친 (상태로). 내가 있을 때, 복사기에, 이들 '바쁜 몸'들은

튀어나옵니다, 보기 위해, 무엇을, 내가 복사하고 있는지를.

01 A: 내가 좀 도와줄게.

B: 내게 맡겨줘. 사공이 많으면 배가 산으로

올라가는 법이야.

02 A: 내가 방해가 되니?

B: 걱정 마. 방해되지는 않아.

03 저와 함께 일하는 사람들이 너무 참견해서

미치겠습니다. 제가 복사기 앞에 있으면

그 참견하기 좋아하는 사람들은 제가 뭘

복사하는지 보려고 튀어나옵니다.

🔔 051 실수, 꾸중하기

01 A: 훌륭한 명사수도, 때로는, 놓치지요.

B: 심지어, 호머도, 때로는 고개를 끄덕이죠.

02 A: 왜 당신은, 그렇게 느립니까?

B: 나는 일하고 있습니다, 빨리, 내가 할 수 있는 만큼, 그러니

주지 마세요 나에게, 그런 힘든 시간을!

03 A: 너는 할 수 없니, 이 단순한 일을, 너 바보야?

심지어, 참새조차, 학교 근처에 (있는), 노래한다, 기본 독본을.

B: 부르지 마 나에게, 이름들을. 나는 하고 있어, 나의 최선.

밟으라, 지렁이 위를, 그리고 그것은 (몸을) 틀 것이다.

01 A: 사격의 명수도 때로는 실수할 수도 있지.

B: 원숭이도 나무에서 떨어질 때가 있어요.

02 A: 왜 그렇게 느리죠?

B: 할 수 있는 데까지 빨리 일하고 있으니

괴롭히지 마십시오.

03 A: 이 바보야, 이렇게 간단한 것도 못하니?

서당 개 3년이면 풍월을 읊지.

B: 욕하지 마. 나도 최선을 다하고 있어.

지렁이도 밟으면 꿈틀거리는 법이야.

✔ 바로 이것이 포인트!

052

□ get a raise
  봉급이 인상되다
□ a ball-park figure
  어림잡은 수치, 대략적인 수치
□ take-home pay
  (세금 등을 공제한) 실소득
□ Are you worried that ~?
  ~라고 걱정하시나요?
□ make ends meet
  수지를 맞추다, 겨우 먹고살 만큼 벌다
□ be based on ~
  ~에 근거하고 있다, ~에 기초하고 있다
□ seniority 연공서열
□ performance appraisals
  업적 평가
□ a performance-based annual pay
  system
  성과급 연봉제

053

□ As far as I'm concerned
  나로서는
□ give ~ a big hand
  ~에게 큰 박수를 보내다
□ Let the meeting be called to
  order.
  개회를 선언합니다.
□ get down to business
  일에 착수하다
□ see to the arrangements
  준비를 맡다
□ see to it
  반드시 ~하도록 하다

🗣 SITUATION 052 Pay

01 A: I got paid today.
B: Did you get a raise?

02 A: How much do you make a year?
Give me a ballpark figure.
B: $50,000 before taxes.
My take-home pay is about 45,000.

03 A: Are you still worried that we won't be able to
support another child?
B: Well, with my salary it's not going to be easy to
make ends meet.

04 A: Our company's pay system is not based on seniority.
We are paid according to the results of
performance appraisals.
B: Nowadays many companies are adopting a
performance-based annual pay system.

🗣 SITUATION 053 Meetings

01 A: Shall we schedule the director's meeting for
Monday or Tuesday?
B: As far as I'm concerned, Monday would be more convenient.

02 Please welcome Mr. Brown.
Let's give him a big hand.

03 A: Let the meeting be called to order.
B: Yes, so let's get down to business and
begin discussing the first item on the agenda.

04 A: Will you see to the arrangements for the next
meeting of the committee?
B: Yes, I'll see to it right away.

🔔 052 봉급

01 A: 나는 지급받았어, 오늘.
B: 당신은 얻었나요, (봉급) 인상을?

02 A: 얼마나 많은 (돈을), 당신은 만듭니까, 일 년에?
주세요 나에게, 야구장 (관객) 숫자를.
B: 5만 달러입니다, 세금 전에.
나의 집에 가져가는 봉급은, 약 4만 5천 달러입니다.

03 A: 당신은 아직도 걱정하나요, 우리가 보조할 수 없을 거라고,
또 다른 아이를?
B: 글쎄, 나의 봉급으로, (그것은) 쉽지 않을걸, 만드는 것이,
끝부분들이 만나도록.

04 A: 우리 회사의 급여 시스템은, 기초하지 않아, 연공서열에.
우리는 급여를 받아, 결과들에 따라서, 성과 평가의.
B: 요즘은, 많은 회사들이, 채택하고 있어, 성과에 근거한
연봉제를.

---

01 A: 오늘 봉급 탔어요.
B: 봉급이 좀 올랐어요?

02 A: 연봉이 얼마입니까?
어림잡아 말해보세요.
B: 세금 공제 전 금액은 5만 달러입니다.
집에 가져가는 봉급은 4만 5천 달러 정도 되지요.

03 A: 당신은 우리가 또 다른 아이를 기를 수
없다고 걱정하나요?
B: 글쎄, 내 봉급으로는 수지를 맞추기가
쉽지 않을걸.

04 A: 우리 회사의 급여 제도는 연공서열을
적용하지 않아.
업적 평가에 따라 급여를 받거든.
B: 요즘은 많은 회사가 성과에 기초한
연봉제를 채택하고 있지.

🔔 053 회의

01 A: 우리 스케줄 잡을까요, 중역 회의,
월요일로 혹은 화요일로?
B: 내가 관계된 한, 월요일이 더 편리할 겁니다.

02 환영하세요, 브라운 씨를.
줍시다 그에게, 하나의 큰 손을.

03 A: 회의가 불려지도록 합시다, 순서대로.
B: 네, 그럼, 취합시다 아래로, 사업쪽으로, 그리고, 시작합시다,
토의하는 것을, 첫 번째 항목을, 그 의제에 관한.

04 A: 당신은 보시겠어요, 준비 쪽으로, 다음 회의를 위해, 위원회의?
B: 예, 나는 볼 것입니다 그쪽으로, 지금 바로.

---

01 A: 중역회의를 월요일로 할까요,
화요일로 할까요?
B: 내 생각엔 월요일이 더 편할 것 같아.

02 브라운 씨를 소개합니다.
큰 박수 부탁드립니다.

03 A: 개회를 선언합니다.
B: 곧 본론으로 들어가서 의제의 첫 항목을
토의합시다.

04 A: 다음 위원회 회의 준비를 해주시겠어요?
B: 네, 당장 조치하도록 하겠습니다.

☐ the first item on the agenda
　첫 번째 안건
☐ be under consideration
　고려 중에 있다

054
☐ get butterflies in my stomach
　마음이 떨린다, 조마조마하다
☐ do a great job on ~
　~를 아주 잘하다
☐ Get to the point.
　요점만 말해주세요.

055
☐ for or against
　찬성해서 혹은 반대해서
☐ take my side
　내 편을 들다
☐ get it
　이해하다
☐ get the picture
　(설명을 듣고) 이해하다
☐ sleep on ~
　~를 하룻밤 자며 신중히 생각하다
☐ out of the question
　불가능한

회의 영어

communication 관련 학과의 연구 결과에 의하면 group discussion을 할 때 가장 적절한 인원수는 5~7명이라고 한다. 그 이상이 되면 회의에 참석한 사람 가운데 침묵하거나 소외되는 사람이 생길 수 있어 바람직하지 않다는 것이다. 한두 명만 나서고 대다수는 침묵하는 우리나라의 회의와는 달리 미국인들은 지위고하를 막론하고 동등한 자격으로 사전에 준비한 내용을 토대로 자신들의 의견을 활발히 교환한다.

05　We have a full agenda today, so I'd like to bring the meeting to order. Thank you. The first item on the agenda today is the proposed closing of the Dearborne Plant. As you know, this matter has been under consideration for some time.

😃 SITUATION 054 Speeches

01　A: Do you get nervous when you speak in front of large audiences?
　　B: I always get butterflies in my stomach.

02　A: You did a great job on that speech.
　　B: Thanks, Sam. It's very good of you to say so.

03　A: Why did you interrupt my speech?
　　B: Please get to the point.

😃 SITUATION 055 Pros and cons

01　A: Are you for or against it?
　　B: I'm not against the proposal.

02　A: Why did you take my side against him?
　　B: Because I agree with you.

03　A: Do you agree with me?
　　B: I'm afraid I don't see it that way.

04　A: Have you got it?
　　B: Of course, I got the picture very well.

05　A: Just sleep on my offer and give me your answer tomorrow morning.
　　B: It's absolutely out of the question.

05 우리는 갖고 있습니다, 가득 찬 의제를, 오늘,
그래서 나는 원합니다, 갖고 오기를 회의를, 순서대로. 감사합니다.
첫 번째 안건은, 그 의제에 관한, 오늘, 제안된 폐쇄입니다,
디어본 공장의. 여러분도 아시다시피,
이 문제는, 있어 왔습니다, 고려 하에, 얼마 동안.

05 오늘은 토의할 내용이 많으므로 회의를
개최하겠습니다. 감사합니다. 오늘 회의의
첫 안건은 디어본 공장의 폐쇄 건입니다.
여러분도 아시다시피 이 문제는 상당
기간 동안 검토돼 왔습니다.

054 연설

01　A: 당신은 초조해집니까, 당신이 말할 때, 많은 청중들 앞에서.
　　　B: 나는 항상 갖습니다, 나비들을, 나의 복부에.

02　A: 너는 했어, 위대한 일을, 그 연설 위에서.
　　　B: 고마워 샘. 그건 매우 좋은 (점이야), 너의, 말하는 것은, 그렇게.

03　A: 왜 당신은 방해했습니까, 나의 연설을?
　　　B: 제발, 도착하세요, 포인트로.

01　A: 대중 앞에서 말할 때 떨립니까?
　　　B: 항상 가슴이 조마조마해요.

02　A: 그 연설 정말 훌륭했어.
　　　B: 고마워 샘. 그렇게 말해주니 정말 고마워.

03　A: 왜 제 연설을 중단시켰습니까?
　　　B: 제발 요점만 말해주세요.

055 찬반

01　A: 당신은 있습니까, 위해서 혹은 맞서서, 그것에?
　　　B: 나는 맞서 있지 않습니다, 그 제안에.

02　A: 왜 당신은 취했나요, 나의 편을, 그에게 맞서서?
　　　B: 왜냐하면 나는 동의하기 때문에, 당신과 함께.

03　A: 당신은 동의합니까, 나와 함께?
　　　B: 나는 두렵습니다, 내가 보지 않을까봐 그것을, 그런 식으로.

04　A: 당신은 가지게 됐나요 그것을?
　　　B: 물론입니다, 나는 가지게 됐지요, 그 그림을, 매우 잘.

05　A: 단지 잠을 자라, 나의 제안 위에서, 그리고, 줘 나에게,
　　　　너의 대답, 내일 아침.
　　　B: 그것은 절대적으로, 밖에 있어, 그 문제의.

01　A: 찬성합니까, 반대합니까?
　　　B: 저는 그 제안에 반대하지 않습니다.

02　A: 왜 그에게 반대해 내 편을 들었나요?
　　　B: 당신의 의견에 동의하기 때문이죠.

03　A: 당신은 나에게 동의합니까?
　　　B: 저는 그렇게 보지 않습니다.

04　A: 알겠어요?
　　　B: 물론입니다. 매우 잘 알겠어요.

05　A: 내 제의를 생각해보고 내일 아침까지
　　　　답을 줘.
　　　B: 그건 절대 불가능해.

□ half-baked idea
　설익은 아이디어, 섣부른 생각
□ How long do you think it will
　take for you to ~?
　당신이 ~하는 데 얼마나 오래 걸릴 거라고
　봅니까?
□ salesmanship
　판매 기술
□ a fast learner
　빨리 배우는 사람
□ know the ropes
　일을 어떻게 해야 하는지 알다
□ a jack of all trades
　팔방미인
□ Jack of all trades, and master
　of none.
　무엇이든 잘하는 사람은 뛰어난 재주가 없다.

🗣 SITUATION 056 An opinion

01　A: What do you think of John's plan to increase sales?
　　B: I think it's just another one of his half-baked
　　　ideas.

02　A: How long do you think it will take for you to learn
　　　the art of salesmanship?
　　B: Well, because I'm a fast learner, I'll know the
　　　ropes within a week or so.

03　A: Is Bill a good car salesman?
　　B: Yes, and he's more than that.
　　　He's a jack of all trades.
　　A: But you know what they say, Jack of all trades,
　　　and master of none.

대화의 윤활유, 맞장구 치기

"That's right!"보다 더 강하게 맞장구를 치려면 "Exactly!"(그렇고 말고요!)를 사용하면 되고 가볍게 동의할 때는 "Uh-huh!"라고 하면 된다. 다음과 같은 표현들도 맞장구를 칠 때 흔히 사용된다.
I see what you mean.
(무슨 뜻인지 알겠어요.)
That's what I am saying.
(제 말이 그 말이라니까요.)
You said it.
(바로 그겁니다.)

01 A: 무엇을 당신은 생각합니까, 존의 계획에 대해, 늘리려는, 매출을?
B: 나는 생각합니다, 그것은 단지 또 다른 하나라고,
그의 반 익은 아이디어들의.

02 A: 얼마나 오래, 당신은 생각합니까, 그것이 걸릴 거라고,
당신이 배우는 것이, 그 기술을, 판매 방법의?
B: 글쎄요. 왜냐하면 나는 빠른 학습자이기 때문에, 나는 알겁니다,
그 밧줄들(사용법)을, 일주일 이내 혹은 그 정도.

03 A: 빌은 훌륭한 자동차 세일즈맨입니까?
B: 예, 그리고, 그는 그 이상입니다, 그것보다.
그는 잭입니다, 모든 장사들의.
A: 그러나 당신은 알지요, 그들이 말하는 것을,
모든 장사들의 잭, 그리고, 아무것도 아닌 것의 대가.

01 A: 매출을 올리는 데 대한 존의 계획에 대해
어떻게 생각합니까?
B: 그건 단지 그의 어설픈 아이디어 중
하나일 뿐이라고 생각합니다.

02 A: 판매 방법을 익히는 데 얼마나 걸릴 것
같습니까?
B: 글쎄요, 배우는 데 빠르니까 일주일 정도면
요령을 익힐 것입니다.

03 A: 빌은 훌륭한 자동차 영업 사원입니까?
B: 예, 그 이상이지요.
그는 팔방미인이지요.
A: 그러나 당신도 알잖아요. 무엇이든 잘하는
사람은 뛰어난 재주가 없는 법이라고요.

Chapter 8
Business, Economy / 사업, 경제

SITUATION 057

A business talk / 사업 상담

SITUATION 058

Appointments / 약속

SITUATION 059

Visiting / 방문

SITUATION 060

Telephoning / 전화

SITUATION 061

Management / 경영

SITUATION 062

An investment / 투자

SITUATION 063

Recession / 불경기

SITUATION 064

Economy, Restructuring / 경제, 구조 조정

SITUATION 065

The stock market / 주식 시장

057

□ market share
　시장 점유율
□ a big seller
　잘 팔리는 상품
□ warranty 품질보증서
□ defective
　결함이 있는
□ replace it for free
　그것을 무료로 교환하다
□ place an order of ~
　~를 주문하다
□ submit a claim
　청구서를 제출하다
□ compensate for ~
　~를 보상하다
□ look forward to ~
　~를 고대하다
□ be willing to ~
　흔쾌히 ~하다
□ meet ~ halfway
　~와 타협하다
□ the terms of payment
　지불 조건
□ signature (서류의) 서명
□ autograph (유명인의) 사인

사인 받기

한국에서는 유명인사의 서명을 사인이라고 하는데 이것은 이중으로 잘못된 것이다. 이름을 sign한 것은 signature이고 특히 celebrity(유명인)의 signature는 autograph라고 한다. 유명한 배우를 만나 종이와 펜을 내밀며 사인을 해달라고 할 때는 "May I have your autograph?" (사인 좀 해주시겠어요?)이라고 해야 한다. 유명하지 않은 사람들이 서명한 것도 autograph이라고 할 수 있다. signature는 사무적인 용도로 서명할 때 쓰고, autograph은 기념으로 자기 이름을 남에게 서명해줄 때 쓴다.

😊 SITUATION 057 A business talk

01 A: I'd like to see the latest model you developed.
　　B: Here's our brochure and sample of the item.

02 A: What's your market share?
　　B: It was over thirty-eight percent last year.

03 A: What has been the reaction to it so far?
　　B: It's amazing. We think this is going to be a big seller this year.

04 A: Do you offer a warranty?
　　B: If our product is defective, we will replace it for free.

05 A: I'd like to place an order of microchips.
　　B: How many units did you have in mind?

06 A: How many are defective?
　　B: About thirty percent. If you submit a claim, we'll compensate for the damage.

07 A: When can we look forward to your decision?
　　B: We can sign the contract tomorrow.

08 A: Can't you think it over?
　　B: I'm willing to meet you halfway.

09 A: What are the terms of payment?
　　B: Ten percent down and payment within three months.

10 A: What's the total amount of your annual sales?
　　B: It was fifty million dollars last year.

11 A: OEM? What do you mean?
　　B: We want to sell your products under our name.

01 A: 나는 원합니다, 보기를, 최신 모델을, 당신이 개발한.
     B: 여기 있습니다, 우리의 브로슈어와 샘플, 그 품목의.

02 A: 무엇이죠, 당신의 시장 점유율은?
     B: 그것은 38퍼센트 이상이었습니다, 지난해.

03 A: 무엇이, 반응이었습니까, 그것에, 지금까지?
     B: 그것은 놀라웠습니다. 우리는 생각합니다,
        이것이 될 것이라고, '크게 팔리는 상품'이, 이번 해에.

04 A: 당신은 제공합니까, 보장을?
     B: 만약 우리 제품이 하자가 있으면, 우리는 대체할 겁니다,
        그것을, 무료로.

05 A: 나는 원합니다, 놓기를, 하나의 주문을, 마이크칩의.
     B: 얼마나 많은 단위들을, 당신은 가졌습니까, 마음에.

06 A: 얼마나 많은 (것이), 하자가 있습니까?
     B: 약 30퍼센트. 만약 당신이 제출하면, 클레임을, 우리는
        보상할 겁니다, 그 손해를 위해.

07 A: 언제, 우리는 기대할 수 있나요, 당신의 결정을?
     B: 우리는 서명할 수 있습니다, 그 계약을, 내일.

08 A: 당신은 생각할 수 없습니까, 그것을, 다시?
     B: 나는 기꺼이 만날 겁니다, 당신을, 중간에서.

09 A: 무엇이죠, 조건들은, 지불의?
     B: 10퍼센트는 계약금이고, 지불은 3개월 이내입니다.

10 A: 무엇입니까, 전체 양은, 당신의 연간 판매의?
     B: 그것은 5천만 달러였습니다, 지난해에.

11 A: OEM? 무엇을, 당신은 의미하죠?
     B: 우리는 원합니다, 팔기를, 당신의 상품들을, 우리의 이름 아래에.

---

01 A: 귀사가 개발한 최신 모델을 보고 싶습니다.
     B: 브로슈어와 샘플이 여기 있습니다.

02 A: 시장 점유율은 얼마나 됩니까?
     B: 지난해는 38퍼센트 이상이었습니다.

03 A: 이제까지 반응이 어땠습니까?
     B: 굉장합니다. 올해의 히트 상품이 될 것
        같은데요.

04 A: 품질보증이 됩니까?
     B: 제품에 하자가 있으면 무료로 교환해
        드리겠습니다.

05 A: 마이크로칩을 주문하겠습니다.
     B: 얼마나 주문하실 겁니까?

06 A: 불량품이 얼마나 됩니까?
     B: 약 30퍼센트가 불량품입니다. 클레임을
        제출하시면 손해 배상을 해드리겠습니다.

07 A: 언제쯤 결정을 기대할 수 있습니까?
     B: 내일 계약서에 서명할 수 있습니다.

08 A: 다시 생각하실 수 없습니까?
     B: 저는 타협할 의사가 있습니다.

09 A: 지불 조건은 어떻게 됩니까?
     B: 10퍼센트는 계약금으로, 그리고 지불은
        3개월 이내로 해주십시오.

10 A: 귀사의 연간 매출액은 얼마입니까?
     B: 작년에는 5천만 달러였습니다.

11 A: OEM? 무슨 말씀이시죠?
     B: 귀사 제품을 당사 이름으로 팔고 싶습니다.

□ complete the deal
　계약을 완료하다
□ notarize
　(서류를) 공증하다

058
□ I'm wondering if ~?
　~해도 되겠습니까?
□ stop by ~
　~에 잠시 들르다
□ make it
　성공하다. 시간 맞춰 가다
□ flexible
　융통성 있는
□ drop in
　잠깐 들르다
□ at your convenience
　편리한 때에
□ Give or take a few minutes.
　몇 분 늦을 수도, 빠를 수도 있습니다.
□ It slipped my mind.
　깜박 잊었어.

약속 시간 정하기

미국에서 만남은 서로 간의 약속에 의해 이뤄진다. 사전 통고 없이 누군가를 찾아가는 일은 드물다. "토요일에 만날 수 있을까요?"라고 제안하려면 "Can I see you on Saturday?"라고 하면 된다. 약속 시간을 정할 때는 상대방의 의견을 물어볼 수도 있겠지만 "I'd like to meet you at four if possible."(가능하다면 4시에 만나고 싶습니다.)라고 먼저 제안할 수도 있다.

"언제 시간이 나세요?"는 "When will you be free?" 혹은 "When are you available?"이라고 한다.

12　A: I need your signature here to complete the deal.
　　B: Doesn't it need to be notarized?

13　A: May I have your signature?
　　B: Where shall I sign?

14　A: Can I have your autograph, please?
　　B: Oh, you bet.

😊 SITUATION 058 Appointments

01　A: Mr. Kim, I'm wondering if I can stop by
　　　your office tonight.
　　B: You sure can.

02　A: What time would be convenient for you?
　　B: Let me see······ How would 7 o'clock sound?

03　A: Let's make it six o'clock.
　　B: I'd rather make it seven.

04　A: What time suits you best?
　　B: My schedule is flexible.
　　　So drop in at your convenience.

05　A: What time will you be arriving?
　　B: 7 o'clock. Give or take a few minutes.

06　A: Don't you remember we have an appointment at
　　　two here in my office?
　　B: I'm sorry. It completely slipped my mind.
　　　I'll be right over.

12 A: 나는 필요합니다, 당신의 사인을, 여기에, 완료하기 위해, 그 계약.

B: 그것은 필요하지 않습니까, 공증되는 것이?

13 A: 내가 가질 수 있을까요, 당신의 사인을?

B: 어디에 내가 사인을 할까요?

14 A: 내가 가질 수 있을까요, 당신의 사인(유명인사의 사인)을, 부탁합니다?

B: 오, 당신 내기 거세요.

🔔 058 약속

01 A: 김 선생님, 나는 궁금해 하고 있습니다, 어떤지를, 내가 멈출 수 있는지를, 당신 사무실 옆에, 오늘 밤.

B: 당신은 물론, 그럴 수 있습니다.

02 A: 어떤 시간이, 편리할까요, 당신을 위해?

B: 내가 보게 해주세요, 어떻게, 7시가 들리는지요?

03 A: 만듭시다, 그것을, 6시로.

B: 나는 차라리 만들겠습니다, 그것을, 7시로.

04 A: 몇 시가, 적당합니까, 당신에게, 가장?

B: 제 스케줄은 탄력적입니다.
그러니 떨어뜨리세요, (약속 장소) 안에, 당신의 편리에 따라.

05 A: 몇 시에, 당신은 도착할 겁니까?

B: 7시입니다. 주세요, 혹은 취하세요, 몇 분을.

06 A: 너는 기억하지 않니, 우리가 가지고 있다고, 약속을, 두 시에, 여기, 나의 사무실에서?

B: 나는 미안해, 그건 완전히 미끄러뜨렸어, 나의 마음을.
나는 있을 거야, 바로.

12 A: 계약을 체결하기 위해 당신의 사인이 필요합니다.

B: 공증할 필요는 없습니까?

13 A: 사인 좀 해주시겠습니까?

B: 어디에 사인할까요?

14 A: 사인 좀 해주시겠습니까?

B: 오, 그럼요.

_____

01 A: 김 선생님 오늘 밤 사무실에 들러도 되겠습니까?

B: 물론이죠.

02 A: 몇 시가 편하세요?

B: 어디 보자, 7시가 어때요?

03 A: 6시로 정합시다.

B: 저는 7시가 낫겠는데요.

04 A: 몇 시가 가장 좋겠습니까?

B: 제 스케줄은 융통성이 있으니 편할 때에 들르세요.

05 A: 몇 시에 도착하실 예정입니까?

B: 7시입니다. 몇 분 더 걸리거나 덜 걸릴 겁니다.

06 A: 여기 내 사무실에서 2시에 약속이 있는 걸 잊었어?

B: 미안해. 깜빡 잊었어. 곧 가겠어.

059

☐ May I ask the nature of your business?
무슨 용건이시죠?

☐ Be my guest.
(상대방의 부탁을 들어주며) 그러세요.

☐ Let him in.
들여보내세요.

☐ put on makeup
화장하다

☐ a big shot
중요 인물, 거물

☐ have a word with ~
~와 잠깐 이야기를 하다

☐ Make yourself at home.
편히 앉아 계세요.

☐ There is no need to ~
~할 필요는 없다

☐ stand on ceremony
격식을 차리다

☐ be busy ~ing
~하느라고 바쁘다

약속한 손님의 방문

방문객은 약속을 한 손님과 약속을 하지 않은 손님으로 구분된다. 약속 없이 찾아온 손님의 면회는 사절하는 경우도 많다. 남의 사무실을 방문했을 때 receptionist (안내원)가 "May I help you?"(무엇을 도와 드릴까요?)라고 용건을 물어오면 "May I see Mrs. Brown?"(브라운씨를 만날 수 있을까요?)라는 식으로 말하면 된다. 사전 약속이 돼 있는지 물어오면 "Yes, at 2 p.m.(예 2시로 돼 있습니다.)라고 대답하면 된다. 약속이 없다면 "I don't have an appointment, but this is urgent."(약속은 없지만 급한 일입니다.)라고 사정을 밝히면 된다.

😊 SITUATION 059 Visiting

01 A: May I see Mr. Brown?
B: May I ask the nature of your business?

02 A: May I wait here?
B: Sure, be my guest. Please have a seat.

03 A: Mr. Miller is here to see you.
B: Let him in.

04 A: Hi. Mrs. Miller. Am I interrupting you?
B: No, not at all. Where are my manners?
Won't you have a seat over here?

05 A: I'm sorry to have kept you waiting.
B: That's all right. I just got here.

06 A: I want you to put on a little extra makeup and greet every customer with a smile today.
B: Big shots coming in today?

07 A: Hi, Mrs. Miller!
B: Hi, Mr. Kim. What a surprise!
A: I was just passing by and I stopped in to say hello.

08 A: May I see you for a minute?
I'd like to have a word with you.
B: Please, come in.
Make yourself at home.
There is no need to stand on ceremony in my office.

09 A: Barry, can I have a talk with you?
B: Sorry. I'm busy finishing this report right now.

01 A: 나는 볼 수 있습니까, 브라운 씨를?
B: 내가 물어도 됩니까, 성질을, 당신 일의?

01 A: 브라운 씨를 좀 뵐 수 있을까요?
B: 무슨 용건이시지요?

02 A: 내가 기다려도 됩니까, 여기서?
B: 물론이죠, 되세요, 나의 손님이. 제발, 가지세요, 하나의 자리를.

02 A: 여기서 기다려도 될까요?
B: 물론이죠, 그렇게 하세요. 앉으십시오.

03 A: 밀러 씨가 여기 있습니다, 보기 위해, 당신을.
B: 하게 하세요, 그가 안에 (들어오도록).

03 A: 밀러 씨가 찾아오셨는데요.
B: 들어오시라고 해요.

04 A: 안녕하세요, 밀러 부인. 내가 방해하고 있습니까, 당신을?
B: 아니요, 전혀. 어디에 있지, 나의 매너들이?
당신은 갖지 않을 건가요, 한 자리를, 여기에서?

04 A: 안녕하세요 김 선생님. 방해가 된 건 아닙니까?
B: 아니요, 전혀. 이런 내 매너 좀 봐.
이리 좀 앉으세요.

05 A: 나는 미안합니다, 유지시켜서, 당신을, 기다리고 있는 (상태로).
B: 그것 괜찮습니다. 나는 방금, 도착했습니다, 여기에.

05 A: 기다리게 해서 미안합니다.
B: 괜찮습니다. 방금 도착했습니다.

06 A: 나는 원해요, 당신이 놓기를 (얼굴) 위에, 약간의 추가 화장을,
그리고, 맞이하기를, 모든 손님을, 미소로, 오늘.
B: 큰 탄환들이, 들어오나요, 오늘?

06 A: 화장을 좀 더 하고 모든 손님들에게 미소로
맞이해주길 바라요.
B: 오늘 대단한 사람이라도 오나요?

07 A: 안녕하세요, 밀러 부인!
B: 안녕하세요, 김 선생님! 무슨 놀라움!
A: 나는 막, 지나고 있었습니다 옆을, 그리고, 나는
멈췄습니다 안에서, 말하기 위해, 안녕이라고.

07 A: 안녕하세요, 밀러 부인!
B: 안녕하세요, 김 선생님! 뜻밖이군요!
A: 지나는 길에 인사차 들렀습니다.

08 A: 내가 볼 수 있을까요, 당신을, 1분 동안?
나는 원합니다, 갖기를, 한 단어를, 당신과.
B: 제발, 들어오세요.
만드세요, 당신 자신을, 집에서(처럼).
없습니다, 어떤 필요도, 서는 것이, 의식 위에, 나의 사무실 안에서는.

08 A: 잠깐만 뵐 수 있을까요?
잠깐 드릴 말씀이 있습니다.
B: 들어오세요. 편히 앉으세요.
저의 사무실에서는 너무 격식 차릴
필요 없습니다.

09 A: 배리, 내가 가질 수 있을까, 대화를, 너와?
B: 미안, 나는 바빠, 마치느라 이 리포트를, 지금 당장.

09 A: 배리, 잠깐 이야기 좀 할 수 있을까?
B: 미안해. 지금 당장은 이 보고서를 끝내느라
바빠.

060

☐ May I speak to ~?
　～ 좀 바꿔주시겠어요?
☐ Who's calling?
　누구시죠?
☐ ~ speaking
　～입니다
☐ take a message
　메시지를 남기다
☐ I am afraid (that) you ~
　당신이 ~해서 어쩌죠
☐ in the middle of ~
　한창 ~하는 중
☐ available　이용 가능한
☐ You have the wrong number.
　전화를 잘못 거셨습니다.
☐ There is no one here by that
　name.
　그런 이름을 가진 사람은 여기 없다.
☐ The line is busy.
　통화 중이다.
☐ at the moment
　바로 지금
☐ go for the day
　퇴근하다
☐ step out　나가다
☐ be on the phone
　통화중이다

전화 바꾸기

전화를 걸어 누군가를 바꿔달라고 할 때 정중하면서도 가장 많이 쓰이는 표현이 "May I speak to~?"다. 격의 없는 사이에서는 "Is Jackie there?"(재키 있습니까?)라는 표현도 흔히 쓴다.
전화받고 있는 사람이 본인일 때 남자는 "This is he."로, 여자는 "This is she."로 대답한다. "Speaking."은 남녀 불문하고 "접니다."라는 의미로 사용할 수 있다.

🗣 SITUATION 060　Telephoning

01　A: Hello. May I speak to Tom?
　　　B: (This is he) speaking.

02　A: Who's calling, please?
　　　B: Mary speaking. Is this Tom?

03　A: May I take a message?
　　　B: Please have him call me at 751-9171.

04　A: I'm returning Mr. Miller's call.
　　　B: I'm afraid he is in the middle of a conference now.
　　　A: Would you take a message?

05　A: Is Mr. Kim available?
　　　B: There is no one here by that name.
　　　　 You have the wrong number.

06　A: Are you calling Mr. Kim now?
　　　B: Yes, but the line is busy.

07　A: Is Mr. Kim in?
　　　B: He is not in now. He is out for the moment.

08　A: May I speak to Sam?
　　　B: He is not here at the moment.

09　A: Is he gone for the day?
　　　B: No. He's just stepped out.

10　A: When do you expect him back?
　　　　 = When will he be back?
　　　B: He will be back by four.

11　A: He is on the phone.
　　　　 Could you call back?

☼ 060 전화

01 A: 여보세요. 내가 말할 수 있습니까, 톰에게?
　　B: 말하고 있습니다.

02 A: 누가, 전화하고 있습니까, 제발?
　　B: 메리가 말하고 있습니다. 이 사람은 탐입니까?

03 A: 내가 취할 수 있습니까, 메시지를?
　　B: 제발 하게 하세요, 그가 전화하도록, 나에게, 751-9171으로.

04 A: 나는 돌려주고 있습니다, 밀러 씨의 전화를.
　　B: 나는 두렵습니다, 그가 있어서, 가운데에, 회의의, 지금.
　　A: 당신은 취하겠습니까, 메시지를?

05 A: 김 선생님, 이용 가능합니까(계십니까)?
　　B: 아무도 없습니다, 여기에, 그 이름으로.
　　　당신은 가지고 있습니다, 틀린 번호를.

06 A: 당신은 전화하고 있습니까, 김 선생님에게, 지금?
　　B: 예, 그러나 (전화)선이 바쁩니다.

07 A: 김 선생님, 안에 있습니까?
　　B: 그는 없습니다, 안에, 지금. 그는 있습니다, 밖에, 순간 동안.

08 A: 내가 말할 수 있나요, 샘과?
　　B: 그는 없어요, 여기, 그 순간에.

09 A: 그는 갔나요, 그날을 위해?
　　B: 아니요, 그는 막, 발을 디뎠어요 밖으로.

10 A: 언제, 당신은 기대합니까, 그가 돌아올 거라고?
　　　= 언제 그가 돌아올까요?
　　B: 그는 돌아올 겁니다, 4시까지.

11 A: 그는 있습니다, 전화 위에.
　　　당신은 전화할 수 있습니까, 다시?

---

01 A: 여보세요. 탐 좀 바꿔주세요.
　　B: 접니다.

02 A: 누구십니까?
　　B: 저는 메리입니다. 탐입니까?

03 A: 전하실 말씀이라도 있습니까?
　　B: 751-9171으로 전화 좀 해달라고 전해주세요.

04 A: 밀러 씨가 전화했다고 해서 전화하는 건데요.
　　B: 어쩌죠, 지금 회의 중이신데.
　　A: 메모를 좀 남겨주시겠습니까.

05 A: 김 선생님 거기에 계십니까?
　　B: 그런 분 안 계십니다.
　　　전화를 잘못 거셨습니다.

06 A: 김 선생님에게 전화하고 있습니까?
　　B: 예, 하지만 통화 중입니다.

07 A: 김 선생님 계십니까?
　　B: 지금 안 계십니다. 잠깐 외출 중입니다.

08 A: 샘 좀 바꿔주세요.
　　B: 지금 없는데요.

09 A: 퇴근했나요?
　　B: 아니요, 잠깐 자리를 비웠습니다.

10 A: 언제 그가 돌아올까요?
　　B: 4시까지는 돌아올 겁니다.

11 A: 그는 통화 중입니다.
　　　다시 전화해주시겠습니까?

✔ 바로 이것이 포인트!

- You are wanted on the phone.
  전화 왔습니다.
- put me through to ~
  ~에게 연결해주다
- speak up 크게 말하다
- have a bad connection
  접속 불량이다, 감이 멀다
- Where can I reach you?
  어디로 연락하면 됩니까?
- give ~ a ring ~에게 전화를 주다
- By all means. 아무렴(좋고말고).

061
- be self-employed
  자영업을 하다
- Better be the head of a dog than the tail of a lion.
  용의 꼬리보다 닭의 머리가 낫다.
- earn a profit
  이윤을 만들다
- operate in the red
  적자를 내고 있다
- be in a good mood
  기분이 좋다
- be in the black
  흑자를 내다

누구세요?

전화를 걸면 자신이 누구라는 것을 먼저 밝히는 것이 예의다. 상대방이 누구인지 몰라서 물을 때는 "Who's calling, please?"(누구시죠?)라고 하면 된다. "Who's this?"는 우리말의 "누구니?"에 해당되고 "May I ask who's calling, please?"는 "실례지만 누구십니까?"에 해당된다. 상대방의 이름을 잘못 알아들었을 때는 이름을 되묻기 보다는 "Will you spell your name, please?"(성함의 스펠을 말씀해주시겠습니까?)라고 부탁하는 것이 좋다.

B: Oh, just a moment, please.
   Mrs. Brown, you are wanted on the phone.

12 A: Can you put me through to the Sales Department?
    B: Yes, but in the future, please call directly by dialing 751-9171.

13 A: I beg your pardon?
    I can hardly hear you.
    Could you speak up, please?
    B: We seem to have a bad connection.

14 A: Where can I reach you?
    B: You can reach me at 235-0582.

15 A: Call me when you get there.
    B: Sure.
    I'll give you a ring as soon as I get there.

16 A: May I use the phone?
    B: By all means. Go right ahead.

😊 SITUATION 061 Management

01 A: Do you work for yourself or a firm?
    B: I am self-employed.
    A: Better be the head of a dog than the tail of a lion.

02 A: Is your company earning a profit this year like last year?
    B: Unfortunately, we're operating in the red.

03 A: Why are you in a good mood nowadays?
    B: Our company is in the black for the first time in 2 years.

B: 아, 단지 한 순간, 제발.
　　브라운 부인, 당신은 원해지는군요, 전화 위에서.

12　A: 당신은 놓을 수 있습니까, 나를, 통해서, 영업부로?
　　B: 예, 그러나 미래에는, 제발 전화하세요,
　　　직접, 다이얼을 돌림으로써, 751-9171로.

13　A: 나는 빕니다, 당신의 용서를.
　　　나는 거의 들을 수 없습니다, 당신을.
　　　당신은 말할 수 있습니까, 위로, 부탁합니다?
　　B: 우리는 보이는군요, 가지고 있는 것처럼, 나쁜 연결을.

14　A: 어디로, 내가 도달할 수 있습니까, 당신에게?
　　B: 당신은 도달할 수 있습니다 나에게, 235-0582로.

15　A: 전화하세요 나에게, 당신이 도착할 때, 그곳에.
　　B: 물론이죠. 나는 줄 겁니다 당신에게, 전화벨소리를,
　　　내가 도착하자마자, 거기에.

16　A: 내가 사용해도 됩니까, 그 전화를?
　　B: 모든 수단으로. 가세요, 바로 앞으로.

📢 061 경영

01　A: 당신은 일합니까, 당신 자신을 위해, 혹은 회사?
　　B: 나는 스스로 고용됐습니다.
　　A: 더 낫지요, 되는 것이, 머리가 개의, 꼬리보다는, 사자의.

02　A: 당신 회사는, 벌고 있습니까, 이익을, 금년에, 작년처럼?
　　B: 불행하게도, 우리는 운영하고 있습니다, 빨간색 속에서.

03　A: 왜 당신은, 좋은 기분 속에 있습니까, 요즘?
　　B: 우리 회사가, 있거든요, 검은색 안에,
　　　처음으로, 2년 만에.

B: 아, 잠깐만 기다리세요.
　　브라운 부인, 전화 왔습니다.

12　A: 이 전화를 영업부로 연결해주시겠습니까?
　　B: 예, 앞으로는 751-9171으로
　　　직접 전화해주세요.

13　A: 뭐라구요?
　　　잘 안 들리는데요.
　　　좀 더 크게 말씀해주시겠습니까?
　　B: 연결 상태가 안 좋은 것 같군요.

14　A: 어디로 연락하면 됩니까?
　　B: 235-0582로 연락하시면 됩니다.

15　A: 거기 도착하면 나에게 전화하세요.
　　B: 물론이죠, 거기 도착하자마자
　　　전화하지요.

16　A: 전화 좀 써도 됩니까?
　　B: 괜찮고 말고요. 어서 쓰세요.

01　A: 자영업을 하십니까 회사에 다닙니까?
　　B: 자영업을 합니다.
　　A: 용의 꼬리가 되느니 닭의 머리가 되는 게 낫지요.

02　A: 당신 회사는 금년에도 작년처럼 이익을
　　　보고 있습니까?
　　B: 불행하게도 우리는 적자 운영을 하고 있습니다.

03　A: 요즘 기분이 좋아 보이는군요.
　　B: 우리 회사가 2년 만에 처음으로 흑자를
　　　냈거든요.

062
☐ once-in-a-lifetime chance
　일생에 단 한 번 있는 기회
☐ make big bucks　큰돈을 벌다
☐ I am afraid to ~
　내가 ～할까봐 두려워
☐ put all my eggs in one basket
　한 가지에 모든 걸 걸다
☐ I'm so certain that I'll ~
　확신하니까 ～하겠어
☐ go for broke　전부를 걸다
☐ No opportunity knocks twice.
　기회는 두 번 다시 오지 않아.
☐ keep my fingers crossed
　행운을 빌다
☐ be about to ~
　막 ～하려는 참이다
☐ go bankrupt　파산하다
☐ Nothing ventured, nothing
　gained.
　모험을 하지 않으면 아무것도 얻을 수 없다.
☐ Don't be afraid of ~
　～를 두려워하지 마세요
☐ Are you sure that ~?
　～라고 확신합니까?
☐ be solvent　지불 능력이 있다
☐ be on the verge of ~
　막 ～하려 하다
☐ go to the dogs　엉망이 되다
☐ Every dog has his day.
　쥐구멍에도 볕 들 날이 있다.

063
☐ How's your business doing?
　사업은 어때?
☐ recession　불경기, 경기 후퇴
☐ be on the ropes
　패배하기 직전이다
☐ throw in the towel
　패배를 인정하다

😀 SITUATION 062 An investment

01　A: Why don't you invest in this business?
　　　This is your once-in-a-lifetime chance to make big bucks.
　　B: I know this is a very good chance, but I'm afraid to put all my eggs in one basket.

02　A: This is a very risky business.
　　B: I'm so certain that I'll go for broke.
　　　No opportunity knocks twice.
　　A: I'll keep my fingers crossed.

03　A: Are you still going to invest money in that company?
　　B: Not on your life! The company is about to go bankrupt.

04　A: Nothing ventured, nothing gained.
　　　Don't be afraid of a loss, then you will get benefits.
　　B: That's right. He who makes no mistakes makes nothing.

05　A: Are you sure that Mr. Brown's company is still solvent?
　　B: I heard that he's on the verge of filing for bankruptcy.

06　A: Everything's gone to the dogs.
　　B: Don't forget every dog has his day.

😀 SITUATION 063 Recession

01　A: How's your business doing in this recession?
　　B: I'm on the ropes. How about you?
　　A: Same here. I'm about to throw in the towel.

🔔 062 투자

01 A: 왜 너는 투자하지 않니, 이 사업에?
　　　　이것은 너의 '인생에서 단 한 번' 기회야, 만들, 큰 달러들을.
　　 B: 나는 알아, 이것이 매우 좋은 기회라는 것을, 그러나, 나는
　　　　두려워, 놓기에 모든 나의 달걀들을, 하나의 바구니에.

02 A: 이것은 매우 위험한 사업이야.
　　 B: 나는 너무 확신하니까, 나는 갈 거야, 무일푼을 향해.
　　　　기회는, 노크하지 않아, 두 번.
　　 A: 나는 유지할 거야, 나의 손가락들을, 교차한 (상태로).

03 A: 당신은 여전히, 투자할 겁니까, 돈을, 그 회사에?
　　 B: 아니요, 당신의 생명 위에(걸고)! 그 회사는,
　　　　막 가려는 참입니다, 파산으로.

04 A: 아무것도 위험을 무릅쓰지 않으면, 아무것도 얻는 것이 없지요.
　　　　두려워하지 마세요, 손실을, 그러면, 당신은 얻을 겁니다, 이익들을.
　　 B: 맞습니다. 그는, 만들지 않는, 아무 실수들도,
　　　　아무것도 못 만들지요.

05 A: 당신은 확신하나요, 브라운 씨의 회사가, 아직 지불 능력이
　　　　있다고?
　　 B: 나는 들었습니다, 그는 가장자리 위에 있다고,
　　　　신청하는 것의, 파산을 위한.

06 A: 모든 것이 갔어, 개들에게로.
　　 B: 잊지 마, 모든 개는, 가지고 있다는 것을, 그의 날을.

🔔 063 불경기

01 A: 어떻게, 너의 사업은, 하고 있니, 이 불경기에?
　　 B: 나는 있어, 밧줄 위에. 어때, 너는?
　　 A: 똑같아, 여기도. 나는 막 던지려는 참이야, 타월을.

---

01 A: 이 사업에 투자해보지 그래?
　　　　큰돈을 벌 일생일대의 기회야.
　　 B: 좋은 기회라는 건 알지만 전 재산을
　　　　투자하는 것이 두려워.

02 A: 이것은 굉장히 위험한 사업이야.
　　 B: 확신하니까 모든 것을 걸겠어.
　　　　기회는 두 번 오지 않는 거야.
　　 A: 행운을 비네.

03 A: 여전히 그 회사에 투자하실 건가요?
　　 B: 아니요. 결코 그러지 않겠어요.
　　　　그 회사는 파산할 겁니다.

04 A: 모험을 하지 않으면 아무것도 얻을 수 없어요.
　　　　손해를 두려워하지 마세요. 그래야 돈을 벌어요.
　　 B: 맞습니다. 실수를 하지 않는 사람은 아무
　　　　일도 못하지요.

05 A: 브라운 씨 회사가 아직 지불 능력이 있는 게
　　　　확실하나요?
　　 B: 그는 파산 신청 직전에 있다고
　　　　들었습니다.

06 A: 만사가 글렀어.
　　 B: 쥐구멍에도 볕 들 날 있다는 사실도 잊지 마.

---

01 A: 이 불경기에 사업은 어때?
　　 B: 죽을 지경이야. 너는?
　　 A: 마찬가지야. 나도 손들기 직전인걸.

□ cut back on ~
　～을 줄이다
□ break even
　본전치기를 하다
□ offhand 즉석에서

064
□ restructuring 구조 조정
□ take ~ with a grain of salt
　～을 에누리하여 듣다, 가감하여 듣다
□ bribe scandal
　뇌물 사건
□ the tip of the iceberg
　빙산의 일각
□ peter out
　점차 작아지다
□ an economic indicator
　경제지표
□ be around the corner
　아주 가까이에 있다
□ lower interest rates
　금리를 낮추다
□ prop up ~
　～을 받쳐 넘어지지 않게 하다, 부양하다
□ be under way
　이미 시작되다, 진행 중이다
□ move A into B
　A를 B로 전환하다
□ heavy manufacture
　= heavy industry
　중공업
□ traditional industries
　전통(굴뚝) 산업
□ high-tech fields
　첨단 기술 분야

02 A: What's your company doing to cope with the recession?
B: It's going to cut back on the number of its employees by 20%.

03 A: How long do you think it will take for us to break even?
B: I can't tell offhand.

🗣 SITUATION 064 Economy, Restructuring

01 A: Mr. Brown, did you read the article in this morning's newspaper about the government's restructuring movement?
B: You should take what you read in the newspaper with a grain of salt.

02 A: Did you read in today's paper about the congressional bribe scandal.
B: Yes, and that's just the tip of the iceberg. Many ministers are involved, too.

03 A: How's the government's economic recovery program coming along?
B: It started out big, but now it's kind of petering out.

04　The Federal Reserve Board members are looking very closely at all the ecomonic indicators to see if recession is around the corner. They may lower interest rates to try to prop up the economy.

05　In the U.S., Western Europe, and Japan, industrial restructuring of many major corporations is now under way. The goal of this restructuring is to move heavy manufactures and traditional industries into high-tech fields.

02 A: 무엇을, 당신의 회사는, 하고 있습니까, 대처하기 위해,
그 불경기에.

B: 그것은(회사는) 자를 겁니다 뒤로, 숫자 위에서, 그곳 직원들의,
20%까지.

03 A: 얼마나 오래, 너는 생각하니, 그것이 걸릴 거라고,
우리가 깨는 것이, 평평하게 한 (상태로)?

B: 나는 말할 수 없어, 즉석에서.

02 A: 당신 회사는 불경기에 어떻게 대처하고
있습니까?

B: 직원을 약 20% 감원할 것입니다.

03 A: 우리 사업이 수지가 맞을 때까지
시간이 얼마나 걸릴까?

B: 즉석에서 말하긴 곤란한데.

🔔 064 경제, 구조 조정

01 A: 브라운 씨, 당신은 읽었습니까, 그 기사를, 오늘 아침의
신문에서, 정부의 구조 조정 움직임에 대해?

B: 당신은 취해야 합니다, 당신이 읽는 것을, 신문에서, 에누리해서.

---

01 A: 브라운 부인, 오늘 조간신문에서 정부의
구조 조정 움직임에 대해 읽었습니까?

B: 신문에 난 것을 액면 그대로 받아들여서는
안 되죠.

02 A: 당신은 읽었습니까, 오늘 신문에서, 의회의
뇌물 스캔들에 대해.

B: 예, 그리고, 그것은 단지 끝자락입니다, 빙산의.
많은 장관들이, 연루돼 있습니다, 역시.

02 A: 오늘 신문에서 의원들의 뇌물 사건을
읽었습니까?

B: 예, 그건 빙산의 일각에 불과해요.
많은 장관들도 연루돼 있죠.

03 A: 어떻게, 정부의 경제 회복 프로그램이, 오고 있습니까, 줄곧?

B: 그것은 시작했습니다 밖으로, 큰 (상태로), 그러나 이제, 그것은
어느 정도, 점점 작아지고 있지요.

03 A: 정부의 경기 회복 계획이 어떻게 되어갑니까?

B: 시작은 요란했지만 지금은 용두사미가
되고 있죠.

04 연방준비제도이사회 위원들은 보고 있습니다, 매우 가깝게,
모든 경제 지표들을, 보기 위해, 불경기가 있는지를, 모퉁이
주변에. 그들은 내릴지도 모릅니다, 이자 비율을, 시도하기
위해, 부양하는 것을, 그 경제를.

04 연방준비제도이사회 위원들은 불경기가
가까이 왔는지 알아보기 위해 경제지표들을
면밀히 검토하고 있습니다. 그들은 경기를
부양하기 위해 금리를 인하할 가능성이
있습니다.

05 미국, 서유럽 그리고, 일본에서,
산업 구조 조정이, 수많은 주요 기업들의,
있습니다 이제, 진행하에. 목표는, 이 구조 조정의,
옮기는 것입니다, 무거운 제조업들과, 전통적인 산업들을,
첨단 기술 분야들로.

05 미국, 서유럽, 일본에서는
많은 대기업들의 산업 구조 조정이
진행 중이다. 이 구조 조정의 목적은
중공업과 전통 산업을 첨단 기술 분야로
전환시키는 것이다.

✔ 바로 이것이 포인트!

065
□ go south
　주가가 하향하다
□ bear market
　주가의 하락장
□ the blue chip stocks
　우량주
□ heavy trading
　대량 거래
□ reach a monthly high of ~
　월중 최고치인 ~를 기록하다
□ gainers 오른 종목
□ losers 내린 종목
□ lead the rally
　반등을 이끌다
□ remain unchanged
　보합을 유지하다
□ the volume of trading
　거래량

🗣 SITUATION 065 The stock market

01　A: The stock market is going south.
　　　B: I told you not to buy in this bear market.
　　　A: I only bought the blue chip stocks.

02　A: How did the Dow do today?
　　　B: It fell almost 30 points to 8,145.

03　And now the stock market report.
　　　The Dow Jones index rose twelve points today in
　　　heavy trading, reaching a monthly high of 10,123.
　　　Gainers outpaced losers by almost 2 to 1.
　　　Industrial stocks led the rally with Cobol Electric
　　　up 3 to 4,567.
　　　Petroleum stocks remained largely unchanged.
　　　The volume of trading was 189 million shares.
　　　A bullish day on Wall Street with the Dow Jones
　　　up 12 points.

🔔 065 주식 시장

01   **A:** 주식 시장이 가고 있어요, 남쪽으로.
       B: 내가 말했다, 당신에게, 사지 말라고, 이런 약세장에서는.
       A: 나는 오직 샀어, 우량주를.

02   **A:** 어떻게, 다우 지수가 했죠, 오늘?
       B: 그것은 떨어졌어요, 거의 30포인트나, 8,145로.

03   그리고, 이제 증권 시장 리포트입니다. 다우존스 지수는
       올랐습니다, 12포인트, 오늘 무거운 거래에서,
       도달했습니다, 한 달 최고인 10,123을.
       '얻은 자'들이 앞질렀습니다, 패자들을 거의 2대 1로.
       산업 주식들이, 이끌었습니다 결집을, 코볼 일렉트릭이 위로
       3포인트 (올라) 4,567로 (마감하면서).
       석유 주식들은 유지했습니다, 대체로 변화하지 않은 (상태를).
       거래량은, 1억 8천 9백만 주였습니다.
       황소 같은 날이군요, 월 스트리트 위에서, 다우존스가 위로
       12포인트 (올라서).

01   **A:** 주식이 내림세군요.
       B: 약세장이니 사지 말라고 말했잖아요.
       A: 나는 우량주만 샀는데요.

02   **A:** 오늘 다우 지수가 어떻게 됐죠?
       B: 30포인트나 내려 8,145인걸요.

03   오늘의 증시입니다. 오늘 증시 종합 지수는
       대량 거래 속에 12포인트 상승해 이달
       들어 최고치인 10,123을 기록했습니다.
       주가가 오른 종목은 내린 종목의 거의
       두 배였습니다. 산업 종목 주식이
       반등하면서 코볼 일렐트릭이 3포인트
       오른 4,567로 마감했습니다.
       석유 종목 주가는 대체로 보합을 유지
       했습니다. 거래량은 1억 8천 9백만 주
       였습니다. 오늘 월스트리트 주식 시장은
       강세를 띠면서 다우존스 지수가
       12포인트 상승했습니다.

Chapter 9
Invitation / 초대

SITUATION 066

Invitation, Giving a present / 초대, 선물

SITUATION 067

Giving a party / 파티

SITUATION 068

Appetite / 식욕

SITUATION 069

Having coffee / 커피 권하기

SITUATION 070

A parting guest / 떠날 때 인사

066

☐ a previous engagement 선약
☐ give ~ a rain check
　　~에게 나중에 다시 초대하겠다고 약속하다
☐ a wet blanket
　　분위기를 망치는 사람
☐ feel left out
　　소외감을 느끼다
☐ Beats me. 전혀 모르겠다.
☐ get a clue 실마리를 얻다, 알다
☐ This is a little something for you.
　　약소하지만 받아주세요.
☐ You shouldn't have.
　　이러시면 안 되는데.

067

☐ a vegetarian 채식주의자
☐ the life of the party
　　파티를 즐겁게 하는 사람
☐ have a good mind to ~
　　~하고 싶은 마음이 굴뚝같다
☐ in the first place 우선
☐ feel like ~ing
　　~하고 싶은 기분이다
☐ wrap up ~ ~를 마무리 짓다

선물을 전해줄 때

한국은 부패 지수가 높은 나라로 알려져 있다. 그래서 그런지 선물은 비싼 것이 아니면 성의가 없는 것으로 받아들여진다. 그러나 미국인은 손수건 한 장을 선물로 받아도 고마워서 어쩔 줄 몰라 한다. 우리는 선물을 줄 때 "약소하지만 받아주세요."라고 한다. 미국인들도 이와 비슷한 표현을 쓴다. "This is a little something for you."가 그것이다. "I hope you like it."(마음에 들었으면 좋겠네요.)이라고 한마디 덧붙이면 더욱 정성이 담길 것이다.

🗣 SITUATION 066 Invitation, Giving a present

01 A: I'm wondering if you could come to my house for dinner tonight.
　　B: I can't make it. I have a previous engagement. Give me a rain check, will you?

02 A: Why aren't you going to invite John to your birthday party?
　　B: Because he's such a wet blanket.
　　A: He'll be feeling very left out.

03 A: Guess what I got for your birthday.
　　B: Beats me. I haven't got a clue.

04 A: This is a little something for you.
　　　I hope you like it
　　B: Oh, I can't thank you enough!
　　　You shouldn't have.

🗣 SITUATION 067 Giving a party

01 A: Is she looking forward to the dance party?
　　B: She's really excited about going.

02 A: I've been invited to a barbecue, but I don't want to go.
　　B: You're a vegetarian, aren't you?

03 　I was the life of the party at school and I'm the life of the party at work.

04 A: I have a good mind to cancel the party, honey.
　　B: Why? It was your idea in the first place.
　　A: I don't know why. I just don't feel like partying today.

05 A: It's a quarter after two in the morning.
　　　Let's wrap up the party and go home!

🔔 066 초대, 선물

01 A: 나는 궁금해 하고 있습니다, 당신이 올 수 있을지, 나의 집으로,
        저녁을 위해, 오늘 밤.
     B: 나는 만들 수 없습니다, 그것을. 나는 가지고 있습니다, 선약을.
        주세요 나에게, '비 올 경우 연기된 경기의 표'를, 그럴 겁니까?

02 A: 왜, 당신은 초대하지 않는 거죠, 존을, 당신의 생일 파티로?
     B: 왜냐하면, 그는 그러한 '젖은 담요'입니다.
     A: 그는 느끼고 있을 겁니다, 매우 남겨진 (상태라고), 밖으로.

03 A: 짐작해봐, 무엇을, 내가 구했는지를, 너의 생일을 위해.
     B: 때려 나를. 나는 갖고 있지 않아, 하나의 실마리도.

04 A: 이것은 하나의 작은 무엇입니다, 당신을 위한.
        나는 희망합니다, 당신이 좋아하기를 그것을.
     B: 오, 나는 감사할 수 없어요 당신에게, 충분히!
        당신은 그렇게 해서는 안 되는데.

01 A: 오늘 저녁 우리 집에 식사하러 오실 수
        있을는지요.
     B: 갈 수 없는데요. 선약이 있어서요.
        다음에 초대해주시겠습니까?

02 A: 왜 존을 당신 생일 파티에 초대하지 않은
        거죠?
     B: 그는 흥을 깨는 그런 사람이기 때문이죠.
     A: 그는 왕따를 당했다고 생각하겠군요.

03 A: 네 생일 선물로 뭘 샀는지 맞혀봐.
     B: 몰라요. 전혀 감이 안 잡히는데요.

04 A: 약소하지만 이것 받으십시오.
        마음에 드실지 모르겠군요.
     B: 오, 고마워서 어쩌나.
        이러시면 안 되는데.

🔔 067 파티

01 A: 그녀는 보고 있니, 앞을 향해, 댄스파티 쪽으로?
     B: 그녀는 정말 흥분돼 있어, 가는 것에 대해.

02 A: 나는 초대됐어, 바비큐에, 그러나 나는 원치 않아, 가기를.
     B: 너는 채식주의자구나, 그렇지 않니?

03   나는 생명이었어, 파티의, 학교에서, 그리고, 나는 생명이었어,
        파티의, 직장에서.

04 A: 나는 갖고 있어, 좋은 마음을, 취소할, 그 파티를, 여보.
     B: 왜? 그건 당신의 생각이었어, 처음부터.
     A: 나는 모르겠어, 왜인지. 난 단지, 느끼지 않아, 파티 하는 것처럼, 오늘.

05 A: 15분이야, 2시 후의, 오전에.
        덮어 싸자, 파티를, 그리고, 가자 집에!

01 A: 제인은 댄스파티를 기대하고 있어?
     B: 가고 싶어 안달이야.

02 A: 바비큐 파티에 초대받았지만 가고 싶지 않아.
     B: 너는 채식주의자지, 그렇지?

03   나는 학교 다닐 때도 분위기 메이커였고
        현재 직장에서도 그래.

04 A: 여보, 그 파티 취소하고 싶은 마음이 굴뚝같아.
     B: 왜? 처음부터 당신의 아이디어였잖아.
     A: 왠지 모르지만 오늘 파티를 하고 싶지 않아.

05 A: 새벽 2시 15분이야.
        파티 끝내고 집에 가자.

□ The night is still young.
아직 초저녁이야.
□ break the ice with ~
~로 어색한 분위기를 풀어주다

068
□ Would you like some more ~?
~를 좀 더 드시겠어요?
□ disagree with ~
(음식 등이) ~에게 안 맞다
□ fussy about ~ ~에 대해 까다롭다
□ No wonder (that) ~
~는 별로 놀랄 일이 아니다
□ skinny 깡마른
□ have a great appetite
먹성이 좋다, 식욕이 왕성하다
□ be overweight 과체중이다

069
□ Would you like ~?
~를 드시겠어요?
□ How would you like ~?
~를 어떻게 해드릴까요?
□ run out of ~을 다 써버리다

손님에게 커피를 권할 때

외국 손님이 사무실이나 집에 찾아왔을 때 흔히 "Would you like a cup of coffee?"(커피 드시겠어요?)라고 커피를 권하게 된다. 손님이 커피를 마시겠다고 할 경우 "Cream and sugar?"(크림과 설탕을 넣어 드릴까요?) 혹은 "How would you like your coffe?"(커피를 어떻게 해드릴까요?)라고 묻게 된다. "Cream only."(크림만 넣어주세요.)나 "Sugar, please."(설탕을 넣어주세요.) 혹은 "Just Black, please."(블랙으로 주세요.) 등으로 대답한다. 사양할 때는 No라고만 말할 것이 아니라 반드시 뒤에 thank you를 붙여 "No, thank you." 라고 말하는 것이 예의다. 묻는 것에 대한 감사의 의미를 전하기 위해서다.

B: Already? The night is still young!

06 A: How was the party last night?
B: It was boring until Tom broke the ice with all of his funny stories.

😀 SITUATION 068 Appetite

01 A: How does it taste?
B: Hmmmm, delicious.

02 A: Would you like some more bulgogi?
B: No, thank you. I'm already full.

03 A: You didn't touch this dish.
B: It disagrees with me.

04 A: I'm afraid you don't like American foods very much.
B: I am fussy about foods.
A: No wonder you are so skinny.

05 A: I have a great appetite.
B: No wonder you are overweight.

😀 SITUATION 069 Having coffee

01 A: Would you like a cup of coffee?
B: Yes, please.

02 A: How would you like your coffee?
B: With cream and sugar, please.

03 A: Do you have any cream for my coffee?
B: Sorry. But we ran out of it a few days ago.

B: 벌써? 밤이 아직, 젊은데!

06 A: 어떠했니, 그 파티, 어젯밤?
    B: 그것은 지루했어, 톰이 깨기까지는, 얼음을, 모든 그의 재미있는 이야기들을 가지고.

🔔 068 식욕

01 A: 어떻게, 그것은 맛이 납니까?
    B: 음, 맛있군요.

02 A: 당신은 원하십니까, 약간의 더 많은 불고기를?
    B: 아니요, 감사합니다. 나는 이미, 가득 찼습니다.

03 A: 당신은 손도 대지 않았습니다, 이 접시를.
    B: 그것은 동의하지 않습니다, 나와 같이.

04 A: 나는 두렵습니다, 당신이 좋아하지 않아서, 미국 음식들을, 매우 많이.
    B: 나는 까다롭습니다, 음식들에 대해.
    A: 놀랄 일은 아니죠, 당신이 그렇게 말랐다는 것은.

05 A: 나는 가지고 있습니다, 거대한 식욕을.
    B: 놀랄 일은 아니지요, 당신이 살찐 것은.

🔔 069 커피 권하기

01 A: 원하십니까, 한 잔의 커피를?
    B: 예, 부탁합니다.

02 A: 어떻게, 당신은 원합니까, 당신의 커피를?
    B: 크림과 설탕을 함께, 부탁합니다.

03 A: 당신은 가지고 있습니까, 어떤 크림을, 나의 커피를 위한?
    B: 미안합니다, 그러나, 우리는 바닥났어요 그것이, 며칠 전에.

B: 벌써? 아직 초저녁이야!

06 A: 어젯밤 파티 어땠니?
    B: 처음에는 지루했지만 톰이 재미있는 이야기로 딱딱한 분위기를 풀어줬어.

_____

01 A: 맛이 어떤가요?
    B: 음, 맛있군요.

02 A: 불고기 좀 더 드시겠어요?
    B: 아니요, 감사합니다. 이미 배가 부릅니다.

03 A: 이 요리는 손도 대지 않으셨군.
    B: 그걸 먹으면 속이 거북해집니다.

04 A: 미국 음식을 별로 좋아하지 않는 것 같군요.
    B: 제가 음식에 대해서 좀 까다롭거든요.
    A: 그래서 그렇게 깡말랐군요.

05 A: 나는 식욕이 왕성해요.
    B: 그러니까 살이 찌지요.

_____

01 A: 커피 한 잔 드시겠어요?
    B: 예, 그러죠.

02 A: 커피를 어떻게 해드릴까요?
    B: 크림과 설탕을 다 넣어주세요.

03 A: 커피에 탈 크림이 있습니까?
    B: 미안합니다만 며칠 전에 다 떨어졌는데요.

✔️ 바로 이것이 포인트!

☐ lukewarm 미지근한
☐ It serves you right.
　꼴좋다, 고소하다.
☐ You should have been ~
　~했어야지.
☐ I've had enough.
　충분히 먹었습니다.

070

☐ May I be excused?
　자리 좀 비우겠습니다.
☐ I enjoyed your company.
　함께해서 즐거웠습니다.
☐ Think nothing of it.
　(사과나 감사에 대한 대답으로)
　괜찮습니다.

초대받은 집에서 떠날 때

초대받은 사람은 너무 오래 머물러 주인을 불편하게 하지 말고 적당한 시간에 감사를 표하고 일어나는 것이 좋다. 그러나 초대받은 손님이 갑자기 간다고 자리에서 일어서면 미국인들은 접대를 잘못해서 그런 것으로 오해할 수도 있기 때문에 떠나기 10분 정도는 미리 "I'm afraid I have to go." 혹은 "I'd better be going."(가는 게 좋겠습니다.)라며 가야 된다는 사실을 이야기해놓고 대화를 정리하는 것이 좋다.

손님이 가야 할 것 같다고 말하면 주인은 "Can't you stay a little longer?"(좀 더 계시다 가시면 안 되나요?)라고 한국식으로 한 번쯤 만류하는 것도 좋을 것이다.

---

04 A: Drink your coffee before it gets cold.
　　B: It's already lukewarm.

05 A: I spilled coffee on my shirt.
　　B: It serves you right.
　　　 You should have been more careful.

06 A: Help yourself to the cake.
　　B: No, thank you. I've had enough.

😀 SITUATION 070 A parting guest

01 A: May I be excused?
　　　 I'll be right back.
　　B: Of course. Go ahead.

02 A: I had a wonderful time tonight.
　　B: Thank you. I enjoyed your company.

03 A: Well, I'm afraid I have to go.
　　B: It's only 8 o'clock.
　　　 Why don't you stay a little longer?
　　A: I wish I could, but it's already late.

04 A: Thank you for inviting me to dinner.
　　B: Think nothing of it.
　　　 It was my pleasure.

04 A: 마시세요, 당신의 커피를, 그것이 식기 전에.

B: 그것은 이미, 미지근합니다.

05 A: 나는 쏟았습니다, 커피를, 나의 셔츠 위에.

B: 그것은 접대한다, 너를, 바른 (상태로).

너는 더 조심했어야지.

06 A: 도우세요, 당신 자신을, 케이크 쪽으로.

B: 아니요, 감사합니다. 나는 가졌습니다, 충분한 (양을).

04 A: 커피 식기 전에 드세요.

B: 벌써 미지근하네요.

05 A: 셔츠에 커피를 쏟았어요.

B: 꼴좋다.

조심했어야지.

06 A: 케이크를 마음대로 드십시오.

B: 아니요, 됐습니다. 많이 먹었습니다.

🔔 070 떠날 때 인사

―――――――――――――――

01 A: 제가 실례해도 될까요?

나는 있을 것입니다, 바로 돌아와.

B: 물론이죠. 가세요, 앞으로.

02 A: 나는 가졌습니다, 훌륭한 시간을, 오늘 저녁.

B: 감사합니다. 나는 즐겼습니다, 당신의 동석을.

03 A: 저, 나는 두렵습니다, 내가 가야 하는 것이.

B: 그것은 단지, 8시입니다.

왜, 당신은 머무르지 않습니까, 약간 더 오래.

A: 나는 바랍니다, 내가 (그럴) 수 있기를, 그러나, 그것은 이미
늦었습니다.

04 A: 감사합니다, 초대한 것에 대해 나를, 저녁 식사에.

B: 생각하세요, 아무것도 아닌 것을, 그것의.

그것은 나의 기쁨이었습니다.

01 A: 잠깐 자리를 비워도 될까요?

곧 돌아오겠습니다.

B: 물론이죠. 어서 다녀오세요.

02 A: 오늘 저녁 즐거웠습니다.

B: 감사합니다. 함께 있어서 즐거웠습니다.

03 A: 이제 가봐야겠습니다.

B: 겨우 8시인데.

조금 더 머무르시죠?

A: 그러고 싶지만 너무 늦었어요.

04 A: 저녁 식사에 초대해주셔서 감사합니다.

B: 괜찮습니다. 저도 즐거웠습니다.

Chapter 10
At the restaurant / 식당

SITUATION 071
Eating out / 외식

SITUATION 072
Lunch / 점심

SITUATION 073
Korean dishes / 한국 음식

SITUATION 074
Restaurant / 식당

SITUATION 075
Fast food / 패스트푸드

SITUATION 076
Having a snack / 간식

SITUATION 077
Payment / 지불

SITUATION 078
Drinking / 음주

SITUATION 079
A hangover / 숙취

SITUATION 080
Smoking / 흡연

071

□ a lousy meal 형편없는 식사
□ be fed up with ~ ~에 물리다
□ have had it
　더 이상 참을 수 없다, 신물 나다
□ You said it. 너 말 한번 잘했다.
□ be sick of ~
　~에 넌더리나다, ~에 신물이 나다
□ be tired of ~ ~에 싫증나다
□ eat out 외식하다
□ make no difference
　차이가 없다, 문제가 아니다
□ It's up to you. 네가 결정할 일이다.
□ What do you call this in English?
　이건 영어로 뭐라고 하죠?
□ take ~ out to eat
　~에게 외식을 시켜주다
□ once in a blue moon 매우 드물게
□ a doggy bag 남은 음식을 싸가는 봉지
□ leftovers 남은 음식

072

□ go out to lunch 점심 먹으러 나가다
□ brown-bag 점심을 싸오다
□ a swell idea 좋은 생각
□ have a bite 조금 먹다

음식 주문하기

종업원이 주문을 받을 때는 "Are you ready to order?"(주문하시겠어요?) 혹은 "May I take your order?"라고 도 말한다.

우리는 식당에서 주문할 때 "이 집에서 잘하는 게 뭐죠?"라고 묻곤 한다. 영어에 도 "What's good here?"라는 비슷한 표현이 있다. 저렴한 가격으로 내놓는 lunch specials 등이 있는지 묻고 싶으 면 "Do you have any specials?"라 고 하면 된다. 옆 사람이 주문한 것과 같 은 것을 주문하고 싶을 때는 "Me, too." 혹은 "Make it two."라고 하면 된다.

👥 **SITUATION 071 Eating out**

01　A: What a lousy meal!
　　　　I'm fed up with dorm food. I've had it.
　　B: You said it. I'm sick and tired of it, too.

02　A: Do you want to eat out tonight?
　　B: Sure. How about a Chinese restaurant?

03　A: Shall we eat Chinese or Japanese food for lunch?
　　B: Makes no difference to me. It's up to you.

04　A: What do you call this in English?
　　B: It's a sea cucumber.

05　A: How often do you take your wife out to eat?
　　B: Oh, once in a blue moon.

06　A: Waitress! Can I have a doggy bag, please?
　　B: OK. I'll wrap these leftovers up right now.

👥 **SITUATION 072 Lunch**

01　A: Let's get together sometime for lunch.
　　B: Why not?

02　A: Let's go out to lunch.
　　B: I brown-bag it.

03　A: Let's discuss the matter over lunch.
　　B: That's a swell idea.

04　A: Did you skip your lunch or something?
　　B: Yes, I did. As a matter of fact, I haven't had a bite since dinner last night.

05　A: Are you hungry?

🔔 071 외식

01 A: 무슨 형편없는 음식!
  나는 물렸어, 기숙사 음식에. 나는 가져왔어, 그것을.
  B: 너는 말했다, 그것을. 나는 메스껍고, 피곤해, 그것에 대해, 역시.

02 A: 너는 원하니, 먹는 것을 밖에서, 오늘 밤?
  B: 물론이지. 어때, 중국 식당은?

03 A: 우리 먹을까, 중국(음식을), 혹은 일본 음식을, 점심을 위해?
  B: 만들지 않는다, 차이를, 나에게는. 그건 위에 있다 너 쪽으로.

04 A: 무엇으로, 당신은 부릅니까, 이것을, 영어로?
  B: 그것은 해삼입니다.

05 A: 얼마나 자주, 당신은 데려갑니까, 당신의 부인을, 밖으로, 먹기 위해?
  B: 오, 한 번, 푸른 달에.

06 A: 웨이트리스! 내가 가질 수 있나요, 개의 봉지를, 부탁합니다?
  B: 좋습니다. 나는 포장할 것입니다, 이들 '남은 음식'들을, 바로 지금.

🔔 072 점심

01 A: 모입시다, 언제, 점심을 위해
  B: 왜 아니랍니까?

02 A: 가자, 밖으로, 점심 먹으러.
  B: 나는 '누런 봉투에 싸가지고 다녀', 그것을.

03 A: 토의합시다, 그 문제를, 점심 위에서.
  B: 그것 부푼 아이디어입니다.

04 A: 당신은 건너뛰었나요, 당신의 점심, 혹은 무언가를?
  B: 응, 나는 그랬어. 사실의 문제로서, 나는 갖지 않았어,
  '한 입 무는 것'도, 저녁 식사 이래로, 어젯밤.

05 A: 너는 배가 고프니?

---

01 A: 형편없는 식사군!
  기숙사 음식에 질렸어. 진저리가 나.
  B: 너 말 한번 잘했다. 나도 질렸어.

02 A: 오늘 밤 외식하고 싶니?
  B: 물론이지. 중국 음식점이 어떨까?

03 A: 우리 점심은 중국식으로 할까 일식으로 할까?
  B: 어느 쪽이라도 좋아. 네가 알아서 해.

04 A: 이것은 영어로 뭐라고 부릅니까?
  B: 그것은 해삼입니다.

05 A: 부인을 얼마나 자주 외식시켜 줍니까?
  B: 아주 가끔 합니다.

06 A: 이것 (개에게 주거나 나중에 먹기 위해) 좀
  싸줄 수 있어요?
  B: 좋습니다. 남은 음식을 바로 싸드리죠.

---

01 A: 언제 점심이나 같이합시다.
  B: 그러죠.

02 A: 점심 먹으러 가자.
  B: 나는 점심을 싸가지고 다녀.

03 A: 점심이나 들면서 그 문제를 상의합시다.
  B: 좋은 생각입니다.

04 A: 점심을 걸렀나요?
  B: 응. 실은 어제 저녁 이후 아무것도
  안 먹었어.

05 A: 배 고프니?

□ A good appetite is a good sauce.
시장기가 반찬이다.

073
□ Would you like to try ~?
~를 드셔보시겠어요?
□ ~ make my mouth water
~이 군침이 돌게 하다
□ Korean seasoning
한국식 양념
□ appetizing
(음식 등이) 구미가 당기게 하는
□ steamed rice
쌀밥
□ boiled bean sprouts
삶은 콩나물
□ bean curd
두부
□ bean paste soup
된장국
□ Have you ever tried ~?
~ 드셔보셨어요?
□ a fermented food
발효 식품

한국 음식 권하기

좋아하는 음식이나 전통 음식에 관한 대
화는 분위기를 부드럽게 한다. 미국인에
게 "Have you ever tried bulgogi?"
(불고기 먹어봤나요?) 혹은 "What's
your favorite Korean dish?"(좋아하
는 한국 음식이 무엇입니까?) 등 한국
음식에 대한 질문을 하면서 대화를 풀어
나가보자. 여기서 dish는 '접시'가 아니
라 '접시에 담긴 요리'를 의미한다.

B: Yes. I'm dying with hunger, I could eat a horse!
A good appetite is a good sauce.

🗣 SITUATION 073 Korean dishes

01 A: Would you like to try Korean food for dinner?
B: Why not? Do you have any particular restaurant in mind?

02 A: What's your favorite Korean dish?
B: Bulgogi is one of my favorite Korean dishes.
Just thinking about it makes my mouth water.

03 A: Bulgogi is like roast beef with Korean seasoning.
It's really delicious. I suggest you try it.
B: Hey, it looks so appetizing.

04 A: What's the diet of a typical Korean family?
B: Steamed rice, kimchi, and other side dishes such as boiled bean sprouts, bean curd, bean paste soup, spinach, fish, beef, pork.

05 A: Have you ever tried kimchi?
B: No, I haven't.
Isn't it hot?

06 A: Wow! Kimchi is a bit spicy, but it's really delicious.
B: Is it? Kimchi is a popular fermented food in Korea. There are over 100 different kinds of kimch in Korea. Kimchi is made with all seasonal vegetables.

07 A: I heard in Korea there is a day called 'Poknal' and people like to eat dog meat. Is today the same day?

B: 그래요. 나는 죽고 있어, 배고픔으로. 나는 먹을 수도 있어요, 말을! 좋은 식욕은, 좋은 소스지요.

B: 그래요. 너무 배가 고파 말이라도 잡아먹고 싶을 지경입니다! 시장기가 반찬이지요.

🔔 073 한국 음식

──────────────

01 A: 당신은 원합니까, 시도하는 것을, 한국 음식을, 저녁을 위해?

B: 왜 아니랍니까? 당신은 가지고 있나요, 어떤 특별한 식당을, 마음에?

01 A: 저녁으로 한국 음식을 드셔보시겠습니까?

B: 좋지요. 생각하고 계신 식당이라도 있습니까?

02 A: 무엇이, 당신의 가장 좋아하는 한국 음식인가요?

B: 불고기가, 하나입니다, 나의 '가장 좋아하는' 한국 음식들의. 단지 생각하는 것이, 그것에 대해, 만듭니다, 나의 입이, 물이 돌도록.

02 A: 가장 좋아하는 한국 음식은 무엇입니까?

B: 불고기가 가장 좋아하는 한국 음식 중 하나입니다. 생각만 해도 군침이 돕니다.

03 A: 불고기는 구운 소고기와 같아, 한국의 양념과 함께. 그건 정말 맛있어. 나는 제안해, 네가 시도하기를 그것을.

B: 야, 그건 보이는데, 그렇게 식욕을 돋우게.

03 A: 불고기는 한국식으로 양념하여 구운 고기야. 정말 맛있어. 한번 먹어봐.

B: 야, 그거 맛있어 보이는데.

04 A: 무엇이 식단인가요, 전형적인 한국 가정의?

B: 쌀밥, 김치, 그리고, 다른 반찬들, 예컨대, 삶은 콩나물, 두부, 된장국, 시금치, 생선, 쇠고기, 돼지고기입니다.

04 A: 한국 가정의 전형적인 식단은 무엇입니까?

B: 쌀밥, 김치, 그리고 삶은 콩나물, 두부, 된장국, 시금치, 생선, 쇠고기, 돼지고기 같은 반찬들입니다.

05 A: 당신은 시도해봤어요, 김치를?

B: 아니요, 나는 안 해봤어요. 그것 맵지 않습니까?

05 A: 김치 드셔보셨어요?

B: 아니요. 나는 (먹어보지) 않았습니다. 그것 맵지 않습니까?

06 A: 와우! 김치는 약간, 맵습니다, 그러나 그것은 정말, 맛있어요.

B: 그래요? 김치는 대중적인 발효된 식품입니다, 한국에서. 있습니다, 100가지 이상 다른 종류의 김치가, 한국에는. 김치는 만들어집니다, 모든 계절적인 채소들로.

06 A: 와! 김치는 좀 맵지만 정말 맛있어요.

B: 그래요? 김치는 한국의 대중적인 발효식품입니다. 김치의 종류는 100가지가 넘습니다. 모든 계절 채소로 만들거든요.

07 A: 나는 들었습니다, 한국에서, 있다고, 날이, 불리는, 복날이라고, 그리고, 사람들은 좋아한다고, 먹는 것을, 개고기를. 오늘이 같은 날입니까?

07 A: 한국에는 복날이라고 불리는 날에 개고기를 먹는다고 들었습니다. 오늘이 그날입니까?

□ beat the heat
   더위를 피하다, 더위를 이기다
□ dog meat soup 보신탕
□ ginseng chicken soup 삼계탕
□ get the hang of ~
   ~을 할 줄 알게 되다
□ an ingredient 성분
□ the incident of cancer
   암의 발생
□ blood cholesterol
   혈중 콜레스테롤
□ inhibit 억제하다
□ blood pressure 혈압
□ halitosis 입 냄새

074
□ make a reservation
   예약하다
□ Have you been served?
   주문하셨습니까?
□ wait on ~ ~를 시중들다
□ Are you ready to order?
   주문하시겠어요?

고기는 어떻게 구워드릴까요?

스테이크를 주문하면 고기를 어느 정도로 구워야 할지 웨이트리스로부터 질문을 받게 된다. 잘 익힌 것은 well-done, 덜 익힌 것은 rare, rare와 well-done 사이의 중간 정도로 익힌 것은 medium이라고 한다.

steak가 나오기 전에 먼저 salad가 나오는데, 웨이트리스는 "What kind of dressing would you like?"(드레싱은 어떤 걸로 드릴까요?)라고 salad에 어떤 sauce를 칠 것인지 묻는다. dressing 에는 French, Italian, Thousand Island 등이 있는데 한국인에게는 엷은 분홍색의 Thousand Island가 가장 무난하다.

B: Yes, it is. We Koreans believe that eating hot things when the weather is hot will help beat the heat.
So people like to eat dog meat soup and ginseng chicken soup that day.

08 A: You're holding chopsticks the wrong way. Look, I'll show you.
B: Like this? Now I'm getting the hang of it.

09 A: What does insam mean?
B: 'In' means human and 'sam' means root.
It is called that because it looks like a human body.

10 A: Why is insam good for health?
B: There is an ingredient called saponin in insam which makes cells strong so the body can resist disease.

11 Green tea reduces the incident of cancer, lowers blood cholesterol, inhibits increase of blood pressure, kills influenza virus and prevents halitosis.

😮 SITUATION 074 Restaurant

01 A: I'd like to make a reservation for two tonight at 6 o'clock.
B: Okay. May I have your name?

02 A: Have you been served?
B: Yes, I'm being waited on.

03 A: Are you ready to order, sir?
   = May I take your order, sir?
B: What's good here?

B: 예, 그렇습니다. 우리 한국인들은, 믿습니다,
먹는 것은, 뜨거운 것을, 날씨가 더울 때, 도와줄 거라고,
때리는 것을, 더위를. 그래서 사람들은 좋아합니다,
먹는 것을, 개고기 수프를, 그리고, 인삼 닭 수프를, 그날.

08 A: 당신은 잡고 있습니다, 젓가락을, 틀린 방법으로. 보세요.
내가 보여드리죠, 당신에게.
B: 이처럼? 이제, 나는 얻고 있습니다, 요령을, 그것의.

09 A: 무엇을, 인삼은 의미하죠?
B: '인'은 의미합니다, 인간을, 그리고, '삼'은 의미합니다, 뿌리를.
그것은 불립니다, 그렇게, 왜냐하면, 그것이 보이기 때문에,
인간 몸처럼.

10 A: 왜, 인삼은 좋습니까, 건강을 위해?
B: 있습니다, 성분이, 불리는, 사포닌이라고, 인심에는,
그것은 만듭니다, 세포들을, 강하게, 그래서,
몸은 저항할 수 있습니다, 병에.

11 녹차는, 줄인다, 암의 발생을, 낮춘다, 혈중 콜레스테롤을,
억제한다, 혈압의 증가를, 죽인다, 인플루엔자 바이러스를,
그리고, 예방한다, 입 냄새를.

B: 예, 그렇습니다. 우리 한국인들은 날씨가
더울 때 뜨거운 것을 먹으면 더위를 이길 수
있다고 믿고 있지요. 그래서 그날 사람들은
보신탕과 삼계탕을 즐깁니다.

08 A: 젓가락을 잘못 쥐고 계시군요.
여기를 보세요. 가르쳐드릴 테니.
B: 이렇게요? 이제 요령이 생기는군요.

09 A: 인삼은 무엇을 뜻하죠?
B: '인'은 사람을, '삼'은 뿌리를 의미합니다.
마치 사람처럼 생겨서 그렇게
불리지요.

10 A: 인삼을 먹으면 왜 좋은가요?
B: 인삼에는 사포닌이란 성분이 있는데
세포를 강화시켜 병에 대한 저항력을
키워줍니다.

11 녹차는 암의 발생을 줄이고 혈중 콜레스테롤
을 낮추고 혈압의 수치 증가를 억제하고 감기
바이러스를 죽이며 입 냄새를 예방한다.

074 식당

01 A: 나는 원합니다, 만드는 것을 예약을, 두 사람을 위해,
오늘 밤, 6시에.
B: 알겠습니다. 내가 가질 수 있나요, 당신의 이름을?

02 A: 당신은 서비스를 받았습니까?
B: 예, 나는 시중 받고 있습니다.

03 A: 당신은 준비가 됐나요, 주문하기에, 선생님?
= 내가 받아도 되나요, 당신의 주문을, 선생님?
B: 무엇이 좋습니까, 여기에서?

01 A: 오늘 밤 6시에 두 사람의 좌석을 예약하고
싶습니다.
B: 알겠습니다. 성함을 말씀해주세요.

02 A: 주문하셨습니까?
B: 예, 주문했습니다.

03 A: 주문하시겠습니까?
B: 이 집에서 무엇을 잘 합니까?

□ I can't decide whether to order A
   or B.
   A로 할지 B로 할지 결정을 못하겠어.
□ Make up your mind.
   결정하시죠.
□ take our order
   우리의 주문을 받다
□ Make sure there's plenty of ~
   ~를 꼭 많이 넣어주세요

075
□ A hamburger to go.
   햄버거 하나 포장해주세요.
□ On the double!
   빨리 해주세요!
□ For here or to go?
   여기서 드실 건가요, 가지고 가실 건가요?
□ Would you like the works on your ~?
   ~에 바르는 것을 발라드릴까요?

식사할 때 부탁은 옆 사람에게

식탁에서 소금이나 후춧가루 등이 멀리
떨어져 있을 때 그것을 집기 위해 남의 앞
으로 팔을 뻗는 것은 큰 실례다. 옆 사람
이 잘 모르는 사람이라도 "Would you
pass me the salt, please?"(소금을 건
네주시겠어요?)라고 부탁해야 한다. 물론
이것들을 사용하기 전에 먼저 상대에게
사용하기를 권하는 것이 에티켓이다. 부탁
을 받은 쪽에서는 "Here you are."(여기
있어요.) 혹은 "Here is the salt."(여기
소금이요.)라고 말하며 원하는 것을 건네
주면 된다.
몇 가지 기본적인 테이블 매너의 예를 들
어본다. 1. 음식이 뜨거우면 불어서 식히지
말고 스푼으로 저어서 식힌 다음 먹는다.
2. 사용 중인 냅킨은 테이블 위에 올려놓
지 않는다. 3. 이쑤시개를 사용하는 것은
최악의 매너다. 4. 다리를 꼬지 않는다.

---

04 A: What would you like, sir?
    B: What's your special today?

05 A: What would you like to have?
    B: I'll have the New York steak.
    C: I'll have the same.

06 A: I can't decide whether to order fish or chicken.
    B: Well, make up your mind.
       The waiter is coming to take our order.

07 A: How would you like your steak?
    B: Well-done(medium/rare), please.

08 A: Please, pass me the salt.
    B: Sure. Here you are.

09 A: What kind of dressing would you like?
    B: Thousand Island, please.

10 A: What would you like to drink?
    B: I'll take a Coke.
       Make sure there's plenty of ice, please.

11 A: Give me ice cream, please.
    B: What favour would you like, vanilla or chocolate?

🗣 SITUATION 075 Fast food

01 A: A hamburger and fries to go.
    B: Anything to drink?

02 A: I'd like a Big Mac, French fries and a large Coke.
       On the double, please!
    B: For here or to go?

03 A: Would you like the works on your hotdog?

04 A: 무엇을, 당신은 원하십니까, 선생님?
    B: 무엇이, 당신의 특별한 것이지요, 오늘?

05 A: 무엇을, 당신은 원하십니까, 가지기를?
    B: 나는 가질 것입니다, 그 뉴욕 스테이크를.
    C: 나는 가질 겁니다, 같은 것을.

06 A: 나는 결정할 수 없어, 주문할지를, 생선 혹은 치킨.
    B: 자, 결정해.
       웨이터가 오고 있어, 받기 위해, 우리의 주문을.

07 A: 어떻게, 당신은 원합니까, 당신의 스테이크를?
    B: 잘 구워진 것(중간인 것/살짝 익힌 것), 부탁합니다.

08 A: 부탁합니다, 패스해주세요 나에게, 그 소금을.
    B: 물론이죠. 여기 당신은 있습니다.

09 A: 어떤 종류의 드레싱을, 당신은 원하십니까?
    B: 사우전드 아일랜드, 부탁합니다.

10 A: 무엇을, 당신은 원합니까, 마시기를?
    B: 나는 취하겠습니다, 콜라를.
       확실히 하세요, 있도록, 많은 얼음이, 부탁합니다.

11 A: 주세요 나에게, 아이스크림을. 부탁합니다.
    B: 어떤 맛을, 당신은 원합니까, 바닐라 혹은 초콜릿?

🔔 075 패스트푸드

01 A: 햄버거 하나와 감자튀김, (가지고) 갈.
    B: 어떤 것, 마실?

02 A: 나는 원합니다, 빅 맥, 프렌치프라이, 큰 콜라를.
       더블로, 부탁합니다!
    B: 여기를 위해, 혹은 (가지고) 갈?

03 A: 당신은 원하십니까, '바르거나 넣는 것'들을, 당신의 핫도그 위에?

---

04 A: 뭘 드시겠습니까?
    B: 오늘 스페셜 메뉴가 뭡니까?

05 A: 무엇을 드시겠어요?
    B: 뉴욕 스테이크를 먹겠어요.
    C: 저도 같은 것으로 주세요.

06 A: 생선으로 할지 치킨으로 주문할지 결정을
       못하겠어.
    B: 자, 결정해. 웨이터가 주문 받으러 오고 있잖아.

07 A: 고기를 어떻게 구워드릴까요?
    B: 잘 (중간으로, 살짝) 구워주세요.

08 A: 소금 좀 집어주세요.
    B: 네, 여기 있습니다.

09 A: 드레싱은 어떤 걸로 드릴까요?
    B: 사우전드 아일랜드로 주세요.

10 A: 음료수는 뭘 드시겠어요?
    B: 콜라로 주세요.
       콜라에 얼음을 많이 넣어주세요.

11 A: 아이스크림 주세요.
    B: 어떤 맛 나는 것으로 드릴까요,
       바닐라입니까, 초콜릿입니까?

---

01 A: 햄버거와 감자 튀김을 포장해주세요.
    B: 음료수는요?

02 A: 햄버거 하나, 프렌치 프라이, 콜라
       큰 잔으로 하나 주세요. 부탁해요!
    B: 여기서 드실 건가요, 가지고 가실 건가요?

03 A: 핫도그에 바르는 것을 다 발라 드릴까요?

✔ 바로 이것이 포인트!

- □ hold the onion 양파를 빼다
- □ I guess (that) ~ ~한 것 같아요
- □ My eyes are bigger than my stomach.
  음식 욕심을 내다.

076

- □ munchies
  (파티에서 술과 함께 먹는)
  간단한 안주류, 군것질거리
- □ Suit yourself. 마음대로 해라.
- □ have a snack 간식을 먹다
- □ a concession stand 구내매점
- □ a convenience store 편의점
- □ a vending machine 자동판매기
- □ be out of order 고장 나다

077

- □ May I have the check?
  계산서 주시겠어요?
- □ ~ is on me ~는 내가 사겠습니다
- □ split the bill 비용을 각자 부담하다
- □ treat ~ to dinner
  ~에게 저녁을 대접하다

계산은 팁과 함께

미국에서 계산은 식사를 마친 후 종업원으로부터 계산서를 받아본 후 그 자리에서 음식 값과 팁(음식 값의 10~15%정도)을 지불하는 것이 보통이다. 웨이터는 함께 계산할 것인지 따로 계산할 것인지 묻는다. 미국인들은 자신이 정한 자리에서도 음식 값을 각자 지불하기도 한다. 한국에서 오래 생활한 미국인들 중에는 한국인의 영향을 받아서 그런지 (계산서를 집어들며) "It's on me."(계산은 제가 하죠.)라고 제안하는 사람도 많아졌다. 구체적으로 "The lunch is on me."(점심은 제가 내죠.)라고 할 수도 있다. "따로 냅시다."라고 할 경우에는 "Let's split the bill."이라고 하면 된다.

B: Yes, but hold the onions, please.

04 A: Aren't you going to finish your pizza?
B: I guess my eyes were bigger than my stomach. I'm full already.

😊 SITUATION 076 Having a snack

01 A: Let's get some munchies.
B: Suit yourself.

02 A: Where can I have a snack or something?
B: There is a cafeteria and a concession stand in the 2nd basement.

03 A: Where's the nearest convenience store?
B: There's a 7-11 on the corner.

04 A: Are there any vending machines around here?
B: Yes, there's one in the hallway downstairs.

05 A: Have they fixed the vending machine yet?
B: No, I'm afraid it's still out of order.

😊 SITUATION 077 Payment

01 A: May I have the check, please?
B: One check or separate, sir?

02 A: This lunch is on me.
B: Let's go Dutch.
   Why don't we split the bill?

03 A: Let me treat you to dinner this evening.
B: All right if you insist.

B: 예, 그러나 잡으세요, 그 양파들은, 부탁합니다.

04 A: 당신은 끝내지 않을 겁니까, 당신의 피자를?
B: 나는 추측합니다, 나의 눈이, 더 컸다고, 나의 위보다.
나는 가득 찼습니다, 이미.

B: 예, 그러나 양파는 빼주세요.

04 A: 피자를 그만 먹을 겁니까?
B: 너무 많이 주문한 것 같아요.
벌써 배가 부른걸요.

🔔 076 간식

01 A: 구하자, 약간의 '우적우적 씹는 것'들을.
B: 맞춰라, 너 자신에게.

02 A: 어디서, 내가 가질 수 있나요, 스낵 혹은 무언가를?
B: 있습니다, 카페테리아와 구내매점이, 지하 2층에.

03 A: 어디에, 있습니까, 가장 가까운 편의점이?
B: 있습니다, 세븐일레븐이, 모퉁이 위에.

04 A: 있습니까, 어떤 자판기들이, 주변에 여기?
B: 예, 있습니다, 하나, 복도에, 아래층.

05 A: 그들은 고정시켰습니까, 그 자판기, 벌써?
B: 아니요, 나는 두렵습니다, 그것이 아직, 벗어나 있어서, 질서에서

---

01 A: 군것질거리를 좀 사자.
B: 좋으실대로.

02 A: 이 근처에 간단한 식사를 할 곳이 있나요?
B: 지하 2층에 카페테리아와 구내매점이
있어요.

03 A: 가까운 편의점이 어디에 있죠?
B: 길모퉁이에 세븐일레븐이 있습니다.

04 A: 이 근처에 자판기가 있습니까?
B: 예, 아래층 복도에 하나 있습니다.

05 A: 그들은 벌써 그 자동판매기를 고쳤습니까?
B: 아니요. 아직 고장입니다.

🔔 077 지불

01 A: 내가 가질 수 있나요, 계산서를, 부탁드립니다?
B: 한 장의 계산서, 혹은 분리된 (계산서), 선생님?

02 A: 이 점심은, 내 위에 있습니다.
B: 갑시다, 네덜란드 사람의 (방식으로).
왜 우리는, 분리하지 않습니까, 계산서를?

03 A: 내가 대접하게 해주세요, 당신을, 저녁 식사로, 오늘 저녁.
B: 좋습니다, 당신이 주장하신다면.

---

01 A: 계산서 주세요.
B: 계산서는 하나로 할까요, 따로따로 할까요?

02 A: 이 점심은 제가 사죠.
B: 각자 부담합시다.
각자 계산할까요?

03 A: 오늘 저녁 내가 한턱 내겠어.
B: 정 그러시다면.

078

☐ my favorite hangout
내가 자주 가는 곳, 단골

☐ a heavy drinker 술고래

☐ I've heard (that) ~
~라고 들었습니다

☐ drink like a fish 술고래다

☐ a moderate drinker
술을 적당히 마시는 사람

☐ be off the wagon 다시 술을 마시다

☐ kick a habit 습관을 버리다

☐ You're telling me!
내 말이 바로 그 말이에요!

☐ second nature 제2의 본성

☐ What is learned in the cradle is
carried to the grave.
세 살 적 버릇 여든까지 간다.

☐ Bottoms up! 원 샷! 죽 마셔!

☐ propose a toast to ~
~를 위해 건배를 제안하다

☐ Here is to your ~! 당신의 ~를 위하여!

☐ hit the spot
(원하는) 바로 그것이다, 끝내주다

☐ there is nothing like ~
~만한 것이 없다

건배

미국인들은 toast(건배)할 때 "Cheers!
Bottoms up."(죽 들이키세요.)라고 하
거나 "To our success."(성공을 위하
여.)라고 구체적인 건배 목적을 밝힌다.
건배할 때는 잔의 몸체를 잡지 않고 자루
를 엄지, 인지, 중지의 세 손가락으로 잡
는다. 몸체를 잡으면 체온이 술로 옮겨가
적온으로 마실 수 없기 때문에 올바른 매
너가 아니다.
술 마실 때 "Say when."이라고 말하면
잔에 술을 따라주면서 "적당한 때 그만이
라고 말하세요."라는 뜻이 되고 "Just a
touch."라고 말하면 남이 술을 권할 때
"아주 조금만 주세요."라는 뜻이 된다.

---

04 A: How much do you tip at restaurants?
   B: I usually tip 10 percent of the check.

👥 SITUATION 078 Drinking

01 A: If you are free after work, how about a drink?
   B: Fine. That's a swell idea.

02 A: Where do you want to go for a drink?
   B: How about my favorite hangout, Dangoljip?

03 A: Are you a heavy drinker?
      I've heard you drink like a fish.
   B: No. I would say I'm a moderate drinker.

04 A: I once quit drinking, but I'm off the wagon now.
   B: It's tough to kick a habit.

05 A: You're telling me! A habit is second nature.
   B: As the proverb goes, what is learned in the
      cradle is carried to the grave.

06 A: Bottoms up!
   B: To your future husband.

07   I propose a toast to your opening an office.
      Here is to your success!

08 A: What kind of beer would you like? We have
      Budweiser, Miller and Heineken.
   B: I'd like a Miller, please.

09 A: Mum, this beer hits the spot.
   B: I know there is nothing like a cold beer on a hot
      day.

04 A: 얼마나 많이, 당신은 팁을 줍니까, 식당에서?

B: 나는 보통, 팁을 줍니다, 10퍼센트, 계산서의.

04 A: 식당에서 팁을 얼마나 줍니까?

B: 보통 계산서 금액의 10퍼센트를 팁으로 줍니다.

🔔 078 음주

01 A: 만약 당신이 자유로우면, 일과 후에, 어때요, 한번 마시는 게?

B: 좋습니다. 그것은 부푼 아이디어입니다.

01 A: 퇴근 후 시간 있으시면 소주나 한잔하시죠?

B: 좋습니다. 좋은 생각입니다.

02 A: 어디로, 당신은 원하죠, 가는 것을, 한잔을 위해?

B: 어때요, 나의 가장 자주 가는 곳, 단골집은?

02 A: 어디서 한잔할까?

B: 내가 잘 가는 단골집이 어때?

03 A: 당신은 무거운 술꾼입니까?

나는 들었습니다, 당신이 마신다고, 물고기처럼.

B: 아닙니다. 나는 말하고 싶군요, 나는 적당한 술꾼이라고.

03 A: 주량이 세십니까?

술고래라는 말을 들었습니다.

B: 아닙니다. 적당히 마십니다.

04 A: 나는 한때, 그만뒀어, 마시는 것을, 그러나 나는 내렸어,

그 마차에서, 지금.

B: 그것은 힘들다, 차버린다는 것은, 버릇을.

04 A: 한때 술을 끊었지만 이제 다시 마셔.

B: 습관을 버린다는 게 쉬운 일인가.

05 A: 당신은 말하고 있어요, 나에게! 습관은 제2의 천성이지요.

B: 속담이 가는대로, 배워진 것은, 요람에서, 옮겨지지요, 무덤까지.

05 A: 정말 그래요. 습관은 제2의 천성이지요.

B: 속담대로 세 살 버릇 여든까지 간다지 않아요.

06 A: 바닥을 위로!

B: 당신의 미래 남편에게로.

06 A: 죽 들이킵시다!

B: 장래의 남편을 위하여.

07 나는 제안합니다, 건배를, 당신의 개업으로.

여기 있습니다, 당신의 성공으로 (가는 잔이)!

07 당신의 개업을 위해 건배를 제안합니다.

당신의 성공을 위하여!

08 A: 어떤 종류의 맥주를, 당신은 좋아하나요?

우리는 가지고 있습니다, 버드와이저, 밀러 그리고, 하이네켄.

B: 나는 원합니다, 하나의 밀러를, 부탁합니다.

08 A: 어떤 종류의 맥주를 드시겠어요?

버드와이저, 밀러와 하이네켄이 있습니다.

B: 밀러로 하겠습니다.

09 A: 음, 이 맥주 때리는군, 그 지점을.

B: 나는 안다, 없다는 것을, 아무것도, 찬 맥주 같은 것은, 더운 날에.

09 A: 음, 이 맥주 끝내주는군.

B: 더운 날에는 시원한 맥주가 최고야.

✔ 바로 이것이 포인트!

□ change the scenery
　자리를 옮기다
□ treat A to B
　A에게 B를 대접하다
□ another round
　2차 (술자리)

079
□ pour ~ a drink
　~에게 한 잔 따르다
□ feel high = get drunk
　술기운이 오르다
□ have one too many
　취하다
□ It seems (that) ~
　~한 것 같다
□ have a hangover
　술이 덜 깨다
□ Can you tell?
　그렇게 보이나요?
□ My stomach is upset.
　속이 좋지 않다.
□ feel like throwing up
　토할 것 같다

080
□ a cigarette break
　담배 피는 휴식 시간
□ chain-smoking
　줄담배
□ get on my nerves
　신경에 거슬리다, 짜증나게 하다
□ bum a cigarette
　담배 한 개비를 빌리다

10 A: Let's change the scenery!
　　B: Hey, treat me to another round.

👥 SITUATION 079 A hangover

01 A: Would you care for a refill?
　　B: No, thank you. I'm already beginning to feel high.

02 A: Let me pour you a drink.
　　B: Oh, no. I've had enough. I think I'm getting drunk.

03 A: Give me another drink.
　　B: I'm afraid you had one too many.
　　A: I'm not drunk.

04 A: It seems you have a hangover.
　　B: Can you tell?

05 A: My stomach is very upset right now.
　　B: Do you feel like throwing up?

👥 SITUATION 080 Smoking

01 A: How about a cigarette break?
　　B: No, we can't. We'd better hurry.

02 A: Do you mind if I smoke?
　　B: No, I don't mind. = Not at all.

03 A: Why did you leave the room?
　　B: Because his chain-smoking gets on my nerves.

04 A: Can I bum a cigarette?
　　B: OK. Here you go.

10 A: 바꾸자, 장면을!

B: 자, 대접해 나에게, 또 다른 라운드로.

10 A: 자리를 옮기자.

B: 야, 네가 2차 사라.

🔔 079 숙취

01 A: 당신은 신경 쓰나요, 리필에 대해?

B: 아니요, 감사합니다. 나는 이미, 시작하고 있습니다, 느끼기를 높은 (상태로).

02 A: 내가 따르게 해주세요, 당신에게, 한 잔을.

B: 오, 아니요. 나는 가졌습니다, 충분한 (술을). 나는 생각합니다, 내가 취하고 있다고.

03 A: 주세요 나에게, 또 다른 술을.

B: 나는 두렵습니다, 당신이 가졌다는 것이, 그것을, 너무 많이.

A: 나는 취하지 않았어요.

04 A: (그것은) 보입니다, 당신이 가지고 있는 것으로, 숙취를.

B: 당신은 말할 수 있습니까?

05 A: 나의 위가, 매우 뒤집혔어요, 바로 지금.

B: 당신은 느낍니까, 토하는 것처럼?

---

01 A: 한잔 더 하고 싶으십니까?

B: 감사하지만 사양할게요, 벌써 술이 오르기 시작하는걸요.

02 A: 제가 한 잔 따라드리죠.

B: 아, 아닙니다. 많이 마셨습니다. 술기가 오르는데요.

03 A: 한 잔 더 주세요.

B: 취한 것 같아 걱정이 되는군요.

A: 나는 취하지 않았어요.

04 A: 술이 덜 깬 것 같군요.

B: 그렇게 보입니까?

05 A: 지금 속이 아주 메스꺼워요.

B: 토할 것 같나요?

🔔 080 흡연

01 A: 어때, 담배 휴식?

B: 아니, 우리는 (그럴 수) 없어. 우리는 더 좋아, 서두르는 (것이).

02 A: 당신은 꺼리십니까, 만약 내가 담배를 피우면?

B: 아니요, 나는 꺼리지 않습니다. = 아닙니다, 전혀.

03 A: 왜, 당신은 떠났습니까, 그 방을?

B: 왜냐하면, 그의 줄담배가, 올라타기 때문이지요, 나의 신경들 위에.

04 A: 내가 얻을 수 있을까, 담배 한 대를?

B: 그래. 여기 너에게 간다.

---

01 A: 담배 한 대 피게 좀 쉬시는 게 어때요?

B: 그럴 시간 없어. 서두르는 게 좋아.

02 A: 담배를 피워도 괜찮겠습니까?

B: 예, 상관없습니다.

03 A: 왜 방에서 나왔죠?

B: 그의 줄담배가 신경을 건드리기 때문이죠.

04 A: 담배 한 대 얻을 수 있을까?

B: 여기 있네.

□ May I trouble you for ~?
　～ 좀 빌려주시겠어요?
□ a sponger
　남에게 빌붙어 먹고 사는 사람
□ mooch　빌붙다, 빈대 붙다, 배회하다
□ Stop being a sponger.
　= Stop mooching.
　빈대 붙지 마.
□ be dying for ~
　몹시 ～하고 싶어하다
□ get over ~
　～를 극복하다
□ once and for all
　마지막으로 한 번만 더, 단호히
□ diagnose　진단하다
□ pneumonia　폐렴
□ might as well ~
　～하는 편이 낫다

A: May I trouble you for a light?
B: Yeah. You neither carry cigarettes nor a lighter.
　The only thing you carry is your mouth.
　When are you going to stop being a sponger?
　When are you going to stop mooching from your friends?

05　A: I quit smoking.
　But I'm dying for a cigarette right now.
　B: You must get over that temptation.

06　After years of quitting cigarettes and starting again, he decided to stop that habit once and for all.

07　My mother was diagnosed with pneumonia and she continued to smoke. Her reason was that she was going to die anyway, so she might as well enjoy the only little pleasure left in life.

언제 한번 저녁이나 합시다.

우연히 만났다가 간단히 이야기를 나누고 헤어질 때 의례적으로 하는 인사말이 "언제 저녁이나 한번 합시다."이다. 미국인들도 이와 비슷한 말을 자주한다. "Let's get together sometime for a dinner."가 그것이다. "언제 한번 소주나 한잔합시다"는 "How about getting together for a drink?"라고 하면 된다. "Why not?"(거 좋지.)은 제안에 흔쾌히 동의할 때 혹은 상대방이 무엇을 할 수 없다고 말할 경우 그 이유를 물을 때 사용할 수 있다. 제안을 받아들일 때는 "Sure."(물론이죠.), "That sounds great."(좋지요.) 등도 흔히 쓰인다.

A: 내가 불편을 끼쳐도 될까, 너에게, 빛(담뱃불)을 위해?
B: 그래. 너는 갖고 다니지 않는군, 담배도 라이터도.
　유일한 것은, 네가 가지고 다니는, 너의 입이야.
　언제, 너는 멈출 거니, 되는 것을, '스폰지처럼 빨아들이는 사람'이?
　언제, 너는 그만두려니, 빈대 붙는 것을, 너의 친구들로부터?

A: 불 좀 빌릴까?
B: 너는 담배도 라이터도 가지고 있지 않군.
　입만 가지고 다니는군.
　언제 식객 노릇을 그만둘 건가?
　친구에게 빈대 붙는 것 언제 그만둘 거니?

05 A: 나는 끊었어, 담배 피는 것을.
　그러나 나는 죽겠어, 담배 때문에, 바로 지금.
B: 너는 넘어서야겠구나, 그 유혹을.

05 A: 담배를 끊었어.
　그러나 지금 담배가 피우고 싶어 죽겠어.
B: 그 유혹을 극복해야 돼.

06 수년 후, 담배 끊는 것의, 그리고, 시작하는 (것의), 다시,
그는 결정했다, 멈추기로, 그 습관을, 한번 그리고,
모든 것을 위해.

06 그는 수년간 담배를 끊고 다시 피우다가
단호히 끊기로 했다.

07 나의 어머니는, 진단을 받았다, 폐렴으로, 그리고,
그녀는 계속했다, 흡연하기를. 그녀의 이유는,
그녀가 죽을 거라는 것이었다, 어쨌든,
그래서, 그녀는 하는 편이 낫다는 거지,
즐기는 것이, 유일한 작은 즐거움을, 남아 있는, 인생에서.

07 어머니는 폐렴 진단을 받고도
담배를 계속 피웠어.
그 이유는 어쨌든 죽을 텐데
남아 있는 작은 즐거움이라도
누리겠다는 거였지.

Chapter 11
Air travel / 비행기 여행

SITUATION 081

Booking a flight / 비행기표 예약

SITUATION 082

Boarding / 탑승 수속

SITUATION 083

Entry into a country / 입국 신고

081

☐ make a reservation
　예약하다
☐ Be sure to ~
　반드시 ~하세요
☐ be scheduled to ~
　~할 예정이다
☐ check in
　비행기 탑승 수속을 밟다,
　호텔 투숙 수속을 밟다
☐ a round-trip ticket　왕복표
☐ a one-way ticket　편도표
☐ open seats　빈 좌석
☐ All seats are booked up.
　전 좌석이 매진되다.
☐ Book me for ~
　~(날짜)에 예약해주세요
☐ Put me on your waiting list.
　나를 대기자 명단에 올려주세요.

비행기 예약

해외 여행 예약은 ticket agent(여행사)를 통하거나 직접하는 방법이 있다. 기차, 호텔방 등을 예약할 때도 "I'd like book ~?" 혹은 "I'd like to make a reservation for ~"라고 한다.

ckeck-in(탑승 수속)은 출발 2시간 전부터 시작되며 발권-짐 맡기기-탑승의 순서로 이뤄진다. 티켓을 구했으면 passport(여권)과 함께 ticket desk(발권 창구)로 가서 boarding pass(탑승권)를 교부받는다. 짐을 맡기고 수하물표를 받은 다음 탑승 대기 구역으로 이동한다. 탑승할 때 boarding pass를 건네주면 좌석번호가 적혀 있는 부분만 떼서 돌려준다.

👥 SITUATION 081 Booking a flight

01　A: Northwest Airlines. May I help you?
　　　B: I'd like to make a reservation for a flight to Los Angeles.

02　A: When are you leaving?
　　　B: This coming Saturday afternoon.

03　A: Yes, we have one at 4 p.m.
　　　B: I will take it.

04　A: May I have your name?
　　　B: Jin-woo Kim.

05　A: All right. Your reservation is made for flight 102 leaving for Los Angeles Saturday at 4 p.m.
　　　　Can you give me your telephone number?
　　　B: My telephone number is 939-7410.
　　　A: Please be sure to check in at the airport one hour before your flight is scheduled to leave.

06　A: I'd like to book a round-trip ticket(a one-way ticket) to Seoul, please.
　　　　See if you have any open seats for this Saturday.
　　　B: Sorry, sir. All seats are booked up for the weekend.
　　　A: Book me for Monday then, and put me on your waiting list for Sunday.

07　A: Which class would you like?
　　　B: Economy(business, first) class, please.

👥 SITUATION 082 Boarding

01　A: Is this Northwest Airlines check-in counter?
　　　B: Yes, it is.

🔔 081 비행기표 예약

01 **A:** 노스웨스트 항공사입니다. 제가 도울 수 있을까요, 당신을?
　 B: 나는 원합니다. 만들기를, 예약을, 비행을 위해, 로스앤젤레스행.

02 **A:** 언제 당신은 떠나실 겁니까?
　 B: 이번 오는 토요일, 오후.

03 **A:** 예, 우리는 가지고 있습니다, 하나를, 오후 4시에.
　 B: 나는 취하겠습니다 그것을.

04 **A:** 내가 가질 수 있습니까, 당신의 이름을?
　 B: 진우 김.

05 **A:** 좋습니다. 당신의 예약은, 만들어졌습니다, 102편을 위해, 떠나는, 로스앤젤레스를 향해, 토요일, 오후 4시에. 당신은 주실 수 있습니까 나에게, 당신의 전화번호를?
　 B: 나의 전화번호는, 939-7410입니다.
　 A: 부탁합니다, 확실히 체크인하세요, 공항에서, 한 시간 전에, 당신의 비행기가 계획된, 떠나도록.

06 **A:** 나는 원합니다, 예약하는 것을, 하나의 왕복표(편도표)를, 서울로 (가는). 봐주세요, 당신이 가지고 있는지를, 어떤 열린 좌석들을, 이번 토요일을 위해.
　 B: 미안합니다, 선생님. 모든 좌석들이 예약됐습니다, 이번 주말을 위해.
　 A: 예약해주세요 나에게, 월요일을 위해, 그러면, 그리고, 놓아주세요 나를, 당신의 기다리는 명단 위에, 일요일을 위해.

07 **A:** 어느 등급을, 당신은 원합니까?
　 B: 경제(비즈니스, 일등) 등급, 부탁합니다.

🔔 082 탑승 수속

01 **A:** 이곳이 노스웨스트 에어라인 체크인 카운터인가요?
　 B: 예, 그렇습니다.

---

01 **A:** 노스웨스트 항공사입니다. 말씀하세요.
　 B: 로스앤젤레스행 항공편을 예약하려고 합니다.

02 **A:** 언제 떠나실 거죠?
　 B: 이번 토요일 오후입니다.

03 **A:** 예, 오후 4시에 있습니다.
　 B: 그걸로 하겠습니다.

04 **A:** 성함이 어떻게 되시죠?
　 B: 김진우입니다.

05 **A:** 좋습니다. 토요일 오후 4시 로스앤젤레스행 102편이 예약됐습니다. 전화번호 좀 알려주세요.
　 B: 제 전화번호는 939-7410입니다.
　 A: 공항에서 비행기의 출발 예정 시간 한 시간 전에 체크인을 하십시오.

06 **A:** 서울행 왕복표(편도표)를 예약하려고 합니다. 이번 토요일에 빈자리가 있는지 알아봐 주세요.
　 B: 미안합니다. 주말에는 전 좌석이 예약돼 있습니다.
　 A: 그럼 월요일로 예약해주시고 일요일에 대기자 명단에 올려주세요.

07 **A:** 좌석은 어떤 등급으로 하시겠습니까?
　 B: 일반석(이등석, 일등석) 부탁합니다.

---

01 **A:** 여기가 노스웨스트 에어라인 탑승 수속하는 곳인가요?
　 B: 예, 그렇습니다.

082
□ a window seat
　창문 쪽 좌석
□ an aisle seat
　통로 쪽 좌석
□ I'll carry this suitcase on board.
　이 가방을 들고 탑승할 겁니다.
□ a carry-on
　(기내) 휴대용 가방

083
□ fill in ~
　~을 작성하다
□ immigration card
　입국신고서
□ on sightseeing
　관광차
□ on business
　사업차
□ baggage claim area
　수화물 찾는 곳

취향에 맞는 좌석 선택하기

티켓은 편도와 왕복, 1등석과 2등석을 구분해서 예약을 한다. 직원이 "First or economy class?"(1등입니까, 2등석입니까?)라고 물으면 "First class, please."(1등석입니다.)와 같이 대답한다. 대다수 승객은 an aisle seat(창가 쪽 좌석)보다는 a window seat(창문 쪽 좌석)을 선호하는 경향이 있다. 원하는 자리에 앉고 싶으면 되도록 공항에 여유 있게 가서 check-in을 빨리 하는 것이 좋다. 발권할 때 티켓과 여권을 주며 "I'd like a window seat."(창가 쪽 좌석을 주세요.)라고 부탁하면 된다.

02　A: I have a reservation for flight 102 to Los Angeles.
　　B: May I have your name, sir?
　　A: Jin-woo Kim.
　　B: Which seat do you prefer,
　　　 a window seat or an aisle seat?
　　A: A window seat, please.

03　A: How many pieces of baggage do you have to check in?
　　B: Just one.
　　　 I'll carry this suitcase on board myself.

04　A: Is that your carry-on?
　　　 I don't think they'll let you take that.
　　B: I guess I'll have to check it in then.

👩 SITUATION 083 Entry into a country

01　A: Please show me how to fill in this entry card.
　　B: My pleasure.

02　A: May I see your passport and immigration card, please?
　　B: Right here.

03　A: What's the purpose of your visit?
　　B: I'm here on sightseeing(on business).

04　A: How long are you going to stay in the USA?
　　B: For five days.

05　A: Where will you be staying in Los Angeles?
　　B: At the Hilton Hotel.

06　A: Excuse me, where is the baggage claim area?
　　B: Over there.

02 A: 나는 갖고 있습니다, 예약을, 비행 102를 위해,
　　　　로스앤젤레스로 (가는).
　　B: 내가 가져도 되나요, 당신의 이름을, 선생님?
　　A: 진우 김.
　　B: 어느 좌석을, 당신은 선호합니까,
　　　　창문 좌석 혹은 복도 좌석?
　　A: 창문 좌석, 부탁합니다.

03 A: 얼마나 많은 개수의 짐을, 당신은 가지고 있습니까, 체크할?
　　B: 단지 한 개.
　　　　나는 옮길 겁니다, 이 가방을, 탑승할 때, 나 자신이.

04 A: 그것 너의 '들고 타는 짐'이니? 나는 생각하지 않아,
　　　　그들이 허락할 거라고, 네가 휴대하도록, 그것을.
　　B: 나는 추측해, 내가 체크인해야 할 거라고 그것을, 그러면.

🔔 083 입국 신고

01 A: 부탁합니다, 보여주세요 나에게, 어떻게 채우는지를, 이 입국 카드를.
　　B: 나의 기쁨.

02 A: 내가 볼 수 있습니까, 당신의 여권과 입국 신고서를, 부탁합니다?
　　B: 바로 여기.

03 A: 무엇이, 목적입니까, 당신의 방문의?
　　B: 나는 있습니다, 여기에, 관광차(사업차).

04 A: 얼마나 오래, 당신은 머무르실 겁니까, 미국에?
　　B: 5일 동안.

05 A: 어디에, 당신은 머무르실 겁니까, 로스앤젤레스에서?
　　B: 힐튼 호텔에서.

06 A: 실례합니다, 어디가, 수하물 요구 지역입니까?
　　B: 저기입니다.

02 A: 로스앤젤레스행 102편을 예약했는데요.
　　B: 성함이 어떻게 되십니까?
　　A: 김진우입니다.
　　B: 창문 쪽 좌석과 복도 쪽 좌석 중
　　　　어느 좌석을 원하십니까?
　　A: 창문 좌석, 부탁합니다.

03 A: 맡기실 짐이 몇 개입니까?
　　B: 한 개뿐입니다.
　　　　이 가방은 직접 들고 비행기를 탈 겁니다.

04 A: 저거 들고 탈 거니?
　　　　들고 들어오지 못하게 할 것 같은데.
　　B: 그럼 부쳐야겠다.

_____

01 A: 이 입국 신고서 기재하는 방법을 가르쳐
　　　　주십시오.
　　B: 기꺼이 가르쳐드리죠.

02 A: 여권과 입국 신고서 좀 보여주시겠습니까?
　　B: 여기 있습니다.

03 A: 여행의 목적은 무엇입니까?
　　B: 관광차(사업차) 왔습니다.

04 A: 미국에는 얼마나 머무르실 겁니까?
　　B: 5일입니다.

05 A: 로스앤젤레스 어디에 머무르실 겁니까?
　　B: 힐튼 호텔입니다.

06 A: 수화물 찾는 곳이 어디입니까?
　　B: 저기입니다.

☐ personal effects
  소지품, 일상용품
☐ a main information booth
  중앙 안내소
☐ Don't bother.
  일부러 수고할 필요 없다.
☐ see ~ off
  ~를 배웅하다

07 A: Do you have anything to declare?
  B: No, I have nothing to declare. These are all my personal effects.

08 A: Where should I meet you in the airport?
  B: I'll meet you in front of the main information booth.

09 A: I'd like to meet you at the airport.
  B: Thanks, but don't bother.
    It's not my first time to Korea.

10 A: I'd like to see you off at the airport.
  B: No, don't bother.

입국 절차

입국 절차는 입국 심사-짐 찾기-세관 신고의 세 단계로 이루어진다. 착륙할 때쯤 되면 비행기에서 immigration card(입국 카드)와 customs declaration form(세관 신고서)을 나누어준다. 비행기에서 내리면 immigration card, ticket, passport, visa(입국사증)를 가지고 immigration desk(입국심사대)로 가서 심사관과 인터뷰를 하게 된다.

대개는 방문 목적, 체제 기간, 머물 장소를 묻는다. 입국 심사를 받은 다음에는 짐을 찾은 후 customs declaration form을 가지고 세관 검사를 받으면 된다.

07 A: 당신은 가지고 있습니까, 어떤 것을, 신고할?
    B: 아니요, 나는 아무것도 가지고 있지 않습니다, 신고할.
       이것들은, 모두, 나의 개인 소지품들입니다.

08 A: 어디서, 나는 만나지요 당신을, 공항에서?
    B: 나는 만날 겁니다 당신을, 주요 안내 부스 앞에서.

09 A: 저는 원합니다, 만나기를 당신을, 공항에서.
    B: 감사합니다, 그러나 신경 쓰지 마세요.
       그것은 아닙니다, 나의 첫 번째 시간은, 한국으로.

10 A: 나는 원합니다, 보기를 네가, 떠나는 것을, 공항에서.
    B: 아니, 신경 쓰지 마.

07 A: 신고할 것이 있습니까?
    B: 아니요, 신고할 것이 없습니다.
       이것들은 모두 개인 소지품입니다.

08 A: 공항 어디서 만날 수 있을까요?
    B: 중앙 안내소 앞에서 만나기로 하지요.

09 A: 제가 공항으로 마중을 나가겠습니다.
    B: 감사합니다만 한국에 처음 가는 게
       아니니 괜찮습니다.

10 A: 공항에 배웅 나갈게.
    B: 아니, 신경 쓸 것 없어.

Chapter 12
Lodging / 숙소

SITUATION 084

Hotel / 호텔

SITUATION 085

Room service / 룸서비스

SITUATION 086

The barbershop, The beauty parlor / 이발소, 미장원

SITUATION 087

Breakfast / 아침 식사

084

☐ put ~ up
　~를 묵어가게 하다, 재워주다
☐ book a room for ~
　~ 동안 방을 예약하다
☐ rate per night
　하룻밤 요금
☐ fill out ~
　~에 기입하다
☐ a registration form
　숙박 신청서
☐ a vacancy　빈 방
☐ a twin room
　1인용 침대 2개가 있는 방
☐ a double room
　더블베드가 있는 2인용 방
☐ at the front
　전면에서, 선두에서
☐ look out on ~
　~을 향하다, ~를 마주보다
☐ Could I have a look at ~?
　~를 좀 봐도 될까요?
☐ Sure thing.
　그럼. 확실한 것이지.
☐ the room charge　방 값

빈 방 있습니까?

호텔에 들어서면 직원이 "Do you have a reservation?(예약하셨습니까?)이라고 물어본다. 예약을 했을 경우에는 "Yes, I have a reservation under In-su Kim."(예, 김인수로 예약이 돼 있습니다.)이라고 말하면 된다. 예약을 하지 않았을 때는 미리 "Do you have any vacancies?"(빈 방 있습니까?)라고 방이 있는지 물어보는 것이 좋다. twin room은 두 개의 침대가 있는 방을, single room은 1인용 침실을 말한다.

🗣 SITUATION 084 Hotel

01 A: Are there any good hotels around here?
　B: Why don't you stay here with us tonight?
　　We've got plenty of room to put you up.

02 A: Seaside Motel. May I help you?
　B: I'd like to book a room for March 20th through 25th.

03 A: What's your rate per night?
　B: $50 plus tax, sir.

04 A: I'd like to check in, please.
　B: Do you have a reservation?
　A: Yes, I have a reservation under Jin-woo Kim.

05 A: Would you please fill out this registration form?
　B: Here you are. Is this satisfactory?

06 A: Do you have any vacancies?
　B: All the rooms are booked up.

07 A: What kind of room would you like?
　B: I'd like a twin room at the front, please.
　　Give me a room looking out on the downtown area, if possible.

08 A: Could I have a look at the room?
　B: Sure thing. Come this way, please.

09 A: I'd like to check out now.
　　How much is the room charge?
　B: Your bill comes to 100 dollars including the tax and the service charge.

01 A: 있습니까, 어떤 좋은 호텔들이, 이곳 주변에?

B: 왜 당신은 머무르지 않습니까, 여기, 우리와 함께, 오늘 밤? 우리는 가지고 있습니다, 많은 방들을, 묵게 할, 당신을.

02 A: 시사이드 모텔. 내가 도울 수 있을까요, 당신을?

B: 나는 원합니다, 예약하기를, 하나의 방을, 3월 20일, 25일까지 죽.

03 A: 무엇이, 당신의 요금입니까, 일박에?

B: 50달러, 세금 플러스하여, 선생님.

04 A: 나는 원합니다, 체크인하기를, 부탁합니다.

B: 당신은 가지고 있습니까, 예약을?

A: 예, 나는 가지고 있습니다, 예약을, 신우 김 아래에.

05 A: 당신은, 부탁인데, 채워주시겠습니까, 이 숙박 신청서 양식을?

B: 여기, 당신이 있습니다. 이것은 만족스럽습니까?

06 A: 당신은 가지고 있습니까, 어떤 빈 방들을?

B: 모든 방들이 예약됐습니다, 완전히.

07 A: 어떤 종류의 방을, 당신은 원합니까?

B: 나는 원합니다, 트윈 룸을, 앞에 있는, 부탁합니다. 주세요 나에게, 하나의 방을, 마주 보고 있는, 시내 지역을, 가능하면.

08 A: 내가 가질 수 있나요, '한번 보는 것'을, 그 방을?

B: 물론이죠. 오세요, 이쪽으로. 부탁합니다.

09 A: 나는 원합니다, 체크아웃하기를, 지금. 얼마나 많습니까, 그 방 요금?

B: 당신의 계산서는, 옵니다, 100달러로, 포함해서, 그 세금과 그 서비스 요금을.

---

01 A: 이 근처에 좋은 호텔이 있습니까?

B: 오늘 밤 우리와 함께 여기서 지내지 그러세요? 당신이 묵을 방은 많습니다.

02 A: 시사이드 모텔입니다. 무엇을 도와드릴까요?

B: 3월 20일부터 25일까지 쓸 방 하나 예약하려고 합니다.

03 A: 일박에 얼마입니까?

B: 세금 포함해서 50달러입니다.

04 A: 숙박 수속을 하고 싶습니다.

B: 예약을 하셨습니까?

A: 예, 김진우라는 이름으로 예약이 돼 있습니다.

05 A: 이 숙박 신청서를 기재해주세요.

B: 여기 있습니다. 됐습니까?

06 A: 빈 방이 있습니까?

B: 방이 모두 예약되었습니다.

07 A: 어떤 방을 원하세요?

B: 전망 좋은 더블 룸(2인용 침대 방)을 원합니다. 가능하면 시내 중심가를 바라다볼 수 있는 방을 주세요.

08 A: 방을 좀 볼까요?

B: 물론이죠. 이쪽으로 오세요.

09 A: 지금 체크아웃하고 싶은데요. 방 값이 얼마죠?

B: 세금과 서비스 요금을 포함해서 100달러입니다.

085

□ I'm locked out.
　방 안에 열쇠를 놔두고 문을 잠갔어요.
□ pick up ~
　~을 집어 올리다, 집다
□ give ~ a wake-up call
　~에게 모닝콜을 하다

086

□ make an appointment for ~
　~(시간에) 예약하다
□ a soft permanent
　약한 파마
□ a trim 머리 다듬기

알뜰하게 룸서비스 받기

투숙객들은 비누나 타월 등 비품에 대한 요구나 식사와 술을 방으로 시키는 정도의 룸서비스는 얼마든지 이용할 수 있다. room service를 신청할 때는 보통 전화로 0번을 누른다.

front desk가 나오면 "This is room 102."(102호입니다.)라고 먼저 방 번호를 말해준 다음 용건을 이야기하면 된다. 아침에 전화로 깨워달라고 할 때는 "Can you give me a wake-up call at 7."(내일 7시에 전화로 깨워주시겠습니까?)라고 부탁하면 된다.

😮 SITUATION 085 Room service

01 A: How do I call room service?
　　B: Just dial zero.

02 A: I'm locked out.
　　　Could you give me a hand?
　　B: Sure. What's your room number?

03 A: I have something to be cleaned and pressed.
　　B: I'll take it to dry cleaning for you.

04 A: I want this suit dry-cleaned.
　　　When can I pick up my suit?
　　B: Tomorrow afternoon around 6 o'clock.

05 A: Can you give me a wake-up call at six?
　　B: Certainly, sir.

06 A: Room service. May I help you?
　　B: This is Room 102.
　　　Can you call a taxi for me, please?

😮 SITUATION 086 The barbershop, The beauty parlor

01 A: Is this Queen's Beauty Salon?
　　B: Yes, it is.

02 A: Can I make an appointment for later today?
　　B: Sure. We have an open time between 5 and 6.
　　A: Make it 5, then.

03 A: What will it be?
　　B: A soft permanent, please.

04 A: How would you like your hair done?
　　B: Just a trim, please.

🔔 085 룸서비스

01 A: 어떻게, 나는 부릅니까, 룸서비스를?
　　B: 그냥 누르세요, 0번을.

02 A: 나는 잠겼어요 바깥에서.
　　　당신은 주시겠어요 나에게, 하나의 손을?
　　B: 물론이죠. 무엇이, 당신의 방 번호입니까?

03 A: 나는 가지고 있습니다, 무언가를, 세탁될 그리고, 다림질될.
　　B: 제가 가져가지요, 그것을, 드라이클리닝으로, 당신을 위해.

04 A: 나는 원합니다, 이 양복을, 드라이클리닝된 (상태로).
　　　언제, 내가 집을 수 있나요, 나의 양복을?
　　B: 내일 오후, 6시경.

05 A: 당신은 주실 수 있습니까 나에게, 깨우는 전화를, 6시에?
　　B: 틀림없이, 선생님.

06 A: 룸서비스. 내가 도와도 될까요, 당신을?
　　B: 이곳은 102호실입니다.
　　　당신은 불러줄 수 있습니까, 택시를, 나를 위해, 부탁합니다?

01 A: 룸서비스는 어떻게 부릅니까?
　　B: 그냥 0번을 누르세요.

02 A: 방에 열쇠를 두고 문을 잠갔어요.
　　　도와주시겠어요?
　　B: 물론이죠. 방 번호가 어떻게 됩니까?

03 A: 빨아서 다림질할 것이 좀 있습니다.
　　B: 제가 드라이클리닝하는 곳에 맡겨드리지요.

04 A: 이 양복 드라이클리닝해주세요.
　　　언제 찾을 수 있나요?
　　B: 내일 오후 6시경에요.

05 A: 6시에 전화로 깨워주시겠습니까?
　　B: 물론이죠, 선생님.

06 A: 객실 담당입니다. 무엇을 도와드릴까요?
　　B: 102호실인데요,
　　　택시 좀 불러주시겠습니까?

🔔 086 이발소, 미장원

01 A: 이것이 퀸 미용실입니까?
　　B: 예, 그것은 (퀸 미용실)입니다.

02 A: 내가 만들 수 있나요, 예약을, 나중을 위해서, 오늘?
　　B: 물론이죠. 우리는 가지고 있습니다, 열린 시간을, 5시와 6시 사이에.
　　A: 만드세요, 그것을, 5시로, 그럼.

03 A: 그것은 무엇이 될까요?
　　B: 부드러운 파마, 부탁합니다.

04 A: 어떻게, 원합니까, 당신의 머리가 깎여지기를?
　　B: 단지 다듬기, 부탁합니다.

01 A: 퀸 미용실입니까?
　　B: 예, 그렇습니다.

02 A: 나중에 갈 수 있게 예약 좀 할 수 있나요?
　　B: 그럼요. 5시와 6시 사이에 빈 시간이 있습니다.
　　A: 그럼 5시로 해주세요.

03 A: 어떻게 해드릴까요?
　　B: 약하게 파마를 해주세요.

04 A: 머리를 어떻게 깎아드릴까요?
　　B: 약간만 쳐주세요.

✔ 바로 이것이 포인트!

☐ side burns
  짧은 구레나룻
☐ a beard
  턱수염
☐ a moustache
  콧수염

087
☐ American or Continental?
  미국식 아침인가요 (가벼운) 유럽식
  아침인가요?
☐ overeasy
  양쪽을 살짝 익힌 계란 프라이
☐ sunnyside up
  한쪽 면만 익힌 계란 프라이
☐ put this on my hotel bill
  호텔 계산서에 이것을 올리다

호텔에서의 아침 식사

미국이나 유럽의 호텔에 가면 아침 식사 메뉴에 Continental breakfast(유럽대륙식 아침 식사), American(English) breakfast라는 이름 아래에 제공되는 음식이 나열돼 있다. Continental breakfast는 가볍게 먹는 아침 식사로 coffee 한 잔에 toast 한두 조각 정도가 전부다. 한국에서도 토스트 등의 빵과 우유로 아침 식사를 하는 집이 늘고 있는데 서구식 기준으로 보면 Continental breakfast에 해당한다고 볼 수 있다. 미국식 아침 식사는 유럽식 아침 식사에 orange juice, sausage, egg, potato 등이 더해진다.

---

05 A: How long would you like your side burns?
   B: This long, please.

06 A: What do you think of my new hair-do?
   B: It makes you look younger.

🗣 SITUATION 087 Breakfast

01 A: Can you tell me what floor the restaurant is on?
   B: It's on the second floor, sir.

02 A: What kind of breakfast do they serve? American or continental?
   B: American, sir.

03 A: How would you like your eggs?
   B: Overeasy, please.

04 A: Could you put this on my hotel bill?
   B: Definitely, sir. What room are you staying in?

05 A: 얼마나 길게, 당신은 원합니까, 당신의 구레나룻을?

　　B: 이 정도 길게, 부탁합니다.

06 A: 무엇을, 너는 생각하니, 나의 새 머리에 대해?

　　B: 그건 만들어 너를, 보이도록, 더 젊은 (상태로).

🔔 087 아침 식사

01 A: 당신은 말해줄 수 있나요 나에게, 무슨 층에, 식당이 있는지?

　　B: 그것은 2층에 있습니다, 선생님.

02 A: 어떤 종류의 아침 식사를, 그들은 서비스합니까,

　　　미국의 (방식) 혹은 대륙의 (방식)?

　　B: 미국의, 선생님.

03 A: 어떻게, 원합니까, 당신의 계란들을?

　　B: 오브이지 부탁합니다.

04 A: 당신은 놓을 수 있나요 이것을, 나의 호텔 계산서 위에?

　　B: 물론이죠, 선생님. 무슨 방에, 당신은 머물고 있습니까?

05 A: 구레나룻는 어느 정도로 해드릴까요?

　　B: 이 정도 길게 해주세요.

06 A: 새로 한 머리 어때?

　　B: 더 젊어 보이는데.

_____

01 A: 식당은 몇 층에 있습니까?

　　B: 2층에 있습니다.

02 A: 아침 식사는 어떤 식으로 나옵니까?

　　　미국식인가요, 대륙식인가요?

　　B: 미국식으로 나옵니다, 선생님.

03 A: 계란은 어떻게 해드릴까요?

　　B: 오브이지(양쪽을 살짝 익힌 계란 후라이)로

　　　부탁합니다.

04 A: 요금을 호텔 계산에 넣을 수 있을까요?

　　B: 물론입니다. 몇 호실에 묵고 계십니까?

Chapter 13
Transportation, Crime / 교통, 범죄

SITUATION 088
Taxi / 택시

SITUATION 089
Bus / 버스

SITUATION 090
Train / 기차

SITUATION 091
Driving / 운전

SITUATION 092
Parking, At the gas station, Renting a car / 주차, 주유소, 렌터카

SITUATION 093
An novice driver / 초보 운전자

SITUATION 094
Traffic congestion / 교통 체증

SITUATION 095
Traffic accident / 교통 사고

SITUATION 096
A crime / 범죄

SITUATION 097
Legal proceedings / 고소

SITUATION 098
A fraud / 사기

088

☐ Could you step on it?
  좀 밟아주세요. 빨리 좀 가주세요.
☐ How long will it take to get ~?
  ~에 가는 데 시간이 얼마나 걸리나요?
☐ drop ~ off
  ~를 내려주다
☐ pull over
  길 한쪽으로 차를 대다
☐ What's the fare?
  (택시) 요금이 얼마죠?
☐ at 9 sharp
  9시 정각에

089

☐ get a bus for ~
  ~로 가는 버스를 타다
☐ take bus number 5
  5번 버스를 타다
☐ every ten minutes
  10분마다

택시 타기

택시 운전사라면 "Where to, sir?"(어디로 갈까요?)와 "Here we are."(다 왔습니다.) 이 두 마디는 필수! 택시를 탄 손님은 "Take me to + 행선지"로 갈 곳을 말하면 된다. "여기서 내려주세요."라고 정확히 내릴 장소를 말할 때는 "Please, let me off here."라고 한다. 목적지까지 시간이 얼마나 걸릴지 물어볼 때는 "How long will it take to get there?"(거기까지 얼마나 걸리죠?)라고 하면 된다. 대답은 "It will take about thirty minutes."(30분 정도 걸릴 겁니다.)와 같이 하면 된다.

😊 SITUATION 088 Taxi

01 A: Where to, sir?
    B: To the airport. Could you step on it?
       I'm in a hurry.

02 A: How long will it take to get there?
    B: About thirty minutes.
       Here we are.

03 A: Drop me off in front of the green building.
    B: Okay. I'll pull over right now.

04 A: What's the fare, please?
       = How much do I owe you?
    B: $8.20, please.
    A: Here's $10. Keep the change.

05 A: I need a ride to the airport at 10 o'clock.
       Can you send a taxi?
    B: Sure. Where shall we pick you up, sir?
    A: In front of the Hilton Hotel at 9 sharp.

😊 SITUATION 089 Bus

01 A: Excuse me, but where can I get a bus for
       downtown?
    B: There's a bus stop over there.

02 A: Is this the right bus for downtown?
    B: No. The next bus is the one you are looking for.

03 A: Do you know what number to take?
    B: You must take bus number 5 on the other side.

04 A: How often does the bus stop here?
    B: The bus stops every ten minutes.

🔔 088 택시

01 A: 어디로, 선생님?

B: 공항으로. 당신은 밟을 수 있나요, 그것(액셀러레이터) 위에? 나는 있습니다, 서두름 속에.

02 A: 얼마나 오래, 그것은 걸릴까요, 가는 것이 그곳에?

B: 약 30분.

여기, 우리가 있습니다.

03 A: 떨어뜨리세요 나를 때서, 초록색 빌딩 앞에서.

B: 알겠습니다. 나는 잡아당길 겁니다, 지금 바로.

04 A: 무엇입니까, 요금은, 부탁합니다?

= 얼마나 많이, 내가 빚졌지요, 당신에게?

B: 8달러 20센트, 부탁합니다.

A: 여기 있습니다, 10달러. 가지세요, 잔돈은.

05 A: 나는 필요합니다, '타고 가는 것'이, 공항까지, 10시에. 당신은 보낼 수 있나요, 한 대의 택시?

B: 물론이죠. 어디에서, 우리는 픽업할까요, 당신을, 선생님?

A: 힐튼 호텔 앞에서, 9시 정각에.

---

01 A: 어디까지 가십니까?

B: 공항으로 갑시다. 좀 빨리 달려주세요. 급하거든요.

02 A: 거기까지 가는 데 얼마나 걸릴까요?

B: 약 30분 걸립니다.

다 왔습니다.

03 A: 초록 빌딩 앞에 내려주세요.

B: 알겠습니다. 지금 세워드리죠.

04 A: 요금은 얼마입니까?

B: 요금은 8달러 20센트입니다.

A: 여기 10달러 있습니다. 거스름돈은 가지세요.

05 A: 10시에 공항에 가야 합니다. 택시를 보내줄 수 있습니까?

B: 물론이죠. 어디로 보낼까요?

A: 힐튼 호텔 정문으로 9시 정각에 보내주세요.

🔔 089 버스

01 A: 실례합니다, 그러나, 어디서, 나는 탈 수 있나요, 버스를, 시내로 향하는?

B: 있습니다, 버스 정거장이, 저쪽에.

02 A: 이것은 맞는 버스입니까, 시내로 향하는?

B: 아니요. 그 다음 버스가, 그것입니다, 당신이 찾고 있는.

03 A: 당신은 압니까, 무슨 번호를 타야 하는지?

B: 당신은 타야 합니다, 버스 번호 5번을, 다른 쪽 위에서.

04 A: 얼마나 자주, 그 버스는 섭니까, 여기에?

B: 그 버스는 섭니다, 10분마다.

---

01 A: 실례하지만 시내로 가는 버스는 어디서 탑니까?

B: 저쪽에 버스 정거장이 있습니다.

02 A: 이 버스 시내로 갑니까?

B: 아니요, 다음 버스가 당신이 찾고 있는 버스입니다.

03 A: 몇 번 버스를 타는지 아십니까?

B: 길 건너편에서 5번 버스를 타야 합니다.

04 A: 버스가 얼마나 자주 여기서 멈추나요?

B: 버스는 10분마다 정차합니다.

□ get off
　차에서 내리다
□ How long will the next bus be?
　다음 차는 언제 옵니까?

090
□ the round trip fare
　왕복 요금
□ couchette
　(유럽의) 침대차, 기차 침대
□ sleeper
　잠자는 사람, 침대차, 기차 침대
□ upper berth
　상단 침상
□ lower berth
　하단 침상
□ transfer at ~
　~에서 갈아타다

091
□ go for a drive
　드라이브 하러 가다

버스 타기

버스 타는 곳을 물을 때는 "Where is the nearest bus stop?"(가까운 버스 정거장이 어디 있습니까?)이라고 한다. 목적지로 가는 버스가 어디에 서는지를 알고 싶으면 "Where can I get a bus for the museum?"(박물관 가는 버스를 어디서 타나요?)이라는 식으로 물으면 된다. 버스 기사나 옆 사람에게 목적지를 확인할 때는 "Does this bus go to downtown?"(이 버스는 시내로 들어갑니까?)과 같이 물어보면 된다.

---

05 A: How long will the next bus be?
　　B: About five minutes.

06 A: Aren't we at the Olympic Stadium yet?
　　B: No, not yet.

07 A: Where do I get off for the Olympic Stadium?
　　B: At the fifth stop from here.

SITUATION 090 Train

01 A: Where is the ticket office?
　　B: It's over there, next to the information desk.

02 A: What's the round trip fare to Dallas?
　　B: Twenty thirty five.

03 A: What time does the next train leave?
　　B: Five to three.

04 A: One ticket for Dallas.
　　B: First or second class?
　　A: Second class, please.

05 A: Are there couchettes?(= Is there a sleeper?)
　　B: Upper or lower berth?

06 A: Where should I transfer?
　　B: You'll have to transfer at City Hall.

SITUATION 091 Driving

01 A: Shall we go for a drive?
　　B: Sounds great.

02 A: What time shall we meet?

05 A: 얼마나 오래, 그 다음 버스는 있을까요?

B: 약 5분.

06 A: 우리는 있지 않습니까, 올림픽 경기장에, 아직?

B: 아니요, 아닙니다, 아직.

07 A: 어디에서, 내가 내립니까, 올림픽 경기장을 위해?

B: 다섯 번째 정거장에서, 여기로부터.

🔔 090 기차

01 A: 어디에, 있지요, 매표소는?

B: 그것은 있습니다, 저기, 안내소 옆에.

02 A: 무엇이죠, 왕복 요금은, 댈러스로 (가는 열차의)?

B: 20달러 35센트입니다.

03 A: 무슨 시간에, 다음 열차는 떠나죠?

B: 5분, 3시로 (향하는)

04 A: 티켓 하나, 댈러스를 향해.

B: 첫 번째, 혹은 두 번째 등급?

A: 두 번째 등급, 부탁합니다.

05 A: 있습니까, 침대차들이?

B: 위, 혹은 아래 침대?

06 A: 어디서, 나는 갈아타야 합니까?

B: 당신은 갈아타야만 할 겁니다, 시청에서.

🔔 091 운전

01 A: 우리 갈까요, 드라이브를 위해?

B: 들리는군요, 대단한 (것으로).

02 A: 몇 시에, 우리 만날까요?

---

05 A: 다음 버스가 오려면 얼마나 걸릴 것 같습니까?

B: 한 5분 걸릴 겁니다.

06 A: 올림픽 경기장에 아직 도착하지 않았습니까?

B: 아직 도착하지 않았습니다.

07 A: 올림픽 경기장을 가려면 어디에서 내립니까?

B: 여기에서 다섯 번째 정거장에서 내리세요.

_____

01 A: 매표소가 어디에 있습니까?

B: 저기 안내소 옆에 있습니다.

02 A: 댈러스행 왕복 승차권 요금은 얼마입니까?

B: 20달러 35센트입니다.

03 A: 다음 열차는 몇 시에 떠나죠?

B: 3시 5분 전에 떠납니다.

04 A: 댈러스행 표 한 장 주세요.

B: 일등석입니까, 이등석입니까?

A: 이등석으로 주세요.

05 A: 침대차가 있습니까?

B: 상단입니까, 하단입니까?

06 A: 어디서 갈아타야 합니까?

B: 시청에서 갈아타야만 할 겁니다.

_____

01 A: 드라이브 갈까요?

B: 좋습니다.

02 A: 우리 몇 시에 만날까요?

☐ give ~ a ride
　～를 태워주다
☐ be on the way
　가는 중에 있다
☐ fasten the seat belt
　= buckle up
　(안전벨트)를 매다
☐ feel carsick
　멀미를 느끼다
☐ get a flat tire
　타이어가 펑크 나다
☐ Stop being a backseat driver.
　잔소리 좀 그만해.
☐ distracting 정신을 산란하게 하는
☐ finish up ~ ～를 다 먹다
☐ hit the road
　여행을 떠나다, 출발하다

092
☐ valet parking 대리 주차
☐ be sandwiched between ~
　～ 사이에 샌드위치처럼 끼여 있다
☐ get out 나오다, 나가다
☐ run out of ~ ～를 다 써버리다
☐ a gas station 주유소

차비 지불하기

"How much is the fare?"(요금이 얼마인가요?)는 택시뿐 아니라 버스, 기차, 비행기 등 모든 탈 것의 요금을 물어볼 때 사용할 수 있다. 놀이 공원의 입장 요금도 fare라고 하는데 half fare는 '반표'를 의미한다. 미국에서는 택시를 이용할 때 운전기사에게 요금의 10~15%의 팁을 주는 것이 일반적이다. 요금을 지불할 때 적당한 금액의 거스름돈이 남았을 경우 "Keep the change."(잔돈은 가지세요.)라고 하면 요금과 팁이 간단히 해결된다. "Here you are."(여기 있어요.)는 돈뿐만 아니라 어떤 물건이든 상대방에게 건넬 때 쓸 수 있다.

B: I'll pick you up at 6.

03 A: Can you give me a ride(= a lift) downtown?
B: Sure. It's on the way.
　I'd be glad to.

04 A: Did you fasten the seat belt?
B: Sure. I already buckled up.

05 A: I don't feel very well.
B: You must be feeling carsick.

06 A: What's the trouble with the car?
B: It has got a flat tire.

07 A: You should have turned left at Elm Street.
　That would get us there much faster.
B: Could you stop being a backseat driver and
　let me do the driving?
　You're really distracting.

08 A: Finish up your burgers, it's time to hit the road.
B: Okay. Dad, we're almost finished.

🗣 SITUATION 092 Parking, At the gas station, Renting a car

01 A: Where is your parking lot?
B: Valet parking only, sir.

02 A: Could you move up a little?
　I'm sandwiched between two cars and can't get out.
B: No problem.

03 A: We've run out of gas!
B: There's a gas station right over there.

B: 내가 픽업할 겁니다, 당신을, 6시에.

03 A: 당신은 줄 수 있나요 나에게, '태워주는 것'을, 시내로?
   B: 물론이죠. 그것은 그 길(내가 가는 길) 위에 있습니다.
      나는 기쁠 것입니다 (태워주면).

04 A: 당신은 고정시켰습니까, 안전벨트를?
   B: 물론. 나는 이미, 버클을 채웠어요.

05 A: 나는 느끼지 않습니다, 매우 잘.
   B: 당신은 틀림없이 느끼는군요, 차멀미를.

06 A: 무엇이 문제입니까, 그 차와 함께?
   B: 그것은 가지고 있어요, 평평한 타이어를.

07 A: 너는 돌았어야 했어, 왼쪽으로, 엘름가에서.
      그것은 데려다줄 거야, 우리를, 거기에, 훨씬 더 빨리.
   B: 너는 멈출 수 있니, 뒷자리 운전수가 되는 것을, 그리고,
      내가 하게 해주겠니, 운전을?
      너는 정말 주의를 흩뜨리는구나.

08 A: 끝마쳐 완전히, 너의 햄버거들을, 그것은 시간이야, 때릴, 도로를.
   B: 오케이. 아빠, 우리는 거의 끝났어요.

🔔 092 주차, 주유소, 렌터카

01 A: 어디에 있습니까, 당신의 주차장이?
   B: 밸레이 파킹만, 선생님.

02 A: 당신은 옮길 수 있습니까, 위로, 조금만?
      나는 샌드위치됐습니다, 두 차 사이에, 그래서, 나올 수가 없습니다.
   B: 문제없습니다.

03 A: 우리는 다 떨어졌어, 가솔린!
   B: 있어, 주유소가, 바로 저기에.

B: 제가 6시에 차로 모시러 가겠습니다.

03 A: 시내까지 저를 태워주시겠어요?
   B: 물론이죠. 그쪽으로 가는 길이거든요.
      기꺼이 태워드리죠.

04 A: 안전벨트를 맸습니까?
   B: 물론 맸지요.

05 A: 기분이 별로 안 좋습니다.
   B: 차멀미를 하시는군요.

06 A: 자동차에 이상이 있습니까?
   B: 펑크가 났어요.

07 A: 엘름가에서 좌회전했어야 했어.
      그러면 더 빨리 도착했을 거야.
   B: 도움 안 되는 잔소리 좀 그만하고 운전 좀
      하게 내버려둘 수 없니?
      너 정말 신경 쓰인다!

08 A: 햄버거 마저 다 먹어. 떠날 시간이야.
   B: 예, 아빠. 우리 거의 다 먹었어요.

_____

01 A: 주차장이 어디 있습니까?
   B: 밸레이 파킹(직원이 대신 주차하는 것)만
      합니다, 선생님.

02 A: 차를 앞으로 좀 빼주시겠습니까?
      두 차 사이에 끼여서 나올 수가 없습니다.
   B: 문제없습니다.

03 A: 휘발유가 떨어졌어.
   B: 바로 저기에 주유소가 있어.

□ fill her up with ~
  (차에 연료를) ~로 채우다
□ regular unleaded gasoline
  보통 무연 휘발유
□ light oil 경유

093
□ driver's license 운전면허
□ a novice driver 초보 운전자
□ keep that in mind
  그것을 마음에 품다, 명심하다
□ a cinch 아주 쉬운 일
□ a piece of cake 식은 죽 먹기
□ That's easier said than done.
  실천하는 것보다 말하는 것이 더 쉽다.
□ I can not afford to ~ ~할 여유가 없다

094
□ be tied up in ~ ~에 묶여 있다
□ be bumper to bumper
  교통이 정체되다
□ all the way 내내, 죽
□ The traffic is heavy. 교통이 혼잡하다.

오래 기다린 손님에게

교통 혼잡이나 다른 일로 인해 불가피하게 약속 시간에 늦을 경우에는 "Have I kept you waiting long?"(오래 기다리게 했죠?)이라고 묻거나 "Sorry to have kept you waiting."(기다리게 해서 죄송합니다.)이라고 사과를 하는 것이 예의다. "Sorry to keep you waiting."(기다리게 해서 죄송합니다.)은 아직도 자기 일이 끝나지 않아 손님을 계속 더 기다리게 할 경우에 쓴다. "I'm sorry I'm late."(늦어서 죄송합니다.)이라고 사과부터 한 다음 "I was caught in traffic."(교통체증에 걸렸어요.)이라고 이유를 밝힐 수도 있겠다. 누가 사과를 하면 "That's all right."(괜찮아요.)이라고 말해 상대방의 걱정을 덜어주도록 하자.

04　A: Fill her up with premium, please.
　　B: All right, sir. Would you like your oil checked?

05　A: Would you like me to fill 'er up?
　　B: Yes, please. I need just regular unleaded.

06　A: I'd like to rent a car, please.
　　B: What size would you like?
　　　Small or medium?

07　A: Can I rent it one-way?
　　B: Yes. You can drop it off in San Francisco.

🗣 SITUATION 093 An novice driver

01　A: I got my driver's license!
　　B: Good for you!
　　　But don't forget you are a novice driver.
　　A: I'll keep that in mind.

02　A: Was the driving test a cinch?
　　B: Yes, it was a piece of cake.

03　A: Why don't you buy a new car?
　　B: I can't afford to.

🗣 SITUATION 094 Traffic congestion

01　A: What took you so long?
　　B: I was tied up in traffic. It was bumper to bumper all the way from downtown.

02　A: Excuse me for being late.
　　　The traffic was so heavy.
　　B: That's quite all right.

04 A: 채우세요 그녀(차)를 위로, 고급으로, 부탁합니다.

B: 알겠습니다, 선생님. 당신은 원합니까, 당신의 오일을, 체크된 (상태로)?

05 A: 당신은 원합니까, 내가, 채우도록 그녀(차)를 위로?

B: 예, 부탁합니다. 나는 필요합니다, 단지 보통 무연의 (휘발유를).

06 A: 나는 원합니다, 렌트하기를, 차 한 대를, 부탁합니다.

B: 어떤 사이즈를, 당신은 원합니까?

소형 혹은 중형?

07 A: 내가 렌트할 수 있나요 그것을, 편도로?

B: 예. 당신은 떨어뜨릴 수 있어요 그것을 때서, 샌프란시스코에.

093 초보 운전자

01 A: 나는 가지게 됐어, 나의 운전자의 면허를!

B: 좋군, 너를 위해!

그러나 잊지 마, 너는 초보 운전자라는 것을.

A: 간직하겠어요, 그것을, 마음에.

02 A: 운전 테스트는 '쉬운 일'이었나요?

B: 예, 그것은 한 조각의 케이크였어요.

03 A: 왜 당신은 사지 않으세요, 새 차를?

B: 나는 그럴 여유가 없어.

094 교통 체증

01 A: 무엇이, 잡았죠 당신을, 그렇게 오랫동안?

B: 나는 묶였어요 완전히, 교통에.

그건 범퍼에서 범퍼로 이어졌어, 모든 길에서, 시내로부터.

02 A: 용서하세요 나를, 늦은 것에 대해.

교통이 너무 무거웠어요.

B: 그것은 상당히, 모두 옳습니다.

04 A: 고급 휘발유로 가득 채워주세요.

B: 알겠습니다. 오일 체크도 해드릴까요?

05 A: 가득 채워 드릴까요?

B: 예. 그냥 보통 무연 휘발유로요.

06 A: 차를 빌리고 싶습니다.

B: 어떤 사이즈를 원하십니까?

소형입니까, 중형입니까?

07 A: 편도로 빌릴 수 있을까요?

B: 샌프란시스코에서 반납할 수 있습니다.

---

01 A: 운전면허를 땄어요!

B: 잘됐구나!

그렇지만 초보 운전자라는 것을 잊지 마.

A: 그 점 명심하겠습니다.

02 A: 운전 시험은 쉬웠나요?

B: 그럼요, 누워서 떡먹기였어요.

03 A: 새 차를 사는 게 어때?

B: 그럴 여유가 없어.

---

01 A: 왜 이렇게 늦었지?

B: 교통 체증으로 꼼짝 못했거든.

시내에서부터 내내 막혀 있었어.

02 A: 늦어서 죄송합니다.

워낙 교통이 혼잡해서요.

B: 괜찮습니다.

□ highway 간선도로, 큰길
□ expressway
   (인터체인지가 완비된) 고속도로
□ disrupt A with B
   A를 B로 혼란하게 하다
□ report live
   생방송으로 전하다
□ Traffic is moving well.
   교통이 원활하다.
□ major arteries
   주요 간선도로
□ with the exception of ~
   ~를 제외하고
□ be blocked by ~
   ~로 정체되다
□ stall 오도 가도 못하다, 마굿간

095
□ a vehicle registration
   차량 등록
□ run a red light
   빨간 신호등을 무시하고 달리다
□ write ~ a ticket
   ~에게 딱지를 떼다
□ a close call
   아슬아슬한 상황
□ be responsible for ~
   ~에 책임이 있다
□ come out of nowhere
   갑자기 나타나다
□ hit ~ broadside
   ~의 옆을 들이받다
□ collide head-on
   정면충돌하다
□ total each other
   서로 박살나다
□ be rear-ended by ~
   ~에 뒤를 받히다
□ sideswipe ~
   ~을 옆에서 스치다
□ be smashed in
   부딪쳐 찌그러지다

03 A: They are thinking of building another highway thru South Pasadena.
    B: They can't do that! It will disrupt this small community with all that traffic.

04 This is Katharine Smith reporting live from the Channel 10 Helicopter. Traffic is moving well on most major arteries into the city, with the exception of Central Parkway.
    Central Parkway is blocked by a stalled tractor-trailer in the right lane just east of the 5th Street exit.

05 Three lanes on the eastbound Long Island Expressway have been closed by a horrible accident.

😮 SITUATION 095 Traffic accident

01 A: May I see your driver's license and vehicle registration, please?
    B: What did I do wrong?
    A: You were speeding at 70 miles per hour and ran a red light. I'm sorry but I'm going to write you a ticket.

02 A: That guy almost hit my car.
    B: That was a close call.

03 A: Do you know which car was responsible for the accident?
    B: I witnessed a traffic accident.
       The blue one came out of nowhere and hit the white car broadside.

04 A: Two cars collided head-on, totaling each other.
    B: My car was rear-ended by a truck.

05 A: His car sideswiped mine.
    B: The side is really smashed in.

03 A: 그들은 생각하고 있어, 건설하는 것에 대해, 또 다른 고속도로를,
　　　 사우스 파사데나를 통과하는.
　　 B: 그들은 할 수 없어, 그것을! 그것은 혼란시킬 거야,
　　　 이 작은 마을을, 모든 교통으로.

04 　저는 캐서린 스미스입니다. 보도하고 있는, 생중계로
　　　 채널 10 헬리콥터로부터. 교통은 움직이고 있습니다 잘,
　　　 대다수 주요 간선도로 위에서, 시내로 (들어오는),
　　　 예외와 함께, 센트럴 파크웨이의. 센트럴 파크웨이는 막혔습니다,
　　　 멈춰선 트레일러 한 대에 의해, 오른쪽 차선에서,
　　　 바로 동쪽에 (있는), 5번째 도로 출구의.

05 　3개 차선들은, 동쪽 방향의 롱 아일랜드 고속도로 위에 (있는),
　　　 폐쇄됐습니다, 끔찍한 사고에 의해.

🔔 095 교통 사고

01 A: 내가 볼 수 있을까요, 당신의 운전 면허증, 그리고,
　　　 차량 등록증을, 부탁합니다?
　　 B: 무엇을, 내가 했나요, 잘못되게?
　　 A: 당신은 속도를 내고 있었습니다, 70마일로, 시간당,
　　　 그리고, 달렸습니다, 빨간 불에도. 나는 유감입니다,
　　　 그러나, 나는 쓰겠습니다 당신에게, 한 장의 티켓.

02 A: 저 녀석이, 거의 때릴 뻔했어, 나의 차를.
　　 B: 그건 가까운 부름이었어.

03 A: 당신은 압니까, 어느 차가, 책임이 있었는지, 그 사건에 대해?
　　 B: 제가 목격했지요, 그 교통사고를.
　　　 그 파란 차가 왔죠, 아무 곳도 아닌 곳으로부터,
　　　 그리고, 때렸지요, 그 하얀 차를, 측면으로.

04 A: 두 차가 충돌했지요, 정면으로, 크게 부서졌지요, 서로.
　　 B: 내 차는, 뒤 끝을 받혔죠, 트럭에 의해.
05 A: 그의 차가, 측면을 들이받았습니다, 나의 것을.
　　 B: 측면이 정말 심하게 들어갔어요.

03 A: 사우스 파사데나를 통과하는 고속도로를
　　　 또 하나 건설할 계획이래.
　　 B: 안 돼! 그 도로를 통과하는 차들로 그 작은
　　　 마을 전체가 혼잡해질 거야.

04 　채널 10의 헬기에서 캐서린 스미스가 실황으로
　　　 전해드립니다. 현재 센트럴 파크웨이만
　　　 제외하고 시내에 들어오는 모든 간선도로의
　　　 교통 흐름은 원활합니다. 센트럴 파크웨이에는
　　　 5번 도로 바로 동쪽 오른쪽 차선에 트레일러
　　　 한 대가 멈춰서 있어 정체되고 있습니다.

05 　롱아일랜드 고속도로 동쪽 방향의 3개 차선이
　　　 끔찍한 사고로 인해 막혀 있습니다.

──────────────────────

01 A: 운전 면허증과 차량 등록증 좀 볼까요?
　　 B: 제가 무엇을 잘못했습니까?
　　 A: 시속 70마일로 과속 운행을 했고
　　　 빨간 신호등을 무시하고 달렸습니다.
　　　 유감이지만 딱지 한 장 떼겠습니다.

02 A: 저 사람이 내 차를 거의 받을 뻔했어.
　　 B: 아슬아슬한 상황이었겠구나.

03 A: 어느 차가 그 사고에 책임이 있는지 아십니까?
　　 B: 제가 교통사고를 목격했습니다.
　　　 파란색 차가 갑자기 나타나서 흰 차의
　　　 옆구리를 받았습니다.

04 A: 두 차가 정면충돌해 모두 크게 부서졌습니다.
　　 B: 내 차는 트럭한테 뒤를 받혔습니다.
05 A: 저 사람 차가 내 차의 측면을 들이받았습니다.
　　 B: 측면이 심하게 들어갔어요.

□ a fender-bender
  (자동차의) 가벼운 사고
□ get dents 움푹 들어가다

096
□ be charged with ~
  ~로 기소되다
□ beef up ~
  ~을 보강하다, 강화하다
□ crack down on ~
  ~을 강력히 단속하다
□ burgeon 급성장하다, 싹이 트다
□ break into ~ ~에 침입하다
□ put down ~ ~를 진압하다
□ Statistics show ~
  통계가 ~를 보여주다
□ get a hunch that ~
  ~한 예감이 들다
□ be lying in wait
  숨어서 기다리다, 잠복하다
□ smell a rat
  낌새를 채다

097
□ Enough's enough.
  더 이상은 안 돼.
□ Even a worm will turn.
  지렁이도 밟으면 꿈틀한다.

괜찮으세요?

본의 아니게 다른 사람과 부딪쳤을 때, 남의 발을 밟았을 때, 혹은 차로 가벼운 추돌사고를 저질렀을 때 먼저 상대방에게 사과부터 한 다음 "Are you all right?" (괜찮아요?)이라고 걱정하는 말을 하게 된다. 누군가가 실수했거나 잘못을 저질렀을 때 화를 내지 않고 "Don't worry about it."(걱정하지 마세요.)이라며 오히려 상대방의 걱정을 덜어줄 줄 아는 아량을 보이자.

---

06 A: What happened to your car?
    B: I had a fender-bender on my way home.
       The passenger side of my car got dents all over.

07 A: That's not going to look good to your insurance company.
    B: That's true. They are going to raise my rates again, I bet.

🗣 SITUATION 096 A crime

01 A: What's the matter with him?
    B: He's charged with assault and robbery.

02 The city beefed up the police force to crack down on burgeoning prostitution.

03 Last night thieves broke into our apartment and stole my wife's fur coat.

04 The military troops used force to put down the mass demonstration against the corrupt government.

05 Statistics show a 30% reduction in burglary compared with last year.

06 A: I got a hunch that cops might be lying in wait.
    B: You smell a rat or something?

🗣 SITUATION 097 Legal proceedings

01 A: Enough's enough.
       Even a worm will turn.

06 A: 무엇이, 발생했지, 당신의 차에?

   B: 나는 가졌죠, '가벼운 접촉 사고'를, 집으로 가는 중에.

      승객 사이드가, 나의 차의, 가졌죠, '움푹 팬 곳'들을, 모든 것 위에.

07 A: 그건 보이지는 않을걸, 좋은 (상태로), 너의 보험 회사에.

   B: 그것은 진실이야. 그들은 올릴 거야, 나의 보험료를,

      다시. 나는 내기해.

06 A: 차가 왜 이래요?

   B: 집으로 오는 길에 가벼운 접촉 사고가

      있었어요. 측면 여기저기가 찌그러졌어요.

07 A: 보험 회사에서 좋게 보지 않을 거야.

   B: 그렇겠지.

      틀림없이 보험료를 올릴 거야.

🔔 096 범죄

01 A: 무엇이, 문제지, 그에게?

   B: 그는 기소됐어, 폭행과 강도짓으로.

02 시는 '소고기처럼 살찌웠다', 경찰력을, 깨기 위해,

    싹트는 매춘을.

03 지난밤, 도둑들이 침입했다, 우리 아파트에, 그리고,

    훔쳤다, 나의 아내의 모피코트를.

04 군대는, 사용했다 힘을, 진압하기 위해, 집단 시위를,

    부패 정부에 대항하는.

05 통계는 보여준다, 30% 감소를, 절도죄에서,

    비교해서, 작년과.

06 A: 나는 가졌어, 예감을, 경찰이 드러누워 있을지도 모른다는,

      기다림 안에서.

   B: 너는 냄새를 맡니, 쥐 혹은 무엇인가를?

01 A: 그에게 무슨 일이 있니?

   B: 그가 폭행 강도로 기소되었어.

02 시 당국은 매춘이 싹트는 걸 단속하기 위해

    경찰력을 증강시켰다.

03 지난밤 강도들이 우리 아파트에 침입해

    내 아내의 모피코트를 훔쳐갔다.

04 군대가 부패 정부에 대한 대규모 시위의

    진압을 위해 무력을 사용했다.

05 통계를 보면 전년과 비교해 절도죄는 30%의

    감소를 나타내고 있다.

06 A: 경찰이 잠복해 있을 것 같은 예감이 들어.

   B: 뭐 이상한 낌새가 있니?

🔔 097 고소

01 A: 충분한 건 충분한 거야.

      벌레조차도, 뒤틀겠어.

01 A: 당할 만큼 당했어요.

      지렁이도 밟으면 꿈틀하는데.

□ sit back and watch
   가만히 앉아서 보고 있다
□ take it lying down
   앉아서 당하다
□ Suit yourself.
   마음대로 하다.
□ jury　(집합적) 배심, 심사원
□ an attorney　변호사
□ a prosecutor　검사
□ a judge　판사
□ a defendant　피고
□ a plaintiff　원고
□ acquit A of B
   A에게 B에 대해 무죄를 선고하다
□ plead guilty
   유죄임을 인정하다
□ get a life in prison
   종신형을 살다
□ death row
   사형수 수감 건물들

098
□ be taken in by ~
   ~에 속다
□ a confidence man
   = a con man
   = a swindler
   사기꾼
□ Appearances are deceptive.
   열 길 물속은 알아도 한 길 사람 속은 모른다.
□ Honesty is the best policy.
   정직이 최선의 정책이다.
□ get the better of ~
   ~를 이기다

B: If he does it, I won't sit back and watch.
    Let's not take it lying down!

02 A: You must pay me $1,000 in damages.
    B: No, I'm not going to pay you a red cent.
    A: If you don't, I'll sue you!
    B: Suit yourself.

03　　The jury acquitted him of all charges.

04　　The attorney for the defendant decided it was
       better for his clients to plead guilty and get a life
       in prison rather than risk 10 years of hell on
       death row.

😮 SITUATION 098 A fraud

01 A: Why did you believe him?
    B: We were all taken in by his smooth manners and
        polished way of talking.

02 A: Sam is a confidence man.
    B: You mean he is a man you can trust?
    A: No. I mean he is a con man, a swindler!
    B: Really? Appearances are deceptive.

03 A: Honesty is the best policy.
    B: Cunning often gets the better of honesty.

B: 만약, 그가 한다면 그것을, 나는 하지 않을 거야,
  뒤에 앉아 있고 보는 것은.
  받아들이지 맙시다 그것을, 드러누워서!

02 A: 당신은 지불해야 돼 나에게, 1,000달러를, 손해로.
  B: 아니, 나는 지불 안 할 거야 당신에게, 빨간색 1센트도.
  A: 만약 당신이 (지불하지) 않으면, 나는 고소할 거야 당신을.
  B: 편리하게 해, 너 자신을.

03 배심은 무죄를 선고했다 그에게, 모든 혐의들에 대해.

04 변호인은, 피고를 위한, 결정했다, 그것이 더 낫다고,
  그의 의뢰인들이, 답변하는 것이 유죄의 (상황이라고), 그리고,
  받게 되는 것이 인생을, 감옥에서, 위험을 무릅쓰는 것보다는,
  10년을, 지옥의, (한 줄로 늘어선) 사형수 감방에서.

B: 만약 그가 그것을 한다면 두고 보고
  있지만은 않을 거야.
  그냥 앉아서 당하지 맙시다.

02 A: 배상금으로 천 달러를 내야 돼.
  B: 아니, 동전 한 푼도 주지 않을 거야.
  A: 주지 않으면 고소할 거야.
  B: 마음대로 해.

03 배심은 그의 모든 혐의에 대해 무죄를 선고했다.

04 피고측 변호인은 의뢰인이 유죄를 인정해
  종신형을 받는 것이 사형수 감방에서 10년을
  보내는 것보다는 낫다고 판단했다.

🔔 098 사기

01 A: 왜, 너는 믿었니 그를?
  B: 우리는 모두 속았어, 그의 매끈한 매너들과, 그리고, 광택 있는
    방식에 의해, 말하기의

02 A: 샘은 신용(만 내세우는) 남자입니다.
  B: 당신은 의미합니까, 그가 남자라는 것을, 당신이 신뢰할 수 있는?
  A: 아니요. 나는 의미합니다, 그가 콘 맨, (즉) 사기꾼이라는 것을!
  B: 정말인가요? 겉모습은 현혹시키는군요.

03 A: 정직이 최선의 방책이지요.
  B: 교활함이 종종 얻지요, 더 좋은 것을, 정직의.

01 A: 왜 그를 믿었어?
  B: 세련된 매너와 화술에
    모두 속은 거지.

02 A: 샘은 '컨피던스맨'입니다.
  B: 그는 믿을 수 있는 사람이란 뜻입니까?
  A: 아니요, 그는 사기꾼이란 뜻입니다.
  B: 그래요? 외모는 속임수이군요.

03 A: 정직이 최선의 방책이지요.
  B: 교활함이 때때로 정직을 이기기도 합니다.

Chapter 14

Direction, Sightseeing / 길 묻기, 관광

SITUATION 099

Asking for directions / 길 묻기

SITUATION 100

Looking for a restroom / 화장실 찾기

SITUATION 101

Travel / 여행

SITUATION 102

Sightseeing / 관광

099

☐ Could you tell me how to get to ~?
~에 가는 길을 가르쳐주시겠습니까?

☐ Could you show me the way to ~?
~에 가는 길을 자세히 알려주시겠습니까?

☐ How do I get to ~?
~에 어떻게 갑니까?

☐ Go straight this way.
이 길로 똑바로 가세요.

☐ Go down this street.
이 길을 따라 내려가세요.

☐ turn left 왼쪽으로 가다
turn right 오른쪽으로 가다

☐ Bear right.
오른쪽으로 쭉 가세요.

☐ come to the fork
갈림길에 이르다

☐ run into ~
우연히 ~를 만나다

☐ go in the wrong direction
잘못된 방향으로 가다

☐ make a left
좌회전하다

☐ a signal lamp 신호등

☐ a crosswalk 횡단보도

☐ a sidewalk 인도

☐ an underpass 지하도

☐ a crossroad 사거리

☐ an intersection 교차로

☐ mark ~ on the map
지도에 ~를 표시하다

☐ go in the same direction
같은 방향으로 가다

☐ give ~ directions
~에게 길을 알려주다

👤 SITUATION 099 Asking for directions

01 A: Excuse me, but could you tell me how to get to city hall?
B: Go straight this way till you come to an intersection. Cross the street and it will be on your right. You can't miss it.

02 A: Excuse me. Could you show me the way to the nearest subway station?
B: Yes. Go down this street until you come to the fork. Bear right and you'll see the subway entrance to your right.

03 A: Which is the short cut to the First National Bank?
B: Keep going straight on this street about 50 meters and turn left at the next corner. It's three doors from the corner. It's next door to the department store.

04 A: Excuse me. If I go down this street, do I run into Broadway?
B: No, you don't. You are going in the wrong direction.

05 A: How do I get to Broadway?
B: Go down this street and make a left at the second signal and you'll run into Broadway after three blocks.

06 A: Excuse me. Where is Seoul Station? Just mark it on the map, please.
B: Please, follow me. I'm going in the same direction.

07 A: I'm on the South Harbor Boulevard. Can you give me directions?
B: Are you going to drive or take a bus?
A: I'm going to drive.

01 A: 실례합니다, 그러나, 당신은 말해줄 수 있습니까 내게,
         어떻게 도착하는지, 시청에?
     B: 가세요, 똑바로, 이 길을, 당신이 올 때까지, 교차로로.
         건너세요, 그 길을, 그러면, 그것이 있을 겁니다,
         당신의 오른쪽에. 당신은 놓칠 수 없습니다 그것을.

02 A: 실례합니다. 당신은 보여줄 수 있나요 나에게, 길을,
         가장 가까운 지하철로 (가는)?
     B: 예. 내려가세요, 이 도로를, 당신이 올 때까지, (포크 같은)
         갈림길로. 가세요, 오른쪽으로, 그리고, 당신은 보게 될 겁니다,
         지하철 입구를, 당신의 오른쪽으로.

03 A: 어디가 지름길입니까, 제일은행으로 (가는)?
     B: 유지하세요 가는 것을, 똑바로, 이 길을, 약 50미터,
         그리고, 도세요 왼쪽으로, 다음 코너에서.
         그건 세 번째 문입니다, 그 코너로부터.
         그건 다음 문입니다, 그 백화점에서.

04 A: 실례합니다. 만약, 제가 내려간다면, 이 길을, 제가 마주치게 됩니까,
         브로드웨이를?
     B: 아니요, 당신은 그렇지 않아요. 당신은 가고 있어요,
         다른 방향으로.

05 A: 어떻게, 내가 도착합니까, 브로드웨이로?
     B: 내려가세요, 이 길을, 그리고, 만드세요 왼쪽을,
         두 번째 신호등에서, 그리고, 당신은 마주칠 겁니다,
         브로드웨이를, 세 블록 지나(가면)?

06 A: 실례합니다. 어디가 서울역입니까?
         단지 표시해주세요 그것을, 지도 위에, 부탁합니다.
     B: 제발, 따라오세요 나를. 나는 가고 있습니다, 같은 방향으로.

07 A: 나는 사우스 하버 불러바드 위에 있습니다.
         당신은 주실 수 있나요 나에게, 방향을?
     B: 당신은 운전할 겁니까, 혹은 탈 겁니까 버스?
     A: 나는 운전할 겁니다.

01 A: 실례합니다만 시청으로 가는 길을 가르쳐
         주시겠습니까?
     B: 교차로가 나올 때까지 이 길로 곧장 가세요.
         길을 건너면 시청이 오른쪽에 있을 겁니다.
         틀림없이 찾을 겁니다.

02 A: 실례합니다. 가장 가까운 지하철역 좀
         가르쳐주세요.
     B: 길을 따라 내려가면 두 갈래 길이 나옵니다.
         오른쪽으로 가세요. 그러면 오른편에
         지하철 입구가 보일 겁니다.

03 A: 제일은행으로 가는 지름길이 어디입니까?
     B: 이 길을 따라 약 50미터 정도 계속 앞으로
         가서 다음 모퉁이에서 왼쪽으로 도세요.
         코너에서 세 번째 건물이에요.
         백화점 옆 건물이지요.

04 A: 실례합니다. 이 길을 따라가면
         브로드웨이가 나오나요?
     B: 아니요. 당신은 잘못된 방향으로 가고 있어요.

05 A: 브로드웨이에 어떻게 갑니까?
     B: 이 길을 따라가서 두 번째 신호등에서
         왼쪽으로 돌아 세 블록을 더 가면
         브로드웨이가 나옵니다.

06 A: 실례합니다. 서울역이 어디죠?
         지도 위에 표시만 해주세요.
     B: 따라오세요. 저도 같은 방향입니다.

07 A: 사우스 하버 불러바드에 있습니다.
         가는 길 좀 가르쳐주세요.
     B: 운전하고 오실 건가요, 버스로 오실 건가요?
     A: 운전해서 갈 건데요.

☐ I'm a stranger here.
　나도 여기는 처음입니다.
☐ It's about a ~ minute walk from
　here 여기서 ~분 정도 걸어가면 됩니다
☐ What do you say to ~
　~하지 않겠습니까?
☐ a pay phone 유료전화, 공중전화
☐ have crossed paths 길이 엇갈리다

100
☐ be at the end of ~ ~의 끝에 있다
☐ take a dump 똥 누다
☐ take a leak 오줌 누다
☐ occupied 사용 중인

길 묻기

길을 물을 때는 "Excuse me."라고 먼저 주의를 환기시킨다. "Could you tell me how to get to ~?"는 Could라는 정중한 표현을 썼기 때문에 길을 꼭 알려달라는 뉘앙스가 강하다. "Could you show me the way to ~?"로 물으면 show라는 동사 때문에 목적지까지 가는 길을 자세히 알려달라는 느낌을 준다. 미국의 도로는 바둑판처럼 수직으로 나 있어 쉽게 찾아갈 수 있는데 일반적으로 avenue(대로)와 이 도로를 가로지르는 street과 boulevard로 나뉜다.

길 가르쳐 주기

다음은 길을 가르쳐 줄 때 쓰이는 유용한 표현들이다.
Go straight down the road for two blocks.
(이 길로 두 블록 곧장 내려가세요.)
Keep going straight.
(계속 앞으로 가세요.)
Cross the street and turn right.
(길을 건넌 다음 오른쪽으로 가세요.)
It's about a 10 minute walk from here.
(여기서 도보로 약 10분 거리입니다.)

B: All right. It's on Olympic Boulevard one block west of Vermont Avenue.
　Take the highway 91 East ramp towards Riverside.

08 A: Are there any landmarks around there?
　B: There is a big bookstore on the left corner.

09 A: Is this the right way to the First National Bank?
　B: I'm a stranger here myself.

10 A: How far is it?
　B: It's about a 10 minute walk from here.

11 A: Where are we now?
　B: Boy! We're completely lost.

12 A: What do you say to taking a rest here?
　B: That's a good idea.

13 A: Excuse me, is there a pay phone around here?
　B: Yes, it is right around the corner over there.

14 A: Did you see Sam? He went upstairs to see you.
　B: No, we must have crossed paths.

👥 SITUATION 100 Looking for a restroom

01 A: Excuse me, where is the restroom?
　B: It's at the end of this hallway.

02 A: I gotta take a dump.
　B: I gotta take a leak.

03 A: Where can I wash my hands?
　B: Over there.
　But the bathroom is now occupied.

B: 좋습니다. 그곳은 있습니다, 올림픽 대로 위에, 한 블록 서쪽(에 있는), 버몬트 애비뉴의. 취하세요, 간선도로 91번 동쪽 램프를, 리버사이드로 향해 (있는).

B: 좋습니다. 그건 버몬트 애비뉴에서 서쪽으로 한 블록인 올림픽 대로에 있습니다. 리버사이드로 향해 있는 91번 동쪽 도로 진입로를 타세요.

08 A: 있습니까, 어떤 표지가 될 만한 것, 거기 주변에?
　　B: 있습니다, 큰 서점이, 왼쪽 모퉁이 위에.

08 A: 그 주변에 표지가 될 만한 게 있나요?
　　B: 왼쪽 코너에 큰 서점이 있어요.

09 A: 이것이 맞는 길입니까, 제일은행으로 (향하는)?
　　B: 나는 낯선 사람입니다, 여기가, 나 자신도.

09 A: 이 길이 제일은행으로 가는 길 맞습니까?
　　B: 나도 이 부근을 잘 모릅니다.

10 A: 얼마나 멀리, 있습니까 그것은?
　　B: 그것은 약 10분 걸음입니다, 여기서부터.

10 A: 얼마나 먼가요?
　　B: 여기서부터 걸어서 약 10분 걸립니다.

11 A: 어디에, 우리가 있죠, 지금?
　　B: 이런! 우리는 완전히, 길을 잃었어요.

11 A: 여기가 어디죠?
　　B: 이런! 우린 완전히 길을 잃어버렸어요.

12 A: 무엇을, 당신은 말하나요, 취하는 것을 휴식을, 여기서?
　　B: 그것 좋은 생각이야.

12 A: 여기서 좀 쉬어 가는 게 어때?
　　B: 그것 좋은 생각이야.

13 A: 실례합니다, 있습니까, 공중전화가, 여기 주변에?
　　B: 예, 그것은 있습니다, 바로 코너 주변에, 저기.

13 A: 저, 이 근처에 공중전화가 있습니까?
　　B: 예, 저기 모퉁이 근처에 있습니다.

14 A: 너는 보았니 샘을? 그는 갔어, 위층으로, 보기 위해 너를.
　　B: 아니, 우리는 엇갈렸음에 틀림없어, 길들을.

14 A: 샘을 보았어? 너를 만나러 위층으로 갔는데.
　　B: 못 봤는데, 길이 엇갈렸나봐.

🔔 100 화장실 찾기

01 A: 실례합니다, 어디에 있지요 화장실이?
　　B: 그것은 끝에 있어요, 이 복도의.

01 A: 실례지만 화장실이 어디 있습니까?
　　B: 예, 이 복도 끝에 있습니다.

02 A: 나는 취해야 돼요, 대변을.
　　B: 나는 취해야 돼요, 소변을.

02 A: 대변보러 가야 돼.
　　B: 나는 소변보러 가야 돼.

03 A: 어디서 내가 씻을 수 있나요, 나의 손을?
　　B: 저기요.
　　　 그러나, 그 화장실은, 이제 차지돼 있어요.

03 A: 화장실이 어디죠?
　　B: 저쪽이에요.
　　　 그렇지만 화장실에 지금 누가 있어요.

□ Nature calls.
  용변을 보고 싶다.

101
□ have an airsickness
  비행기 멀미가 있다
□ feel jet lagged
  시차 증상을 느끼다
□ go to ~ on a business trip
  ~로 출장을 가다
□ beware of ~
  ~를 주의하다, 조심하다
□ a pickpocket
  소매치기
□ a purse-snatcher
  핸드백 날치기
□ keep in touch with ~
  ~와 연락을 계속하다

102
□ go sightseeing
  구경하러 가다, 관광 가다
□ Could you show me around ~?
  ~를 구경시켜주시겠어요?

관광 명소 추천받기

미국을 여행하다 보면 흔히 들르게 되는 곳이 visitor center(관광 안내소)다. 이곳에서는 관광 안내는 물론 길 안내도 상세히 받을 수 있고 무료로 city map(시내 지도)이나 자료도 구할 수 있다.
지도를 구하려면 "Can I get an area map?"(이 지역 지도를 구할 수 있습니까?)이라고 하면 되고 관광 명소에 대한 정보를 알고 싶으면 "What's the major tourist attractions here?"(이곳의 주요 관광 명소는 어디 어디입니까?)라고 물어보면 된다.

---

04 A: Excuse me, but nature calls.
B: OK. The restroom is out in the hallway to your left.

🗣 SITUATION 101 Travel

01 A: Did you have a nice trip?
B: Yes, but I had a little airsickness.

02 A: I returned from a trip to America yesterday.
B: Then, you must be feeling jet lagged.

03 A: What's the time difference between Seoul and New York?
B: I think it's about fourteen hours.

04 A: I'm going to Europe on a business trip next week.
B: How long will you be gone this time?

05 A: I am leaving for Europe tomorrow for a two-week tour.
B: Good for you. By the way, beware of pickpockets and purse-snatchers.

06 A: I hope you keep in touch with me after you go back to your country.
B: I'll call you as soon as I arrive.

🗣 SITUATION 102 Sightseeing

01 A: I'm thinking of traveling around the world.
B: That sounds exciting!

02 A: Do you want to go sightseeing together?
B: It's up to you.

03 A: Could you show me around the city?

04　A: 실례합니다, 그러나 자연이 부릅니다.
　　　B: 좋아요. 화장실은 있습니다, 바깥에, 복도에서, 당신의 왼쪽으로.

04　A: 실례합니다만 화장실 좀 가야겠습니다.
　　　B: 좋습니다. 복도로 나가면 왼쪽에 있습니다.

🔔 101 여행

01　A: 당신은 가졌습니까, 즐거운 여행을?
　　　B: 예. 그러나 나는 가졌죠, 약간의 비행기 멀미를.

02　A: 나는 돌아왔습니다, 여행으로부터, 미국으로 (향한), 어제.
　　　B: 그러면, 당신은 틀림없이 느끼겠군요, 시차증을.

03　A: 무엇입니까, 시차는, 서울과 뉴욕 사이의.
　　　B: 나는 생각합니다, 그것은 약 14시간이라고.

04　A: 나는 유럽으로 갑니다, 사업 여행차, 다음 주.
　　　B: 얼마나 오래, 당신은 가 있을 겁니까, 이번에는?

05　A: 나는 떠날 겁니다, 유럽을 향해, 내일, 2주 여행 동안.
　　　B: 좋군요, 당신에게.
　　　　 그런데, 조심하세요, 소매치기와, 핸드백 날치기들을.

06　A: 나는 희망합니다, 당신이 연락을 유지하기를, 나와,
　　　　 당신이 돌아간 후에, 당신의 나라로.
　　　B: 나는 전화할 겁니다 당신에게, 내가 도착하자마자.

🔔 102 관광

01　A: 나는 생각하고 있어요, 여행하는 것에 대해, 세계 주위를.
　　　B: 그것 들립니다, 흥분시키는 (것으로)!

02　A: 너는 원하니, 관광 가는 것을, 함께?
　　　B: 그건 위로 있습니다, 당신 쪽으로.

03　A: 당신은 보여주시겠습니까 나에게, 그 도시 주변을.

04　A: 실례합니다만 화장실 좀 가야겠습니다.
　　　B: 좋습니다. 복도로 나가면 왼쪽에 있습니다.

_____

01　A: 여행 즐거웠습니까?
　　　B: 예, 그러나 비행기 멀미를 좀 했습니다.

02　A: 어제 미국 여행에서 돌아왔어.
　　　B: 그럼 시차증을 느끼겠군.

03　A: 서울과 뉴욕의 시차가 얼마나 되지요.
　　　B: 약 14시간 될걸요.

04　A: 다음 주에 유럽으로 출장 갑니다.
　　　B: 이번에는 얼마나 오래 가 계실 건가요?

05　A: 저는 내일 2주간의 유럽 여행을 떠납니다.
　　　B: 좋으시겠습니다. 그런데, 소매치기와
　　　　 핸드백 날치기들을 조심하세요.

06　A: 당신 나라로 돌아가신 후에도 저하고
　　　　 계속 연락하기를 바랍니다.
　　　B: 도착하자마자 전화 드리지요.

_____

01　A: 세계 일주 여행을 생각하고 있어요.
　　　B: 그것 신나겠군요!

02　A: 함께 시내 관광 갈래요?
　　　B: 당신이 결정할 일이죠.

03　A: 시내 구경시켜주시겠어요?

✔ 바로 이것이 포인트!

□ take a walking tour of ~
　～를 도보 여행 하다
□ make arrangements
　주선하다, 준비하다
□ Let me get by.
　좀 지나갑시다.
□ be in the way
　길을 막고 있다
□ It's past ~
　～를 지나서 있습니다
□ tourist sites
　관광지
□ a must for ~
　～로서 꼭 해야 할 일
□ the open hours of the museum
　박물관의 개관 시간

B: Sure. We'll have a great time together.

04 A: I want to take a walking tour of the city.
　　B: Good idea. But you'll need a guide.
　　　Shall I make arrangements for you?

05 A: Let me get by, please.
　　B: Sorry. I was in the way.

06 A: Excuse me. Where's the tourist information center?
　　B: It's past the post office.

07 A: Can I get a city map?
　　B: Sure. Here it is.

08 A: Are there any tourist sites here?
　　B: The old palaces, the National Museum and Folk
　　　Village is a must for tourists.

09 A: What are the open hours of the museum?
　　B: 10 to 5, Monday through Friday.

박물관 입장

박물관, 놀이공원 등 공공시설은 문을 여는 시간이 정해져 있으므로 스케줄에 맞춰 행동하는 것이 좋다. ticket booth(매표소)에서 "입장료가 얼마입니까?"라고 물어보려면 "How much is the admission fee?"라고 물어볼 수도 있겠지만 안내판에 자세히 기재돼 있으므로 참고하면 된다.
박물관이나 공원의 매표소에서 안내 지도를 구하려면 "Is there a map of the museum available?"(박물관의 지도는 있습니까?)라고 하면 된다.

B: 물론이지, 우리는 가질 거야, 위대한 시간을, 함께,

04 A: 나는 원한다, 취하는 것을, 걷는 관광을, 그 도시의.
B: 좋은 아이디어. 그러나 너는 필요할 걸, 가이드가.
내가 만들어줄까, 조정을, 너를 위해?

05 A: 내가 하게 해주세요, 지나가도록, 제발.
B: 미안합니다, 내가 있었군요, 그 길에.

06 A: 실례합니다. 어디에 있습니까, 관광객 정보 센터가?
B: 그것은 있습니다, 지나서, 우체국을.

07 A: 내가 갖게 될 수 있습니까, 한 장의 도시 지도를?
B: 물론이죠. 여기, 그것이 있습니다.

08 A: 있습니까, 어떤 관광객 장소들이, 여기에?
B: 고궁들, 국립박물관, 그리고, 민속마을은, 필수입니다,
관광객들을 위해.

09 A: 무엇이, 열린 시간들입니까, 박물관의.
B: 10시에서 5시까지, 월요일 통하여 금요일까지.

B: 물론이지. 아주 즐거운 시간을 보낼 거야.

04 A: 나는 시내를 걸어서 구경하고 싶어.
B: 좋은 생각이야. 그러나 가이드가 필요할걸.
내가 주선해줄까?

05 A: 좀 지나가겠습니다.
B: 미안합니다. 내가 길을 막고 있었군요.

06 A: 실례합니다. 관광 안내소는 어디에 있습니까?
B: 우체국을 지나서 있습니다.

07 A: 지도 한 장 얻을 수 있을까요?
B: 물론이죠. 여기 있습니다.

08 A: 여기에는 관광지가 있나요?
B: 고궁들, 국립박물관, 민속마을은 관광객이
꼭 가봐야 할 곳이지요.

09 A: 박물관 개관 시간은 어떻게 됩니까?
B: 10시에서 5시까지이고 월요일에서
금요일까지 문을 엽니다.

Chapter 15
Shopping / 쇼핑

SITUATION 103

In the clothe's section / 의류 매장에서

SITUATION 104

Dressing stylishly / 멋 부리기

SITUATION 105

Fashion / 패션

SITUATION 106

Electronic products / 가전제품

SITUATION 107

Delivery, Wrapping / 배달, 포장

SITUATION 108

Price / 가격

SITUATION 109

Payment, Refund / 지불, 반환

SITUATION 110

Discount / 할인

✔ 바로 이것이 포인트!

103

☐ look around
둘러보다
☐ a fitting(dressing) room
탈의실
☐ How does it fit?
맞습니까?
☐ be tight
꽉 끼다
☐ be loose
헐렁하다
☐ solid 다른 색깔이 섞이지 않은
☐ Where can I buy ~?
~는 어디에서 살 수 있나요?
☐ a brief 팬티
☐ a boxer 사각팬티
☐ dressy 멋진 정장용의

그냥 구경하는 중입니다.

상점에 들어갔을 때 점원이 "May I help you?"(도와드릴까요?)라고 물건 찾는 것을 도와주겠다고 자청해 왔을 때 그냥 구경만 할 경우에는 "I'm just looking, thank you."(그냥 구경하고 있어요. 감사합니다.)라고 하면 된다. 한국에서는 백화점 같은 곳을 가면 점원이 따라다니며 귀찮게 구는 때가 많지만 미국에서는 구경만 하고 다녀도 점원이 붙어 다니며 억지로 물건을 권하면서 불편하게 하지는 않는다. 인건비가 비싸 매장의 크기나 상품의 수에 비해 점원이 적기 때문이다.

"Thank you."라는 말을 덧붙여 구경하게 해주는 것에 대해 감사하는 것이 매너다. you를 빼고 "Thanks."라고 말하기도 하는데 thanks나 congratualtions는 좋은 일에 쓰는 단어 그런지 항상 복수로 사용한다.

🗣 SITUATION 103 In the clothe's section

01 A: May I help you?
B: I'm just looking around.

02 A: I'm looking for a dress.
B: We have just the one for you.

03 A: What size do you wear?
B: Medium.

04 A: Can I try this on?
B: Yes, the fitting(dressing) room is this way.

05 A: How does it fit?
B: It's too tight(loose) around the waist.

06 A: Do you have anything smaller in the same color?
B: Yes. I'll bring it over.

07 A: What pattern do you want?
B: I want to buy a solid blue one.

08 A: May I see some others in a different style?
B: How about this?

09 A: Where can I buy men's clothes?
B: They are on the second floor.

10 A: Can you tell me where I can find men's underwear?
B: You can find briefs over there and boxers in the next aisle.

11 A: This is too dressy.
B: Do you want something more casual?

01   A: 제가 도울 수 있나요 당신을?
　　　 B: 나는 단지, 보고 있습니다 주변을.

02   A: 나는 찾고 있습니다, 하나의 드레스를.
　　　 B: 우리는 갖고 있지요, 바로 그것을, 당신을 위한.

03   A: 어떤 사이즈를, 당신은 입으세요?
　　　 B: 중간.

04   A: 내가 시도할 수 있나요, 이것을 위에 (걸치는 것을)?
　　　 B: 예, 탈의실은, 이쪽입니다.

05   A: 어떻게, 그것은 맞습니까?
　　　 B: 그것은 너무 빡빡합니다(느슨합니다), 허리 주변이.

06   A: 당신은 가지고 있나요, 어떤 것을 좀 더 작은, 같은 색깔로?
　　　 B: 예. 제가 가져오겠습니다 그것을.

07   A: 무슨 무늬를, 당신은 원하나요?
　　　 B: 나는 원합니다, 사기를, 무늬 없는 푸른 옷을.

08   A: 내가 볼 수 있나요, 어떤 다른 것들을, 다른 스타일로?
　　　 B: 어떠세요, 이것은?

09   A: 어디서, 나는 살 수 있나요, 남성 의류들을?
　　　 B: 그것들은 있습니다, 2층에.

10   A: 당신은 말할 수 있나요, 어디서 내가 발견할 수 있는지를, 남자 속옷을?
　　　 B: 당신은 발견할 수 있어요, 삼각팬티를, 저쪽에서, 그리고, 사각팬티는, 다음 복도에서.

11   A: 이건 너무 정장 스타일이에요.
　　　 B: 당신은 원합니까, 무언가를, 더 캐주얼한?

---

01   A: 어서 오십시오. 무엇을 도와드릴까요?
　　　 B: 그냥 구경만 하고 있습니다.

02   A: 드레스를 하나 찾고 있습니다.
　　　 B: 손님께 딱 어울리는 게 있습니다.

03   A: 사이즈는 어떻게 되세요?
　　　 B: 중간 사이즈요.

04   A: 이 옷 입어볼 수 있어요?
　　　 B: 예, 탈의실은 이쪽에 있습니다.

05   A: 맞습니까?
　　　 B: 허리 둘레가 꽉 낍니다(느슨합니다).

06   A: 같은 색깔로 좀 더 작은 치수 있습니까?
　　　 B: 예. 가져오겠습니다.

07   A: 어떤 무늬를 원합니까?
　　　 B: 무늬 없는 파란색 옷을 사려고 합니다.

08   A: 다른 디자인의 것도 보여주세요.
　　　 B: 이건 어떠세요?

09   A: 남성 의류는 어디에 있습니까?
　　　 B: 이층에 있습니다.

10   A: 남자 속옷은 어디 가면 찾을 수 있나요?
　　　 B: 저쪽에 삼각팬티가 있고 그 다음 복도에 사각팬티가 있습니다.

11   A: 이건 너무 정장 스타일입니다.
　　　 B: 좀 더 캐주얼한 것을 원하십니까?

104

□ dress up 옷을 갖춰 입다
□ What's the occasion today?
　무슨 일 있니?
□ The color is loud. 색깔이 화려하다.
□ The color is quiet. 색깔이 수수하다.
□ look handsomer in ~
　~를 입어서 더 잘생겨 보이다
□ look good on ~ ~와 잘 어울리다
□ Clothes make the man.
　= Fine feathers make fine birds.
　옷이 날개다.
□ wear make-up 화장을 하다
□ wear perfume 향수를 뿌리다
□ wear a smile 미소를 짓다
□ wear(= grow) a mustache
　콧수염을 기르다

105

□ be in vogue 유행하고 있다
□ be out of fashion 유행이 지나다
□ a craze (일시적인) 대유행
□ sport 과시하다
□ an overall 작업복
□ ready-to-wear 기성복의

셔츠 하나를 찾고 있습니다.

"May I help you?" 손님에게 친절이 일상화된 호텔이나 백화점 등에서 많이 쓰는 표현이다. 일반 상점 같은 곳에서는 "What can I do for you?"를 더 많이 쓰는 경향이 있다. 우리말의 "어서 오십시오." 정도에 해당한다.

셔츠를 찾을 경우 "I'm looking for a shirt."(셔츠를 찾고 있습니다.)라고 말하면 된다. 원하는 물건이 있는지 확인할 때는 "Do you carry film?"(필름 있습니까?)와 같이 물어보면 된다. 직접 물건을 가리키며 보여 달라고 부탁할 때는 "Could you show me the shirt over there?"(저기 셔츠 좀 보여주시겠어요?)라고 말하면 된다.

🗣 SITUATION 104 Dressing stylishly

01 A: Why are you dressed up so nicely?
　　 What's the occasion today?
　　 B: I have a big date at two o'clock.

02 A: What do you think of my dress?
　　 B: I think the color is too loud(quite).

03 A: You look handsomer in that suit.
　　 It looks good on you.
　　 B: Clothes make the man, you know.
　　 A: Exactly. Fine feathers make fine birds.

04 A: Do you think I am wearing thick make-up?
　　 B: Not really.
　　 A little is okay.
　　 What perfume are you wearing?
　　 It smells terrific.

05 A: I don't like the mustache he's wearing.
　　 B: I don't like that arrogant smile he's wearing.

🗣 SITUATION 105 Fashion

01 A: Miniskirts are in vogue(= style, fashion) again.
　　 B: Fashions repeat themselves.

02 A: Do you think blue jeans are out of fashion?
　　 B: You said it. It's not the craze anymore.

03 　 A model is sporting an ivory coat over a black overall for the presentation of a ready-to-wear collection.

🔔 104 멋 부리기

01 A: 왜 너는 갖춰 입었니, 그렇게 멋있게?
　　　무엇이, 특별한 일이니, 오늘?
　　B: 나는 갖고 있어, 큰 데이트를, 두 시에.

02 A: 무엇을, 당신은 생각합니까, 나의 옷에 대해?
　　B: 나는 생각합니다, 색깔이 너무 화려하다고(수수하다고).

03 A: 당신은 보입니다, 더 잘생긴 (상태로), 그 양복 안에서.
　　　그것은 보입니다, 좋은 (상태로), 당신 위에서.
　　B: 옷들이 만들지요, 그 남자를, 당신도 아시다시피.
　　A: 정확하게 (말했어요). 좋은 날개들이, 만들지요, 좋은 새들을.

04 A: 너는 생각하니, 내가 입고 있다고, 두꺼운 화장을.
　　B: 아니야, 실제로는.
　　　조금은 괜찮아.
　　　무슨 향수를, 너는 입고 있니?
　　　그것 냄새가 나는데, 굉장한 (상태로).

05 A: 나는 좋아하지 않아, 그 콧수염을, 그가 입고 있는.
　　B: 나는 좋아하지 않아, 그 거만한 미소가, 그가 입고 있는.

🔔 105 패션

01 A: 미니스커트가 있습니다, 유행에, 다시.
　　B: 패션들은 반복합니다, 그 자체로.

02 A: 너는 생각하니, 블루진이 밖에 있다고, 패션의?
　　B: 너는 말했어 그것을. 그건 아니야, '일시적 열광'이, 더 이상.

03 어떤 모델이, 자랑삼아 입고 있습니다, 아이보리색
　　코트를, 검정 작업복 위에, 발표회를 위해,
　　기성복 컬렉션의.

---

01 A: 왜 그렇게 멋지게 차려입었어?
　　　무슨 일 있니?
　　B: 2시에 중요한 데이트가 있어.

02 A: 제 드레스 어때요?
　　B: 색깔이 너무 화려하다고(수수하다고) 생각해요.

03 A: 그 양복 입으니까 더 미남인데요.
　　　그 옷 당신한테 잘 어울려요.
　　B: 옷이 날개 아닙니까, 당신도 알다시피.
　　A: 맞습니다. 옷이 날개지요.

04 A: 내가 화장을 너무 진하게 하고 있다고
　　　생각하니?
　　B: 아니. 조금은 괜찮아.
　　　네가 쓰는 향수는 어떤 거니?
　　　냄새가 끝내주는데.

05 A: 그의 콧수염이 싫어.
　　B: 나는 그의 거만한 미소가 싫어.

---

01 A: 미니스커트가 다시 유행입니다.
　　B: 유행은 반복되지요.

02 A: 블루진은 한물간 것 같지 않아?
　　B: 너 말이 맞아. 그건 더 이상 유행하지 않지.

03 어떤 모델이 한 기성복 모음 발표회에서
　　검정 작업복 위에 아이보리색의 코트를
　　자랑스럽게 입고 있다.

106

□ Can I see a demonstration of ~?
　~를 어떻게 사용하는지 시범을 보여주시겠
　어요?
□ cutting-edge
　최첨단의
□ sell like hot cakes
　날개 돋치듯 팔리다
□ be out of stock
　품절이다

107

□ a tall order　무리한 주문
□ gift-wrap　선물용으로 포장하다
□ paper or plastic
　종이 봉지 혹은 비닐봉지

108

□ a good buy　싸게 잘 산 물건
□ It's a steal.
　공짜나 마찬가지다.
□ get ~ real cheap
　~를 정말 싸게 사다
□ be on sale　세일 중이다

옷은 입어보고 사라

try는 먹어보는 것, 입어보는 것, 제품을
시험 삼아 작동하는 것 등에 쓸 수 있는
단어다. fitting room은 dressing
room이라고도 한다. shopping mall에
서는 여러 가게가 공동 탈의실을 쓰는 경
우가 많으므로 안내를 받는 것이 좋다.
옷이나 신발 등이 맞지 않아서 "크다, 작
다, 낀다, 헐렁하다"라고 할 때는 too를
써서 "It's too big", "It's too small",
"It's too tight", "It's too loose"라고
말한다.

🗣 SITUATION 106　Electronic products

01 A: Can I see a demonstration of this camcoder?
　　B: Sure. It's very easy to operate.

02 A: I've never seen such a small cellular phone.
　　B: This is a cutting-edge telephone made in
　　　Korea. It's selling like hot cakes.

03 A: Do you carry Cameras?
　　B: We're out of stock right now.

🗣 SITUATION 107　Delivery, Wrapping

01 A: Can you deliver it by tomorrow?
　　B: Gee, that's a tall order.
　　　We'll try our best, though.

02 A: Can I have it gift-wrapped?
　　B: These are birthday wraps.
　　　Which one would you like?

03 A: Would that be paper or plastic?
　　B: Paper, please.

🗣 SITUATION 108　Price

01 A: I wonder how much this DVD player is.
　　B: We should ask that salesperson over there.

02 A: How much did you pay for the dress?
　　B: Only twenty dollars.
　　A: It's a good buy. It's a steal.

03 A: How much did you spend on those new shoes?

🔔 106 가전제품

01 A: 내가 볼 수 있나요, 시범을, 이 캠코더의?
　　　B: 물론이죠. 그것은 매우 쉽지요, 작동하기에.

02 A: 나는 결코 본 적이 없어요, 그런 작은 휴대폰은.
　　　B: 이건 최첨단 전화지요, 만들어진, 한국에서.
　　　　그것은 팔리고 있어요, 핫케이크들처럼.

03 A: 당신은 나릅니까, 카메라들을?
　　　B: 우리는 밖에 있습니다, 재고의, 바로 지금.

🔔 107 배달, 포장

01 A: 당신은 배달할 수 있나요 그것을, 내일까지?
　　　B: 이런, 그것은 키 큰 주문입니다.
　　　　우리는 시도할 겁니다, 우리의 최선을, 그렇지만.

02 A: 내가 가질 수 있나요 그것을, 선물 포장된 (상태로)?
　　　B: 이것들은 생일 포장지들입니다.
　　　　어느 것을, 당신은 원합니까?

03 A: 그것은 종이(봉지)가 될까요, 혹은 비닐(봉지가 될까요)?
　　　B: 종이 봉지, 부탁합니다.

🔔 108 가격

01 A: 나는 궁금하다, 얼마나 많은(금액인지), 이 DVD 플레이어가.
　　　B: 우리는 물어야 한다, 저 점원에게, 저쪽에 있는.

02 A: 얼마나 많은 (금액을), 당신은 지불했지요, 그 드레스를 위해?
　　　B: 단지 20달러.
　　　A: 그건 좋은 구매입니다. 그게 도둑질이란 거죠.

03 A: 얼마나 많은 (돈을), 너는 소비했니, 그 새 신발에?

---

01 A: 이 캠코더를 어떻게 사용하는지 시범 한번
　　　　보여주실 수 있습니까?
　　　B: 물론이죠. 사용하기 쉽습니다.

02 A: 그렇게 작은 휴대폰은 처음 봤어요.
　　　B: 이건 한국에서 만든 최첨단 전화기죠.
　　　　불티나게 팔리고 있어요.

03 A: 카메라 있습니까?
　　　B: 지금 품절입니다.

---

01 A: 내일까지 그걸 배달해줄 수 있나요?
　　　B: 이런, 무리한 주문인데요.
　　　　하지만 최선을 다해보죠.

02 A: 선물용으로 포장해주시겠습니까?
　　　B: 생일용 포장지들입니다.
　　　　어느 것으로 하시겠습니까?

03 A: 종이 봉지로 하실래요, 비닐 봉지로 하실래요?
　　　B: 종이 봉지에 넣어주세요.

---

01 A: 이 DVD 플레이어가 가격이 얼마일까.
　　　B: 저쪽에 있는 점원에게 물어봐야 해.

02 A: 그 드레스 얼마 줬나요?
　　　B: 20달러밖에 안 줬어요.
　　　A: 싸게 잘 샀는데요. 공짜나 마찬가지예요.

03 A: 저 새 신발 사는 데 얼마 줬어?

✔ 바로 이것이 포인트!

☐ be out of my price range
　치를 수 있는 내 가격 범위를 벗어나다
☐ have ~ in mind
　~를 생각하다
☐ steep　터무니없이 비싼
☐ a rip-off　바가지 물품
☐ shop around　가게를 돌아다니다
☐ We are overstocked on ~
　~가 재고과잉이다
☐ sell ~ below cost
　~를 밑지고 팔다
☐ for free = for nothing　무료로
☐ a catch　함정
☐ non-name brand clothes
　메이커가 아닌 옷
☐ Penny wise and pound foolish.
　소탐대실. 한 푼 아끼려다 열 냥 잃는다.
☐ mark up the price　가격을 올리다
☐ well-to-do　부유한
☐ take advantage of ~
　~을 이용하다
☐ vanity　허영심, 덧없음

109
☐ Cash or charge?
　현금입니까, 신용카드입니까?
☐ charge
　외상으로 달아놓다, 신용 카드로 사다

가격 묻기

pants(바지), socks(양말) 등은 복수형으로 쓰므로 가격을 물을 때 "How much are these?"라고 해야 한다.
미국 동전에는 penny(1센트), nickel(5센트), dime(10센트), quarter(25센트) 등이 있다. 간단한 계산 하나. 환전소에서 외국인이 "I need four quarters, eight dimes and four nickels."라며 동전을 바꾸려고 한다. 몇 달러를 받으면 될까?

B: I got them real cheap. They are on sale.

04 A: This is out of my price range.
　B: What price range do you have in mind?
　A: I think something in the price range between 400 and 450 dollars.

05 A: Do you have anything in a lower price range?
　B: What is your price range, please?

06 A: That's too steep. It was a rip-off.
　B: Why didn't you shop around for a bargain?
　A: In that case I'd better return it.

07 　It's not steep. Honestly, we are overstocked on that item, so we are selling it below cost.

08 A: This newspaper ad says we can get a trip to Hong Kong for free.
　B: There must be a catch to it somewhere. You don't get something for nothing.

09 A: Never buy those non-name brand clothes.
　B: Why? They are very cheap.
　A: Don't be penny wise and pound foolish.

10 A: In order to increase sales, I think we must mark up the price. To the well-to-do consumers, higher prices mean better quality.
　B: You mean you'd better take advantage of their vanity.

🗣 SITUATION 109 Payment, Refund

01 A: I'll take this.
　　I'd like to pay for this.
　B: Cash or charge?

B: 나는 얻었어 그것을, 정말 싼 (가격으로). 그건 있었어, 세일 위에.

04 A: 이것은 바깥에 있습니다, 나의 가격 범위의.
   B: 어느 가격 범위를, 당신은 가지고 있나요, 마음에?
   A: 나는 생각해요, 무언가를, 가격 범위에서, 400과 450달러 사이에서.

05 A: 당신은 가지고 있나요, 어떤 것을, 더 낮은 가격 범위 안에 (있는)?
   B: 무엇이, 당신의 가격 범위인가요?

06 A: 그건 너무 가파릅니다. 그건 바가지였어요.
   B: 왜, 당신은 쇼핑하지 않았나요, 주변을, 싼 물건을 위해?
   A: 그 경우에는, 나는 반환하는 편이 좋겠어요, 그것을.

07 그건 가파르지 않아요. 솔직히, 우리는 재고가 넘쳐서,
   그 품목 위에, 그래서 우리는 팔고 있어요 그것을, 가격 아래로.

08 A: 이 신문 광고는 말한다, 우리가 취할 수 있다고 여행을,
   홍콩으로, 공짜로.
   B: 있음에 틀림없어, '붙잡는 것'이, 그것에, 어딘가.
   너는 가지지를 않는다, 무언가를, 공짜로.

09 A: 절대 사지 마세요, 그런 이름 없는 브랜드 옷들을.
   B: 왜요? 그것들은 매우 싸잖아요.
   A: 페니에 현명하지 마세요, 그리고, 파운드에 어리석지도 (마세요).

10 A: 늘리기 위해, 판매들을, 나는 생각해, 우리가 표시해야 한다고
   위로, 그 가격을.
   잘 사는 소비자들에게, 더 높은 가격들은 의미해, 더 좋은 질을.
   B: 너는 의미하는구나, 네가 이용하는 편이 낫다는 것을,
   그들의 허영심을.

🔔 109 지불, 반환

01 A: 나는 취하겠어요 이것을.
   나는 원합니다, 지불하기를, 이것을 위해.
   B: 현금 혹은 신용카드?

B: 정말 싸게 샀어. 세일 중이었거든.

04 A: 나에게는 좀 비쌉니다.
   B: 어느 가격대를 생각하고 있나요?
   A: 400달러와 450달러 사이의 가격대를
   생각하고 있어요.

05 A: 좀 싼 가격대의 것은 없습니까?
   B: 가격대가 어느 정도죠?

06 A: 그건 너무 비싸네요. 바가지 썼어요.
   B: 왜 더 싼 것을 찾아보지 않았니?
   A: 그렇다면 물러야겠는데요.

07 비싼 것이 아니에요. 솔직히, 재고가
   너무 쌓여 밑지고 장사하는 겁니다.

08 A: 신문 광고에 따르면 홍콩 여행을 공짜로
   할 수 있대.
   B: 광고 어딘가에 함정이 있는 것이 틀림없어.
   공짜란 없는 법이야.

09 A: 이름 없는 브랜드 옷은 절대로 사지 마세요.
   B: 왜요? 훨씬 싸잖아요.
   A: 싼 게 비지떡이라구요.

10 A: 판매를 늘리기 위해서는 가격을 올려야
   한다고 생각해. 부유한 고객들에게는
   고가가 좋은 품질을 의미하거든.
   B: 네 말은 그들의 허영심을 이용하자는 거구나.

---

01 A: 이것으로 사겠어요.
   이것 계산 좀 해주시겠어요.
   B: 현금입니까, 신용카드입니까?

☐ Is financing available?
월부로 살 수 있나요?
☐ put down ~
선금 등을 지불하다
☐ spread out over 12 monthly
payments
12개월로 나눠서 지불하다
☐ have a refund on ~
~를 환불받다
☐ exchange A for B
A를 B와 교환하다

110
☐ give ~ a discount
~에게 할인을 해주다
☐ go strictly by the price tag
정찰제를 엄격히 준수하다
☐ It's worth it.
그만한 가치가 있다.
☐ Can you come down a little?
좀 깎아주실 수 있어요?
☐ discount 30% off the retail price
소매가격에서 30% 할인해주다
☐ buy in quantities
대량으로 사다
☐ get a discount 할인을 받다
☐ miss the boat 호기를 놓치다

물건 값 할인하기

미국에서는 세일 행사가 많아 가격을 깎을 일이 흔치 않지만 비싸다고 생각되면 "That's too expensive."(너무 비싸요.)라고 한 뒤 "Do you have anything cheaper?"(더 싼 것 있나요?)라고 물어볼 수도 있겠다. "표시된 가격대로 받습니까?"라고 묻고 싶으면 "Is the price as marked?"이라고 하면 된다.

---

02 A: I'd like to pay with a traveler's check.
B: That's no problem.
Could you sign it here for me?

03 A: Is financing available?
B: Sure. You put down 20 percent and the remaining 80 percent will be spread out over 12 monthly payments.

04 A: Can I have a refund on these shoes?
B: No, but you can exchange them for another pair.

🗣 SITUATION 110 Discount

01 A: It's too expensive. Can you give me a discount?
B: Sorry, we go strictly by the price tag.
This dress costs a lot, but it's worth it.

02 A: Too steep. Can you come down a little?
B: You were discounted 30% off the retail price.

03 A: If I buy in quantities do I get a discount?
B: Yes, you do.

04 A: This is not the sale price.
B: Sorry, ma'am. You missed the boat.
The sale ended yesterday.

02 A: 나는 원합니다, 지불하기를, 여행자 수표로.

    B: 그건 문제 없습니다. 당신은 사인해주실 수 있나요 그것을, 여기에, 나를 위해?

03 A: 지금 조달이 이용 가능합니까?

    B: 물론이죠. 당신은 내려놓습니다, 20퍼센트를, 그리고, 남아 있는 80퍼센트는, 평평하게 펼쳐질 겁니다 밖으로, 12개월의 납부들로.

04 A: 내가 가질 수 있나요, 환불을, 이 구두에 대한?

    B: 아니요, 그러나, 당신은 바꿀 수 있습니다 그것들을, 다른 짝을 위해.

02 A: 여행자 수표로 지불하고 싶습니다.

    B: 좋습니다. 여기에 사인해주시겠습니까?

03 A: 월부로 살 수 있습니까?

    B: 물론이죠. 20퍼센트를 현금으로 내시고 나머지 80퍼센트는 12개월로 나눠서 내시면 됩니다.

04 A: 이 구두를 환불해주실 수 있습니까?

    B: 안 됩니다. 그러나 다른 것과 교환은 할 수는 있습니다.

🔔 110 할인

01 A: 그것은 너무 비쌉니다. 당신은 줄 수 있나요 나에게, 할인을?

    B: 죄송합니다, 우리는 갑니다, 엄격하게, 가격표에 의해. 이 옷은, 비용이 듭니다, 많이, 그러나, 그것은 가치가 있습니다 그럴 만한.

02 A: 너무 가파릅니다. 당신은 올 수 있나요 아래로, 조금?

    B: 당신은 할인받았습니다, 30% 떨어져서, 소매가격에서.

03 A: 만약, 내가 산다면, 다량으로, 내가 받나요, 할인을?

    B: 예, 당신은 받습니다.

04 A: 이건 아니잖아요, 세일 가격이.

    B: 죄송합니다, 선생님. 당신은 놓쳤습니다, 그 보트를. 세일은 끝났습니다, 어제.

01 A: 너무 비싸군요. 할인을 해주시겠습니까?

    B: 죄송합니다만, 저희는 정찰제입니다. 이 옷은 비싸지만 그만한 가치가 있습니다.

02 A: 너무 비싸요. 좀 깎아주세요.

    B: 소매가격에서 30% 깎아드린 겁니다.

03 A: 많이 사면 할인해줍니까?

    B: 예, 깎아드립니다.

04 A: 이건 세일 가격이 아니잖아요.

    B: 죄송합니다, 선생님. 한발 늦으셨습니다. 세일은 어제 끝났습니다.

Chapter 16
Money / 돈

SITUATION 111

At the bank / 은행에서

SITUATION 112

At the postoffice / 우체국에서

SITUATION 113

Money, Thriftiness / 돈, 절약

SITUATION 114

Borrowing and lending / 돈 빌려주고 받기

SITUATION 115

Repayment / 상환

SITUATION 116

Poor and rich / 빈부

✔ 바로 이것이 포인트!

111

☐ have an account with ~
　~에 계좌를 가지고 있다
☐ open a regular savings account
　보통 예금 계좌를 개설하다
☐ withdraw some money from ~
　~에서 돈을 인출하다
☐ deposit money　돈을 예금하다
☐ revoke　철회하다, 정지시키다
☐ in large bills　고액권으로
☐ in small bills　소액권으로
☐ exchange foreign currency
　외화를 환전하다
☐ a money exchange counter
　환전소

112

☐ send ~ by registered mail
　~를 등기 우편으로 보내다
☐ postage on ~　~에 대한 우편요금
☐ weigh　무게를 달다

달러의 종류

일반적으로 사용하는 지폐(bill)는 1, 5, 10, 20, 50, 100달러의 여섯 종류가 있다. 1천 달러 등의 고액지폐도 있지만 이는 주로 은행과 회사의 거래용으로 쓰인다. 2달러짜리 지폐는 불길하다고 해서 쓰지 않아 좀처럼 보기 힘들다. 각 지폐에는 위인의 초상화가 찍혀 있다. 지폐의 별칭인 'greenback'은 색상이 녹색인 것에서 비롯됐다. 1달러에는 초대 대통령 조지 워싱턴, 5달러에는 제16대 대통령 에이브러햄 링컨, 10달러에는 초대 재무장관 알렉산더 해밀턴, 2달러에는 제7대 대통령 앤드류 잭슨, 50달러에는 제18대 대통령 율리시즈 S. 그랜트, 100달러에는 벤자민 프랭클린이 실려 있다. 속어로 달러는 buck이라고 한다. buck은 '수사슴'을 의미하며 옛날 인디언과의 교역 단위로 쓰여진 데서 달러의 뜻으로 쓰이고 있다.

😮 SITUATION 111　At the bank

01　A: Do you have an account with us?
　　B: I'd like to open a regular savings
　　account(savings account).

02　I'd like to withdraw(deposit) some money from
　　my account.

03　I discovered that my credit cards had been
　　revoked and my bank accounts had been
　　cleaned out.

04　A: I'd like to cash this traveler's check, please.
　　B: How would you like it in large or small bills.
　　A: A 50 dollar bill, two 20's, eight 10's and four 5's.

05　A: Could you please change this dollar for me?
　　　I need four quarters, eight dimes and four nickels.
　　B: Sure, here you are.

06　A: Where can I exchange some foreign currency?
　　B: Just go to the money exchange counter on the
　　second floor.

😮 SITUATION 112　At the postoffice

01　A: I'd like to send this letter by registered mail.
　　B: Where to?

02　A: How much is the postage on this?
　　B: It will be $2.

03　A: I'd like to send this parcel to Korea.
　　B: We have to weigh it for you.

🔔 111 은행에서

01 A: 당신은 갖고 있나요, 계좌를, 우리와 함께?
B: 나는 원합니다, 열기를, 보통(저축) 예금 계좌를.

02 나는 원합니다, 인출하기(예금하기), 약간의 돈을,
나의 계좌로부터.

03 나는 발견했다, 나의 신용 카드들이 취소됐다는 것을,
그리고, 나의 은행 계좌들이, 깨끗해졌다는 것을.

04 A: 나는 원합니다, 현금화하기를, 이 여행자 수표를, 부탁합니다.
B: 어떻게, 당신은 원합니까 그것을, 고액 혹은 소액권으로?
A: 한 장의 50달러 지폐, 두 장의 20달러, 8장의 10달러,
그리고, 4장의 5달러.

05 A: 당신은, 부탁인데, 바꿔주실 수 있나요, 이 달러를, 나를 위해?
나는 필요합니다, 4개의 25센트, 8개의 10센트, 4개의 5센트.
B: 물론이죠. 여기, 당신이 있습니다.

06 A: 어디서, 내가 바꿀 수 있지요, 약간의 외화를?
B: 단지 가세요, 돈 교환 카운터로, 2층 위에 (있는).

---

01 A: 저희 은행에 통장이 있습니까?
B: 저는 보통 예금 계좌를 개설하고
싶습니다.

02 돈을 좀 찾고(입금하고) 싶습니다.

03 내 신용카드는 정지됐고, 은행 계좌는
비어 있다는 것을 알았다.

04 A: 이 여행자 수표를 현금으로 바꿔주시겠어요?
B: 어떻게 바꿔드릴까요, 고액권 혹은
소액권으로?
A: 50달러짜리 1장, 20달러 2장,
10달러 8장, 5달러 4장 주세요.

05 A: 이 달러를 바꿔주실 수 있나요?
25센트짜리 4개, 10센트 8개, 5센트
4개 주세요.
B: 예, 여기 있습니다.

06 A: 어디서 외화를 환전할 수 있을까요?
B: 2층에 있는 환전소로 가세요.

🔔 112 우체국에서

01 A: 나는 원합니다, 보내기를, 이 편지를, 등록된 편지로.
B: 어디로?

02 A: 얼마입니까, 우표 요금은, 이것 위에 (붙이는)?
B: 그것은 될 겁니다. 2달러.

03 A: 나는 원합니다, 보내기를, 이 소포를, 한국으로.
B: 우리는 무게를 달아야 합니다 그것을, 당신을 위해.

---

01 A: 이 편지를 등기 우편으로 보내고 싶습니다.
B: 어디로 보내실 거죠?

02 A: 여기에 붙일 우표 요금은 얼마인가?
B: 2달러요.

03 A: 이 소포를 한국에 부치고 싶습니다.
B: 소포 무게를 달아봐야 합니다.

□ mail my letter
　내 편지를 부치다
□ Like mother, like daughter.
　모전여전. 그 어머니에 그 딸.

113
□ pocket money　용돈
□ tide ~ over
　～를 곤경에서 벗어나게 하다
□ get in trouble with ~
　～와 문제가 있다
□ Waste not, want not.
　낭비를 하지 않으면 부족함을 못 느낀다.
□ a miser　구두쇠
□ a penny-pincher
　깍쟁이, 구두쇠
□ frugal　절약하는, 소박한
□ not to say ~
　～는 아니더라도
□ stingy　인색한

114
□ have a tight pocketbook
　주머니 사정이 좋지 않다
□ be broke　무일푼이다, 빈털터리다
□ Come to think of it, ~
　아, 생각해 보니까, ~
□ We are in the same boat.
　우리는 같은 입장에 있습니다.
□ Don't get me wrong.
　나를 오해하지 마세요.
□ put up collateral for the loan
　대출을 위해 담보를 설정하다

04　A: Did you mail my letter yesterday?
　　B: Oh, it completely slipped my mind.
　　A: Well, as they say, 'like mother, like daughter'

🗣 SITUATION 113　Money, Thriftiness

01　A: How much pocket money will you need this month?
　　B: I think about $100 should be enough to tide me
　　　over until the 1st of Oct.

02　A: My mother believes in thrift, so I always get in
　　　trouble with her.
　　B: Waste not, want not.

03　A: I know that she is an awful miser.
　　　She spends too little and saves too much.
　　B: Susan is a real penny-pincher.
　　　She is very frugal, not to say stingy.

🗣 SITUATION 114　Borrowing and lending

01　A: Can I borrow some money?
　　B: I can't. I have a tight pocketbook these days.

02　A: Can you lend me some money?
　　　I am broke.
　　B: Come to think of it, I forgot to bring my wallet.
　　A: We are in the same boat.

03　A: You don't trust me?
　　B: Don't get me wrong.
　　　I just want you to put up collateral for the loan.

04 A: 너 부쳤니, 나의 편지를, 어제?

B: 오, 그것은 완전히 미끄러뜨렸어, 나의 마음을.

A: 이런, 그들(사람들)이 말하는 대로, 그 어머니에 그 딸이군.

🔔 113 돈, 절약

01 A: 얼마나 많은 주머니 돈을, 너는 필요로 하니, 이번 달?

B: 나는 생각합니다, 약 100달러면, 충분하다고, 조수에 태워 나를 위로 (넘기기에), 10월 1일까지.

02 A: 나의 어머니는 믿습니다, 절약을, 그래서, 나는 항상, 문제에 빠집니다, 그녀와 함께.

B: 낭비가 없으면, 원하는 것도 없지요.

03 A: 나는 압니다, 그녀는 지독한 구두쇠라는 것을. 그녀는 씁니다, 너무 적게, 그리고, 저축하지요, 너무 많이.

B: 수잔은 정말 페니를 짜는 사람이야. 그녀는 매우 검소해, 말할 건 아니어도, 인색하다고.

🔔 114 돈 빌려주고 받기

01 A: 내가 빌릴 수 있나요, 약간의 돈을?

B: 나는 할 수 없어요. 나는 가지고 있어요, 꽉 조이는 지갑을, 요즘.

02 A: 당신은 빌려줄 수 있나요 나에게, 약간의 돈을? 나는 무일푼입니다.

B: 생각해보니, 나는 잊어버렸어요, 가져오는 것을, 나의 지갑을.

A: 우리는 있습니다, 같은 배 안에.

03 A: 너 못 믿니, 나를?

B: 받아들이지 말게 나를, 잘못된 (것으로). 나는 단지 원해, 자네가 놓기를 위로, 담보를, '돈 빌리는 것'을 위해.

---

04 A: 너 어제 편지 부쳤니?

B: 아, 깜빡 잊었어요.

A: 저런, 모전여전이야.

---

01 A: 이 달엔 용돈이 얼마나 필요하니?

B: 100달러 정도면 10월 1일까지는 충분히 지낼 수 있을 것 같아요.

02 A: 저의 어머니는 너무 검소해서서 저하고 항상 부딪쳐요.

B: 낭비를 하지 않으면 아쉬울 일이 없지요.

03 A: 그녀가 지독한 구두쇠라는 것을 알고 있지요. 그녀는 적게 쓰고 많이 저축하지요.

B: 그녀는 정말 알뜰해요. 그녀는 인색하다고까지는 할 수 없어도 매우 검소해.

---

01 A: 돈 좀 빌려주시겠어요?

B: 그럴 수 없어요. 요즘 주머니 사정이 안 좋아요.

02 A: 돈 좀 꾸어줄래요? 나는 돈이 한 푼도 없거든요.

B: 생각해보니까 지갑을 안 가져왔어요.

A: 우리는 같은 입장이지요.

03 A: 자네 날 믿지 못하나 ?

B: 오해 말게. 난 다만 자네가 나에게 돈을 빌리려면 담보를 하나 설정하라는 거지.

✔ 바로 이것이 포인트!

□ an interest-free loan
무이자 대출
□ Think nothing of it.
신경 쓰지 마.
□ What are friends for?
친구 좋다는 게 뭔가?
□ A friend in need is a friend
indeed.
어려울 때 친구가 진정한 친구다.

115
□ repay ~
~에게 빌린 돈을 갚다
□ take the cake
(여태까지 있었던 일 중에)
최악이다, 제일 놀랍다
□ pay back ~
~를 상환하다, 돌려주다
□ keep one's promise
약속을 지키다
□ twist one's arm
~를 위협하다, ~에게 강요하다
□ I'm one hundred percent sure.
나는 100퍼센트 확신해요.
□ a man of his word
약속을 지키는 사람

116
□ inherit a fortune from ~
~에게서 재산을 물려받다
□ make it on his own
자수성가하다
□ a self-made millionaire
자수성가한 백만장자
□ chicken feed
병아리 눈물만큼의 돈, 푼돈
□ small potatoes
하찮은 것, 소액
□ live from hand to mouth
하루살이 생활을 하다, 간신히 살다

04 A: Thank you for the interest-free loan.
B: Think nothing of it.
What are friends for?
A friend in need is a friend indeed.

👥 SITUATION 115 Repayment

01 A: You mean to say that he still hasn't repaid you
the $1,000 you lent him?
B: Doesn't he take the cake!

02 A: How can I get him to pay back the money
he owes me?
B: Why don't you try to twist his arm a little?

03 A: Are you sure he will keep his promise and
pay the money back?
B: Yes, I'm one hundred percent sure.
Don't worry about that. He is a man of his word.

👥 SITUATION 116 Poor and rich

01 A: I wonder if he inherited a fortune from
his parents or made it on his own.
B: He is a self-made millionaire.

02 A: Is Mr. Brown a wealthy man?
B: He thinks $1,000 is just chicken feed(= small
potatoes).

03 A: They live from hand to mouth.
B: What a tough life!

04 **A:** 고마워, 이자 없는 대부에 대해.

    B: 생각해 아무것도 아닌 것을, 그것의.

        무엇을, 위한 것인가, 친구가?

        친구가, 필요할 때의, 친구잖아, 진짜의.

🔔 115 상환

01 **A:** 당신은 의미하는군요, 말하는 것을, 그가 아직, 갚지 않았다고

        당신에게, 그 1,000달러를, 당신이 빌려준, 그에게?

    B: 취하지 않습니까, 그는, 그 케이크를!

02 **A:** 어떻게, 내가 하게 할 수 있지요, 그가 도로 지불하도록,

        그 돈을, 그가 빚지고 있는, 나에게?

    B: 왜, 당신은 시도하지 않나요, 비틀기를, 그의 팔을, 약간?

03 **A:** 당신은 확신합니까, 그가 지킬 거라고, 그의 약속을, 그리고,

        지불할 거라고, 그 돈을, 도로?

    B: 그럼, 나는 100퍼센트 확신해요.

        걱정하지 마세요, 그것에 대해. 그는 남자입니다, 그의 말의.

🔔 116 빈부

01 **A:** 나는 궁금합니다, 그가 물려받았는지, 재산을,

        그의 부모로부터, 혹은 만들었는지 그것을, 그 자신 위에서.

    B: 그는 스스로 만든 백만장자입니다.

02 **A:** 브라운 씨는 부유한 남자입니까?

    B: 그는 생각합니다, 1,000달러는, 단지 병아리 모이로.

03 **A:** 그들은 삽니다, 손에서 입으로.

    B: 무슨 (그런) 힘든 인생이!

---

04 **A:** 이자 없이 돈을 빌려줘서 정말 고맙네.

    B: 신경 쓰지 말게.

        친구 좋다는 게 뭔가?

        어려울 때 친구가 진짜 친구잖아.

---

01 **A:** 당신이 그에게 빌려준 1천 달러를

        아직 갚지 않았다는 말입니까?

    B: 뻔뻔스럽군요!

02 **A:** 그가 내게 진 빚을 어떻게 갚도록 할 수

        있을까요?

    B: 그에게 돈을 갚도록 강요해보는 건 어떨까요?

03 **A:** 그가 약속을 지키고 돈을 갚을 거라고

        확신합니까?

    B: 그럼, 100퍼센트 확신합니다.

        걱정 마세요. 그는 약속을 잘 지키는

        사람입니다.

---

01 **A:** 그 사람이 부모로부터 재산을 물려받았는지

        자수성가했는지 궁금합니다.

    B: 그는 자수성가한 백만장자입니다.

02 **A:** 브라운 씨는 부자입니까?

    B: 그는 1,000달러는 푼돈이라고 생각합니다.

03 **A:** 그들은 하루 벌어서 근근이 살아가고 있어요.

    B: 참 힘든 인생이군요!

Chapter 17
Health / 건강

SITUATION 117
Consulting a doctor / 의사 진찰

SITUATION 118
Hospitalization, Leaving the hospital / 입원, 퇴원

SITUATION 119
Inquiring after one's health / 병문안

SITUATION 120
At the drugstore / 약국에서

SITUATION 121
The head / 머리

SITUATION 122
Hands and feet / 손, 발

SITUATION 123
The back, The waist / 등, 허리

SITUATION 124
An eye / 눈

SITUATION 125
Nose and ears / 코, 귀

SITUATION 126
The mouth, Teeth / 입, 이

SITUATION 127
A throat, A neck / 목, 목구멍

SITUATION 128
The stomach and the intestines, The anus / 위장, 장, 항문

SITUATION 129
The skin, The genital area / 피부, 음부

SITUATION 130
Blood / 혈액

SITUATION 131
Sleep / 잠

SITUATION 132
Exercise, Diet / 운동, 다이어트

117

□ make an appointment with ~

~와 만날 약속을 하다

□ a symptom 증상

□ put my finger on ~

~를 딱 꼬집어 말하다

□ stick out ~

~을 내밀다

□ take a deep breath

크게 심호흡을 하다

□ give ~ an injection(= a shot)

~에게 주사를 놓다

□ prescribe some medicine

약을 처방하다

118

□ a nervous breakdown

신경쇠약

□ cheer ~ up

~를 위로하다, 격려하다

□ be released(= discharged) from

the hospital

퇴원하다

□ recover from ~

~에서 회복되다

□ take a sudden turn for the worse

갑자기 악화되다

병원 예약하기

미국 여행 중에 clinic(병원)에 가야 할 일이 생길 수 있다. 주변 사람에게 소개를 받거나 전화번호부의 yellow pages를 찾아보면 된다. 병원 예약을 할 여유가 없으면 walk-in emergency care와 같은 광고가 있는 병원을 찾으면 된다.

예약 전화를 하면 병원 측에서 "There's an opening at 3 p.m. for 30 minutes."(오후 3시에 30분 동안 시간이 납니다.)라고 예약 시간을 알려줄 것이다.

🗣 SITUATION 117 Consulting a doctor

01 A: Good afternoon. Dr. Brown's office.

B: Hello. I'd like to make an appointment with Dr. Brown.

A: What seems to be the problem?

02 A: What brought you here? What are the symptoms?

B: I can't put my finger on it, but I'm afraid I have a high fever and I get tired too easily.

A: Stick out your tongue and say 'Ahh.'

Take a deep breath.

You've caught a cold.

I'll give you an injection/a shot.

I'll prescribe some medicine for 3 days.

03 Take this prescription to the pharmacy.

A good rest should cure it.

🗣 SITUATION 118 Hospitalization, Leaving the hospital

01 A: I heard that Susan is in the hospital with a nervous breakdown.

B: Let's go there tonight and cheer her up.

02 A: When do you think she'll be released from the hospital?

B: She'll be discharged in a few days.

A: She seemed to be recovering from her serious illness, but then she took a sudden turn for the worse.

117 의사 진찰

01
A: 좋은 오후. 닥터 브라운의 사무실입니다.
B: 여보세요. 나는 원합니다, 만들기를 약속을, 닥터 브라운과.
A: 무엇이, 보입니까, 문제인 것처럼?

02
A: 무엇이, 데려왔나요 당신을, 여기에? 무엇이 증상이죠?
B: 나는 놓을 수 없습니다, 나의 손가락을, 그것 위에,
그러나 나는 두려워요, 내가 가지고 있어서, 높은 열을,
그리고, 피곤해져요, 너무 쉽게.
A: 찌르세요 밖으로, 당신의 혀를, 그리고, 말하세요, '아'라고.
취하세요, 깊은 호흡을.
당신은 감기 걸렸군요.
나는 줄 겁니다 당신에게, 주사를.
나는 처방할 겁니다, 약간의 약을, 3일 동안.

03
가져가세요, 이 처방전을, 약국으로.
좋은 휴식은, 치료하게 돼 있습니다 그것을.

01
A: 안녕하세요. 브라운 병원입니다.
B: 여보세요. 브라운 선생님과 진찰 예약을
하고 싶습니다.
A: 어디가 편찮으신데요?

02
A: 왜 오셨나요? 어떤 증상이 있죠?
B: 꼭 집어 말할 수는 없지만 고열도 있고
너무 쉽게 피곤해져서 걱정이 돼요.
A: 혀를 내밀고 '아' 해보세요.
숨을 크게 들이마시세요.
감기에 걸렸군요.
주사 한 대 놓겠습니다.
3일분 약을 처방해드리죠.

03
이 처방전을 약국에 가져가세요.
푹 쉬면 나을 거예요.

118 입원, 퇴원

01
A: 나는 들었어요, 수잔이 병원에 있다고, 신경의 고장으로.
B: 갑시다, 거기에, 오늘 밤, 그리고, 격려합시다, 그녀를.

02
A: 언제라고, 당신은 생각합니까, 그녀가 풀려날 것이라고,
병원으로부터?
B: 그녀는 퇴원할 겁니다, 며칠 안에.
A: 그는 보였다, 회복하고 있는 것처럼, 그녀의 심각한 병으로부터,
그러나 그러고 나서, 그녀는 취했다, 갑작스런 전환을,
더 나쁜 것을 향해.

01
A: 수잔이 신경쇠약으로 입원해 있다고
들었어요.
B: 오늘 저녁 들러서 위로해줍시다.

02
A: 그가 언제 퇴원할 것 같아요?
B: 며칠 내로 퇴원할 겁니다.
A: 그는 심각한 병으로부터 회복되는 것
같았으나 갑자기 병이 악화되었다.

119

☐ come down with
　(심각하지 않은 병에) 걸리다
☐ ache all over
　몸살 나다
☐ go around
　나돌다, 유행이다
☐ feel under the weather
　몸이 안 좋다
☐ get some fresh air
　맑은 공기를 마시다

120

☐ have a bad cough
　심한 기침을 하다
☐ catch a cold
　감기에 걸리다
☐ cold(= cough) medicine
　감기약
☐ a prescription 처방전
☐ antibiotics 항생제
☐ penicillin tablets
　페니실린 알약
☐ over the counter
　(처방전 없이) 살 수 있는

약국에서

한국에서는 의약 분업이 시행되고 있어도 제품화된 antibiotics(항생제)를 의사의 처방전 없이 약국에서 살 수 있지만 미국에서는 의사의 prescription이 반드시 필요하다. 미국에서도 소비자 마음대로 골라 살 수 있는 약들도 있지만 미국에 갈 경우 몇 가지 소화제, 항생제, 멀미약 등 first-aid medicine(응급 약품)은 미리 준비해 가는 것이 좋다.
미국의 drugstore(약국)는 약 외에 기타 잡화도 판매하는 상점이다. 처방전에 따라 약을 조제해주는 곳은 pharmacy라고 한다.

🗣 SITUATION 119 Inquiring after one's health

01　A: Did you hurt yourself?
　　　　Are you all right?
　　　B: Don't worry about it.

02　A: You look pale.
　　　　B: I am probably coming down with a cold.
　　　　　I'm aching all over.
　　　　A: Are you? The flu is going around.

03　A: How do you feel today?
　　　　B: I feel much better than yesterday.

04　A: I don't feel very well.
　　　　　I feel a little under the weather.
　　　　B: Why don't you get some fresh air outside and you will feel much better.

🗣 SITUATION 120 At the drugstore

01　A: You have a bad cough. Did you catch a cold?
　　　　B: Yes, I will go to the pharmacy and get some medicine.

02　A: How can you take cold medicine without a doctor's prescription?
　　　　B: In Korea, we can buy medication, like cough medicine and some antibiotics without a doctor's prescription.

03　A: Will you fill this prescription, please?
　　　　B: I'll have it ready for you right away.

04　A: Do you carry penicillin tablets?
　　　　B: Do you have a prescription?
　　　　　We can't sell those antibiotics over the counter.

🔔 119 병문안

01 A: 당신 다쳤습니까, 당신 자신을?
　　　당신은 괜찮은가요?
　　B: 걱정하지 마십시오, 그것에 대해.

02 A: 당신은 보여요, 창백한 (상태로).
　　B: 나는 아마도, 밑으로 내려오고 있어요, 감기와 함께.
　　　나는 아파요, 모든 데로.
　　A: 당신은 그래요? 독감이 가고 있어요, 주변으로.

03 A: 어떻게, 당신은 느끼나요, 오늘?
　　B: 나는 느낍니다, 많이 더 좋은 (상태로), 어제보다.

04 A: 나는 느끼지 않습니다, 매우 잘.
　　　나는 느껴요 약간, 그 날씨 아래에 (있는 것처럼).
　　B: 왜, 당신은 갖지 않나요, 약간의 신선한 공기를, 바깥에서,
　　　그리고, 당신은 느낄 겁니다, 많이 더 좋은 (상태로).

01 A: 다쳤습니까?
　　　괜찮은가요?
　　B: 걱정하지 마세요.

02 A: 창백해 보여요.
　　B: 감기가 오려나봐요.
　　　몸살도 있고요.
　　A: 그래요? 독감이 유행이라던데.

03 A: 오늘은 좀 어떠세요?
　　B: 어제보다는 훨씬 좋아요.

04 A: 기분이 좋지 않아요.
　　　몸이 안 좋아요.
　　B: 밖에 나가서 바람 좀 쐬고 오지요.
　　　그러면 기분이 한결 나아질 겁니다.

🔔 120 약국에서

01 A: 당신은 가지고 있군요, 나쁜 감기를. 당신은 잡았습니까, 감기를?
　　B: 예, 나는 갈 겁니다, 약국으로, 그리고, 가질 겁니다,
　　　약간의 약을.

02 A: 어떻게, 당신은 취할 수 있죠, 감기약을, 의사의
　　　처방전 없이?
　　B: 한국에서, 우리는 살 수 있어요, 약물들을,
　　　기침약, 그리고, 일부 항생제들 같은, 의사의 처방전 없이.

03 A: 당신은 채워주시겠습니까, 이 처방전을, 부탁합니다?
　　B: 나는 하게 할 것입니다 그것을, 준비된 (상태로), 당신을 위해, 당장.

04 A: 당신은 나릅니까, 페니실린 알약들을?
　　B: 당신은 가지고 있나요, 처방전을?
　　　우리는 팔 수 없습니다, 그런 항생제들을, 카운터 위로.

01 A: 기침이 심하군요. 감기 걸렸어요?
　　B: 예, 약국 가서 약을 구해야겠어요.

02 A: 어떻게 감기약을 의사의 처방전 없이
　　　살 수 있죠?
　　B: 한국에서는 감기약이나 일부 항생제는
　　　처방전 없이 살 수 있어요.

03 A: 이 처방전대로 약을 좀 지어주십시오.
　　B: 곧 지어드리지요.

04 A: 페니실린 알약 있습니까?
　　B: 처방전은 있습니까? 그런 항생제는
　　　약국에서 처방전 없이는 팔 수 없습니다.

□ have a terrible headache
  두통이 심하다
□ take my medicine 약을 먹다
□ relieve pain 고통을 덜다
□ a single dosage 한 번 복용량
□ expiration date 유효 기간

121
□ have a high fever and a
  headache 고열과 두통이 있다
□ get a splitting headache
  머리가 깨지는 듯이 아프다
□ get a throbbing headache
  머리가 욱신거리며 아프다
□ suffer from ~ ~로 고통을 받다
□ migraine 편두통
□ a painkiller 진통제
□ feel dizzy 어지럼을 타다

122
□ have a cramp in ~ ~에 쥐가 나다
□ have calluses on ~ ~에 굳은살이 있다
□ My leg went to sleep. 발이 저려요.
□ trip over ~ ~에 걸려 넘어지다
□ sprain my ankle 발목을 삐다
□ I cut my finger. 손가락을 베었다.
□ be swollen 부어오르다
□ wear a cast 깁스를 하다
□ an ointment 연고
□ athlete's foot 무좀

진료 받기

의사나 간호원이 환자에게 증상을 물을
때는 "What is the matter with
you?" 혹은 "What seems to be the
problem?"(어디가 편찮으십니까?)라고
표현한다. household appliance(가전
제품) 수리공이 "What seems to be
the problem?"이라고 물으면 "무슨 문
제가 있습니까?"를 의미하게 된다.

05 A: How often do I have to take my medicine?
    B: Take it after each meal, three times a day.

06 A: I have a terrible headache.
    B: Then take two aspirins and get some rest.
    Aspirin is useful in relieving pain associated
    with headaches and reducing fever.
    A single dosage will last for 4 hours.
    Take two pills with water every four hours.
    Keep out of reach of children.
    The expiration date is 3/30/2003, throw away
    if after that date.

😊 SITUATION 121 The head

01 A: I have a high fever and a headache.
    B: It's too high. You should see a doctor.
02   I've got a splitting headache.
03   I've got a throbbing headache.
04   My head feels so heavy.
05   I suffer from migraines.
06   May I have a painkiller?
07   I feel dizzy.

😊 SITUATION 122 Hands and feet

01   I have a cramp in my foot.
02   My leg went to sleep.
03   I have calluses on my palm.
04   I fell down and broke my arm.
05   I tripped over a rock and I sprained my ankle.
06   I cut my finger.
07   My ankle is all swollen.
08   You're wearing a cast.
09   This ointment is good for athlete's foot.

05 A: 얼마나 자주, 나는 취해야 하나요, 나의 약을?

B: 취하세요 그것을, 매 식사 후에, 하루에 세 번.

06 A: 나는 가지고 있어요, 끔찍한 두통을.

B: 그러면 드세요, 두 알의 아스피린을, 그리고, 취하세요,
약간의 휴식을. 아스피린은 유용합니다, 덜어주는 데
통증을, 관련된 두통과, 그리고, 낮추는 데 열을.
1회 투약은, 지속시킬 겁니다, 4시간 동안.
취하세요, 두 알을, 물과 함께, 매 네 시간마다.
유지하세요, '손을 뻗칠 수 있는 범위' 밖에, 아이들의.
만료 날짜는, 2003년 3월 30일입니다,
던지세요 멀리, 만약, 그 날짜 후라면.

🔔 121 머리

01 A: 나는 가지고 있어요, 높은 열과 두통을.

B: 그것 너무 높군요. 당신은 보아야겠어요, 의사를.

02 나는 가졌어요, 쪼개지는 두통을.

03 나는 가졌어요, 맥박 치는 두통을.

04 나의 머리는 느껴요, 너무 무거운 (상태를).

05 나는 고통 받아요, 편두통으로부터.

06 내가 가질 수 있나요, 진통제를?

07 나는 느껴요, '현기증 나는' (상태를)

🔔 122 손, 발

01 나는 가지고 있어요, 경련을, 나의 발에.

02 나의 다리가 갔다, 잠으로.

03 나는 가지고 있습니다, 굳은살들을, 손바닥 위에.

04 나는 밑으로 떨어졌어요, 그리고, 깨뜨렸어요, 나의 팔을.

05 나는 걸렸어, 돌 위에, 그리고, 나는 삐었어요, 나의 발목을.

06 나는 베었다, 나의 손가락을.

07 나의 발목은 모두 부었어요.

08 너는 입고 있군, 깁스를.

09 이 연고는 좋아요, 운동선수의 발을 위해.

---

05 A: 얼마나 자주 약을 복용해야 합니까?

B: 식사 후 하루에 세 번 드세요.

06 A: 두통이 심합니다.

B: 그러면 아스피린 두 알 드시고 휴식을
취하세요. 아스피린은 두통과 관련된
통증을 줄여주고 열을 낮추는 데 유용합니다.
한 번 투약(2알)으로 4시간 효과가
지속됩니다. 네 시간마다 두 알씩 물과 함께
복용하세요. 어린이들의 손이 닿지 않는
곳에 보관하십시오. 유효 기간이 2003년
3월 30일까지이니 그 기간이 지나면
버려주십시오.

---

01 A: 고열이 있고 두통이 있습니다.

B: 열이 많이 나는군요. 병원에 가봐야겠어요.

02 머리가 깨지는 것 같아요.

03 머리가 욱신욱신 아파요.

04 머리가 무지근해요.

05 편두통으로 힘들어요.

06 진통제 있어요?

07 현기증이 나요.

---

01 발에 쥐가 났습니다.

02 다리가 저립니다.

03 손바닥에 굳은살이 박혔습니다.

04 넘어져서 팔을 부러뜨렸어요.

05 돌부리에 걸려 넘어져서 발목을 삐었어요.

06 손가락을 베었어요.

07 발목이 팅팅 부었어요.

08 너 깁스하고 있구나.

09 이 연고는 무좀에 잘 들어요.

□ a Band-Aids 일회용 반창고

123
□ have a backache
　　요통이 있다
□ My back went out.
　　허리를 삐었다.
□ a pain in the lower back
　　등 아래쪽에 통증
□ a pain on the right side
　　오른쪽 옆구리 쪽에 통증

124
□ get something in my eyes
　　내 눈에 뭔가 있다
□ My eyes are sore.
　　눈이 따끔거리다.
□ have an eye infection
　　다래끼가 있다
□ near-sighted 근시
□ far-sighted 원시
□ bandage 붕대를 감다
□ slug ~ ~를 주먹으로 세게 치다
□ give ~ a black eye
　　~에게 눈을 멍들게 하다
□ a double eyelid 쌍꺼풀
□ cosmetic surgery
　　성형 수술

125
□ My nose is stuffed up.
　　코가 막히다.
□ have a runny nose
　　콧물이 나오다
□ have a bloody nose
　　코피가 나다
□ pick one's nose
　　코를 후비다
□ sneeze 재채기하다
□ My ears are ringing.
　　귀가 울리다.

10　　Give me some Band-Aids please.

🗣 SITUATION 123 The back, The waist

01　　I have a backache.
02　　My back went out while I moved the furniture yesterday.
03　　I have a pain in the lower back.
04　　I have a pain on the right side.

🗣 SITUATION 124 An eye

01　A: I've got something in my eyes.
　　B: Try to cry and wash it out.
02　　My eyes are sore.
03　　I have an eye infection.
04　　You have something in the corner of your eyes.
05　　I'm near-sighted/far-sighted.
06　　I need a new pair of glasses.
07　　You have your eye bandaged.
08　　He slugged his wife and gave her a black eye.

09　　Creating a double eyelid is the most popular cosmetic surgery among Korean women.

🗣 SITUATION 125 Nose and ears

01　　My nose is stuffed up.
02　　I have a runny nose.
03　　I have a bloody nose.
04　　Stop picking your nose.
05　　My nose is itchy. I can't stop sneezing.
06　　My ears are ringing.

10	주세요 나에게, 약간의 반창고를, 부탁합니다.	10	반창고 좀 주세요.

🔔 123 등, 허리

01	나는 갖고 있어요, 등 통증을.	01	등에 통증이 있어요.
02	나의 허리가 갔어요 밖으로, 내가 옮기는 동안, 그 가구를, 어제.	02	어제 가구를 옮기다가 허리를 삐었어요.
03	나는 갖고 있어요, 아픔을, 아래의 등에.	03	허리가 아파요.
04	나는 갖고 있어요, 아픔을, 오른쪽 옆구리에.	04	오른쪽 옆구리에 통증이 있어요.

🔔 124 눈

01	A: 나는 가졌어요, 무언가를, 나의 눈에. B: 시도하세요, 우는 것을, 그리고, 씻으세요 그것을, 밖으로.	01	A: 나는 눈에 뭐가 들어갔어요. B: 눈물을 흘려서 씻어내도록 해.
02	나의 눈이 쑤셔요.	02	눈이 따끔거려요.
03	나는 가지고 있어요, 눈 감염을.	03	눈에 다래끼가 났어요.
04	너는 갖고 있어, 물질을, 구석에, 너의 눈들의.	04	눈가에 뭔가가 끼어 있군.
05	나는 근시/원시예요.	05	나는 근시/원시예요.
06	나는 필요해요, 새로운 한 쌍의 안경이.	06	새 안경이 필요해요.
07	너는 가지고 있구나, 너의 눈을, 붕대를 한.	07	너 안대를 했구나.
08	그는 주먹으로 때렸다, 그의 아내를, 그리고, 주었다 그녀에게, 검은 눈을.	08	그는 아내를 주먹으로 때려 눈을 멍들게 했다.
09	창조하는 것은, 이중 눈꺼풀을, 가장 인기 있는 성형 수술이다, 한국 여성들 사이에서.	09	한국 여성들에게 가장 인기 있는 성형 수술은 쌍꺼풀 수술이다.

🔔 125 코, 귀

01	나의 코가 막혀 있다.	01	코가 막혔다.
02	나는 갖고 있다, 달리는 코를.	02	콧물이 자꾸 흐른다.
03	나는 갖고 있어요, 피나는 코를.	03	코피가 나요.
04	멈춰, 찌르는 것을, 너의 코를.	04	코 좀 후비지 마.
05	나의 코가, 근질거려. 나는 멈출 수 없어, 재채기하는 것을.	05	코가 근질거려. 재채기를 멈출 수 없어.
06	나의 귀는, 울리고 있어요.	06	귀가 윙윙거려요.

126

- □ have chapped lips 입술이 트다
- □ have bad breath 입 냄새가 나다
- □ face the other way
  얼굴을 다른 쪽으로 돌리다
- □ stop one's hiccups
  딸꾹질을 멈추다
- □ suppress a yawn 하품을 참다
- □ have a terrible toothache
  심한 치통이 있다
- □ have a cavity 충치가 있다
- □ have a molar pulled out
  어금니를 뽑다
- □ gums 잇몸

127

- □ have a sore throat
  목구멍이 아프다
- □ bring up phlegm 가래가 나오다
- □ clear one's throat
  헛기침을 하다
- □ be hoarse from a cold
  감기로 목이 쉬다
- □ have a tight muscle around my
  neck 목 주위가 뻣뻣하다

128

- □ have stomachache 위통이 있다
- □ My stomach is upset.
  배탈이 나다.
- □ have a sour stomach
  속이 쓰리다
- □ have indigestion 소화불량이다
- □ digestive medicine 소화제
- □ carsickness 차멀미
- □ get the run = have diarrhea
  설사하다
- □ be diagnosed with ~
  ~로 진단을 받다
- □ undergo lung surgery
  폐 수술을 받다

😀 SITUATION 126 The mouth, Teeth

01	I have chapped lips.
02	You have bad breath! Face the other way, please.
03	I couldn't stop my hiccups.
04	I can't suppress a yawn.
05	The hiccups wouldn't stop.
06	I have a terrible toothache.
07	I have a cavity in a tooth.
08	My tooth is badly decayed.
09	My teeth hurt when I eat anything cold.
10	I'd like to have a molar/my wisdom teeth pulled out.
11	My gums are bleeding.

😀 SITUATION 127 A throat, A neck

01	I have a sore throat.
02	My cough is terrible and I am bringing up a lot of phlegm.
03	He cleared his throat and spat on the path.
04	I'm a little hoarse from a cold.
05	I have a tight muscle around my neck.

😀 SITUATION 128 The stomach and the intestine, The anus

01	I have stomachache. My stomach hurts.
02	My stomach is upset.
03	I have a sour stomach.
04	I have indigestion.
05	I'd like some digestive medicine.
06	Give me something for carsickness.
07	I've got the runs. = I have diarrhea.
08	He was diagnosed with lung cancer and underwent lung surgery.

🔔 126 입, 이

01	나는 가지고 있어요, 갈라진 입술을.
02	너는 갖고 있어, 나쁜 숨을! 얼굴을 향해, 다른 방향으로, 제발.
03	나는 멈출 수 없었다, 나의 딸꾹질을.
04	나는 억누를 수 없어, 하품을.
05	딸꾹질이 멈추려고 하지 않아.
06	나는 갖고 있어요, 끔찍한 치통을.
07	나는 갖고 있어요, 구멍을, 하나의 이에.
08	나의 이빨은, 나쁘게 썩었어요.
09	나의 이는 아파요, 내가 먹을 때, 어떤 것을 차가운.
10	나는 원합니다, 가지기를, 어금니/사랑니가, 밖으로 당겨진 (상태를).
11	나의 잇몸이, 피를 흘리고 있어요.

01	입술이 텄습니다.
02	입 냄새 나! 얼굴 좀 돌려줘.
03	딸꾹질을 멈출 수 없어.
04	나는 하품을 참을 수 없어.
05	딸꾹질은 멈추지 않을 거야.
06	치통이 심해요.
07	충치가 있어요.
08	이가 심하게 썩었어요.
09	찬 걸 먹으면 이가 시려요.
10	어금니/사랑니를 빼고 싶어요.
11	잇몸에서 피가 나요.

🔔 127 목, 목구멍

01	나는 갖고 있어요, 쑤시는 목을.
02	나의 기침이 끔찍하다, 그리고, 나는 갖고 온다 위로, 많은 가래를.
03	그는 깨끗하게 했다, 그의 목을, 그리고, 침을 뱉었다, 보도 위에.
04	나는 약간 목쉰(상태)다, 감기로부터.
05	나는 가지고 있어요, 단단한 근육을, 나의 목 주변에.

01	목구멍이 아파요.
02	기침이 심하고 가래가 많이 나온다.
03	그는 헛기침을 해서는 길에 가래를 뱉었다.
04	감기로 목이 약간 쉬었다.
05	목 주위가 뻣뻣합니다.

🔔 128 위, 장, 항문

01	나는 갖고 있어요, 위통을. 내 위가, 아파요.
02	나의 배가, 뒤집어졌어요.
03	나는 갖고 있어요, 시큼한 위를.
04	나는 갖고 있어요, 소화불량을.
05	나는 원해요, 약간의 소화제를.
06	주세요 나에게, 무언가를, 차멀미를 위한.
07	나는 가졌어, '달려가는 것들'을. = 나는 가졌어, 설사를.
08	그는 진단 받았다, 폐암으로, 그리고, 겪었다, 폐 수술을

01	복통이 있어요. 내 배가 아파요.
02	배탈이 났어요.
03	속이 쓰려요.
04	소화불량이에요.
05	소화제 좀 주세요.
06	차멀미 약 좀 주세요.
07	배탈이 났어요.
08	그는 폐암 진단을 받고 폐 수술을 받았다.

✔ **바로 이것이 포인트!**

☐ be constipated 변비에 걸리다
☐ suffer from hemorrhoids
  치질로 고생하다

129
☐ My face breaks out.
  얼굴에 여드름 같은 것이 나다.
☐ have dandruff
  비듬이 있다
☐ ~ gives me goose bump
  ~에 소름이 끼치다
☐ ticklish 간지럼을 잘 타는
☐ itchy 가려운
☐ have a bruise 타박상을 입다
☐ I burned my hand.
  손을 뎄다.
☐ immerse the affected part in
  cold water
  차가운 물에 환부를 담그다
☐ The pain subsides.
  통증이 가라앉다.
☐ be infected with ~ ~에 감염 되다
☐ a venereal disease 성병
☐ I'm having my period.
  생리 중이다.

130
☐ high blood pressure
  = hypertension 고혈압
☐ low blood pressure
  = hypotension 저혈압
☐ blood type 혈액형
☐ apply firm pressure to ~
  ~에 견고한 압박을 가하다

131
☐ have a good night's sleep
  간밤에 잘 자다
☐ I couldn't sleep a wink
  한숨도 자지 않다
☐ toss and turn all night
  밤새 뒤척이다

👥 SITUATION 129 The skin, The genital area

01 A: My face breaks out too much.
    B: Have you tried some medicine?
02   You have dandruff.
03   That story gives me goose bumps.
04   I'm very ticklish.
05   My skin feels itchy.
06   I have a bruise here.
07   I burned my hand cooking.
08   The best first aid for all simple burns is cold water
      or ice if it is available. Immerse the affected part
      in cold water until the pain stops or subsides.
09   You sweat a lot.
10   I've been infected with a venereal disease.
11   I'm having my period.

👥 SITUATION 130 Blood

01   I have high blood pressure/hypertension.
02   I have low blood pressure/hypotension.
03   My blood type is O.
04   The best way to stop bleeding is to apply steady,
      firm pressure directly to the wound.

👥 SITUATION 131 Sleep

01 A: Did you have a good night's sleep?
    B: No, I couldn't sleep a wink.

02   I tossed and turned all night thinking about
      today's job interview.

| 09 | 나는 변비에 걸렸어요. | 09 | 변비가 있어요. |
| 10 | 나는 고통받고 있어요, 치질로. | 10 | 치질로 고생하고 있어요. |

🔔 129 피부, 음부

01 A: 나의 얼굴은, 깨진다 밖으로, 너무 많이.

B: 당신은 시도한 적이 있나요, 약간의 약을?

02 너는 갖고 있구나, 비듬을.

03 그 이야기는, 준다 나에게, 소름을.

04 나는 매우 간지럼을 잘 탄다.

05 나의 피부는, 느껴요, 가려운 (상태를).

06 나는 갖고 있어요, 타박상을, 여기에.

07 나는 태웠어요, 나의 손을, 요리하고 있는.

08 가장 좋은 첫 도움은, 모든 간단한 화상들을 위한, 찬물 혹은 얼음이다, 만약 그것이 사용 가능하다면. 담가라, 영향을 받은 부분을, 찬물에, 통증이 멈추거나 진정될 때까지.

09 당신은 땀을 흘리는군요, 많이.

10 나는 감염됐어요, 성병에.

11 나는 갖고 있어, 나의 기간을.

---

01 A: 얼굴에 여드름이 너무 많이 납니다.

B: 약은 좀 발라봤나요?

02 너 비듬 있구나.

03 그 이야기를 들으니 소름이 끼쳐.

04 나는 간지럼을 잘 탄다.

05 피부가 가려워요.

06 여기 멍이 들었어요.

07 요리하다가 손을 데었어요.

08 모든 간단한 화상의 가장 좋은 응급처치는 이용할 수 있다면 차가운 물 또는 얼음을 사용하는 것이다. 고통이 멈추거나 고통이 진정될 때까지 화상 부위를 찬물에 담가라.

09 당신은 땀을 많이 흘리는군요.

10 성병에 걸렸어요.

11 나는 생리 중이야.

🔔 130 혈액

01 나는 갖고 있어요, 고혈압을.

02 나는 갖고 있어요, 저혈압을.

03 나의 혈액 형태는, O입니다.

04 가장 좋은 방법은, 멈추게 하는 출혈을, 적용하는 것이다, 지속적인, 견고한 압박을, 직접적으로, 상처에.

---

01 고혈압이에요.

02 저혈압이에요.

03 혈액형은 O형입니다.

04 출혈을 멈추게 하는 최선의 방법은 상처를 지속적이고 단단하게 압박하는 것이다.

🔔 131 잠

01 A: 당신은 가졌나요, 좋은 밤의 잠을?

B: 아니요, 나는 잘 수 없었어요, '한 번 눈 붙이는 것'도.

02 나는 던졌다, 그리고, 돌렸다, 모든 밤 (동안), 생각하면서, 오늘의 취직 인터뷰에 대해.

---

01 A: 간밤에 잘 잤나요?

B: 아니요, 한숨도 못 잤어요.

02 나는 오늘의 취직 인터뷰를 생각하면서 밤새 뒤척였다.

□ stay up all night
　밤을 새우다
□ doze off 꾸벅꾸벅 졸다
□ feel drowsy 졸리다
□ take a nap 낮잠을 자다
□ suffer from insomnia
　불면증에 시달리다
□ a sleeping pill 수면제

132
□ gain weight 체중이 늘다
□ get a potbelly
　배가 나오다
□ lose weight 체중이 줄다
□ turn over a new leaf
　새 사람이 되다
□ work out 운동하다
□ be in good shape
　몸매가 좋다, 건강이 좋다
□ be well built 체격이 좋다
□ be on a diet
　다이어트 중이다
□ slim down 군살을 빼다
□ eat in measure
　알맞게 먹다

몸매 가꾸기

몸매가 날씬한 여자에게는 "How do you keep in shape?"(어떻게 몸매를 유지하나요?) 혹은 "You are in very good shape."(몸매가 참 좋습니다.)라고 칭찬하면 매우 좋아할 것이다.
건장한 남자에게는 You are well built.(체격이 좋으시군요.)라고 하면 된다. 조금이라도 장점이 있는 사람에게는 칭찬을 아끼지 말아야겠다. 사람이란 칭찬을 받으면 자랑을 하고 싶게 마련이다. 날씬해진 비결을 자랑하고 싶으면 "I'm on a diet."(다이어트 중이거든요.) 혹은 "I joined a health club."(헬스클럽에 다니거든요.)라고 할 수 있겠다.

03　We stayed up all night playing cards.
04　I dozed off on the bus and missed my stop.
05　I always feel drowsy after lunch. So I take a nap.

06　I suffer from insomnia.
07　I need sleeping pills.

👩 SITUATION 132 Exercise, Diet

01　A: You've gained a lot of weight lately?
　　　You are starting to get a potbelly.
　　　You've got to lose some weight.
　　B: Yes, so I'm going to turn over a new leaf and begin exercising more.

02　A: How often do you work out?
　　B: At least twice a week.

03　A: You are in very good shape.
　　B: You are well built.

04　A: Are you on a diet?
　　B: Yes, I want to slim down.

05　A: How do you keep in such great shape?
　　B: I joined a health club.

06　A: Can I ask what your secret of health is?
　　B: Eat in measure and defy the doctor.

07　A: Early to bed and early to rise makes a man healthy, wealthy and wise.
　　B: It is not until we lose health that we realize the value of it.

03 우리는 머물렀다 위로, 온 밤 (동안), 카드놀이를 하면서.	**03** 우린 카드하면서 밤을 새웠다.
04 나는 졸았다, 버스 위에서, 그리고, 놓쳤다, 나의 정거장을.	**04** 버스에서 조는 바람에 정거장을 지나쳐버렸다.
05 나는 항상 느낀다, '졸음이 오는' (상태를), 점심 후. 그래서, 나는 취한다, 낮잠을.	**05** 점심 후에는 졸려서 낮잠을 잔다.
06 나는 고통받습니다, 불면증으로.	**06** 나는 불면증에 시달립니다.
07 나는 필요해요, 잠자는 알약들을.	**07** 수면제 좀 주세요.

🔔 132 운동, 다이어트

---

01 A: 당신은 얻어왔다, 많은 무게를, 최근.
당신은 시작하는군요, 갖기를 불뚝한 배를.
당신은 잃어야 합니다, 약간의 체중을.
B: 예, 그래서 나는 뒤집을 겁니다, 새로운 잎을, 그리고, 시작할
겁니다, 운동하는 것을, 더.

01 A: 당신은 최근 체중이 너무 늘었군요.
배불뚝이가 되기 시작하는군요.
체중을 좀 줄여야겠어요.
B: 예. 그래서 심기일전해 운동을 더 많이
할 겁니다.

02 A: 얼마나 자주, 당신은 운동합니까?
B: 적어도, 두 번, 일주일에.

02 A: 얼마나 자주 운동을 하십니까?
B: 적어도 일주일에 두 번은 운동합니다.

03 A: 당신은 있다, 매우 좋은 형태에.
B: 당신은 잘 건설됐는데요.

03 A: 몸매가 참 좋습니다.
B: 당신은 체격이 좋으시군요.

04 A: 당신은 다이어트 중입니까?
B: 예, 나는 원해요, 날씬해지기를.

04 A: 다이어트 중이세요?
B: 예, 날씬해지고 싶거든요.

05 A: 어떻게, 당신은 유지합니까, 그런 위대한 형태로.
B: 나는 가입했어요, 헬스클럽에.

05 A: 어떻게 그렇게 멋진 몸매를 유지하세요.
B: 헬스클럽에 다니고 있거든요.

06 A: 내가 물을 수 있나요, 무엇이 당신의 비밀인지, 건강의?
B: 먹으세요, (적당한) 분량으로, 그리고, 반항하세요, 의사에게.

06 A: 당신의 건강 비결을 여쭤봐도 되나요?
B: 알맞게 먹으면 의사가 필요 없지요.

07 A: 일찍 침대로 (가는 것), 그리고, 일찍 일어나는 것이, 만들지요
남자를, 건강한, 부유한, 그리고, 현명한 (상태로).
B: 그것은 아니다, 우리가 잃을 때까지는, 건강을, 우리가 깨닫는 것은,
가치를, 그것의.

07 A: 일찍 자고 일찍 일어나면 사람이
건강하고 부유하고 현명해진다.
B: 건강을 잃고서야 비로소 건강의
소중함을 안다.

Chapter 18
School / 학교

SITUATION 133

School, A major, A grade / 학교, 전공, 학년

SITUATION 134

Graduation, Dropping out of school / 졸업, 중퇴

SITUATION 135

Entrance into a school / 입학

SITUATION 136

Attending school / 등교

SITUATION 137

Attending class / 수업

SITUATION 138

Homework / 숙제

SITUATION 139

Extracurricular activities, A classmate / 과외 활동, 급우

SITUATION 140

One's speaking ability / 외국어 능력

SITUATION 141

Examination / 시험

SITUATION 142

An entrance examination / 입학 시험

✔ 바로 이것이 포인트!

133
- □ graduate from ~
  ~를 졸업하다
- □ 3 years my senior
  3년 선배
- □ What year are you in?
  = What grade are you in?
  몇 학년이니?
- □ a freshman 1학년
- □ a sophomore 2학년
- □ a junior 3학년
- □ a senior 4학년

134
- □ have a long way to go to ~
  ~ 하려면 아직 멀다
- □ a valedictorian
  졸업생 대표
- □ be admitted to ~
  ~에 합격하다
- □ icing on the cake 금상첨화
- □ make it 성공하다
- □ have an itch to ~
  ~하고 싶은 마음이 굴뚝같다

출신교 묻기

"어느 학교에 다니십니까?"는 그대로 영어로 옮겨 "What school(university) do you go to?"라고 해도 된다. 대답은 "I'm attending Seoul National University."(서울대학교에 다닙니다.)라고 할 수도 있지만 attend보다는 go to가 더 자주 쓰인다.

"어느 대학을 나오셨습니까"는 "Where did you go to school?" 혹은 "What school did you go to?"라고 한다. 대답은 "I went to Harvard."(하버드대를 다녔습니다.) 혹은 "I graduated from Harvard."(하버드대를 졸업했습니다.)라고 말하면 된다.

🗣 SITUATION 133 School, A major, A grade

01
A: Where did you go to school? = Which school did you graduate (from)?
B: I graduated from Harvard. = I went to Harvard.

02
A: Really? We went to the same school. What class?
B: Class of 89.
A: You are 3 years my senior, then.

03
A: What was your major at college?
B: Computer science.

04
A: What year are you in?
B: I'm a freshman(sophomore, junior, senior).

05
A: What grade are you in?
B: Eighth.

SITUATION 134 Graduation, Dropping out of school

01
A: How soon do you graduate?
B: I still have a long way to go to finish my degree.

02
A: My daughter graduated from high school as valedictorian, and she's been admitted to Yale with a scholarship.
B: Really? That's icing on the cake!

03
A: What are you going to do when you grow up?
B: I want to make it as a TV anchorman.

04
A: What are you going to do after you graduate from college?
B: I have an itch to go into the high-tech industry so I can make a lot of money.

133 학교, 전공, 학년

01 A: 어디로, 당신은 갔습니까, 학교로?
= 어떤 학교를, 당신은 졸업했습니까?
B: 나는 졸업했어요, 하버드로부터. = 나는 갔어요, 하버드에.

02 A: 정말인가요? 우리는 갔군요, 같은 학교로.
무슨 학번인가요?
B: 89학번입니다.
A: 당신은 3년 나의 선배군요, 그러면.

03 A: 무엇이 당신의 전공이었습니까, 대학에서?
B: 컴퓨터 과학.

04 A: 몇 년 안에, 당신은 있습니까?
B: 나는 대학 1(2, 3, 4)학년입니다.

05 A: 몇 학년에, 너는 있니?
B: 8학년.

134 졸업, 중퇴

01 A: 얼마나 빨리, 너는 졸업하니?
B: 나는 아직 갖고 있어, 긴 길을 가야 할, 마치기 위해 나의 학위를.

02 A: 내 딸은 졸업했어, 고등학교로부터, 졸업생 대표로서,
그리고, 그녀는 받아들여졌어, 예일에, 장학금과 함께.
B: 정말? 그것 당의(糖衣)로군, 케이크 위에 (있는)!

03 A: 무엇을, 너는 할 거니, 네가 자랐을 때?
B: 나는 원해요, 만들기를 그것(출세)을, TV 앵커로서.

04 A: 무엇을, 너는 할 거니, 네가 졸업한 후, 대학으로부터?
B: 나는 갖고 있어 가려움을, 들어가려는, 높은 기술 산업 안으로,
그래서, 내가 만들 수 있도록, 많은 돈을.

---

01 A: 어느 학교를 나왔습니까?
B: 하버드대학을 나왔습니다.

02 A: 그래요? 우리는 동문이군요.
몇 학번입니까?
B: 89학번입니다.
A: 그럼 저의 3년 선배시군요.

03 A: 대학 때 전공이 무엇이었습니까?
B: 컴퓨터 공학이었습니다.

04 A: 몇 학년입니까?
B: 1학년입니다. (2학년, 3학년, 4학년)

05 A: 몇 학년이니?
B: 8학년입니다.

---

01 A: 언제 졸업해?
B: 학위를 끝내려면 아직 멀었어.

02 A: 내 딸이 고등학교를 수석 졸업했고
장학생으로 예일대에 합격했어.
B: 정말? 금상첨화로군.

03 A: 넌 커서 무엇이 될래?
B: 난 TV 앵커로 출세하고 싶어요.

04 A: 너 대학 졸업 후에 뭘 할 거니?
B: 첨단산업에 종사해서 돈을 많이 벌고
싶은 마음이 굴뚝같아.

□ reenter 다시 들어가다, 복학하다
□ take next semester off
　다음 학기를 휴학하다
□ drop out of graduate school
　대학원을 중퇴하다

135
□ It doesn't hurt to try.
　손해 볼 건 없다, 밑져야 본전이다.
□ a pie in the sky 그림의 떡
□ boggle the mind
　정신이 아찔할 정도이다, 상상도 못할 일이다
□ take 7 courses
　7과목을 수강하다
□ apply for 18 credits
　18학점을 신청하다

136
□ There is no time to lose.
　꾸물거릴 시간이 없다.
□ Take it easy. 걱정하지 마.
□ play hooky 학교를 빼먹다

137
□ call the roll 출석을 부르다

학년 묻기

미국의 초등학교인 elementary school은 6학년까지 있고 중학교인 middle school은 7학년에서 9학년까지, 고등학교인 high school은 10학년에서 12학년까지 있다. 지역에 따라 elementary school(1~5학년)–junior high school(6~8학년)–senior high school(9~12학년) 과정을 두기도 한다. 학년을 물을 때 "3학년이에요."라고 대답하려면 "I'm in the third grade."이라고 해야 원칙이지만 이렇게 길게 말하는 사람은 거의 없고 그냥 간단히 "Third." 라고만 한다.

05　A: I reentered school this year.
　　B: I'm going to take next semester off.

06　A: Why did you drop out of graduate school?
　　B: My heart wasn't in it.

🗣 SITUATION 135 Entrance into a school

01　A: Why didn't you apply to Harvard? Give it a chance.
　　　It doesn't hurt to try.
　　B: Harvard is just a pie in the sky for me.

02　A: Isn't it incredible that Susan got accepted
　　　to Harvard Law School?
　　B: Yes, it really boggles the mind.
　　　She's one of the dumbest persons I've ever met.

03　A: How many courses are you taking this semester?
　　　I'm taking seven courses.
　　B: I applied for 18 credits.

🗣 SITUATION 136 Attending school

01　A: There is no time to lose. We're going to be late
　　　for school.
　　B: Take it easy. We still have lots of time.

02　A: Do you want to go with me to see the movie?
　　B: My mother will kill me if I play hooky again.

🗣 SITUATION 137 Attending class

01　A: I am going to call the roll. Mary!
　　B: Here, sir.

05 A: 나는 다시 들어왔어, 학교에, 금년에.

B: 나는 휴학할 거야, 다음 학기를.

06 A: 왜 너는 떨어져 나왔니, 대학원으로부터?

B: 나의 심장은 없었어, 그것 안에.

05 A: 올해 복학했어.

B: 나는 다음 학기에 휴학할 거야.

06 A: 왜 대학원을 중퇴했지?

B: 마음에 없었어.

🔔 135 입학

01 A: 왜, 너는 지원하지 않았니, 하버드에? 줘봐 그것에, 하나의 기회를. 그건 다치지 않아, 시도하는 것으로는.

B: 하버드는, 단지 하나의 파이야, 하늘에 있는, 나에게는.

02 A: 그것은 믿을 수 없지 않니, 수잔이 받아들여졌다는 것은, 하버드 법대에?

B: 예, 그것은 정말, 놀라서 주춤하게 합니다 마음을. 그녀는 한 명이지요, 가장 우둔한 사람 중의, 내가 지금껏 만났던.

03 A: 얼마나 많은 코스를, 당신은 취하고 있니, 이번 학기에? 나는 취하고 있어, 7코스를.

B: 나는 신청했어, 18학점을 위해.

01 A: 하버드에 원서를 내보지 그랬어? 한번 시도해봐. 손해볼 건 없잖아.

B: 하버드는 내게 그림의 떡이야.

02 A: 수잔이 하버드대학교 법과대학에 입학했다니 믿을 수 없지 않니?

B: 예, 정말 깜짝 놀랄 일이지요. 그녀는 내가 본 사람 중에 가장 우둔한 사람에 속하거든요.

03 A: 이번 학기에 몇 과목을 수강하니? 난 일곱 과목을 수강해

B: 18학점을 신청했어.

🔔 136 등교

01 A: 없어, 어떤 시간도, 잃어버릴. 우리는 늦을 거야, 학교에.

B: 취해라 그것을, 쉬운 (상태로). 우리는 아직 갖고 있어, 많은 시간을.

02 A: 너는 원하니, 가기를, 나와 함께, 보기 위해 그 영화를?

B: 나의 엄마가, 죽일 거야 나를, 만약 내가 학교를 빼먹으면, 다시.

01 A: 우물쭈물할 시간이 없어. 학교에 늦을 거야.

B: 걱정하지 마. 아직 시간이 많아.

02 A: 영화 보러 나와 함께 가지 않을래?

B: 또 학교를 빼먹으면 엄마가 날 죽이려들 거야.

🔔 137 수업

01 A: 나는 부를 겁니다, 출석부를. 메리!

B: 여기요, 선생님.

01 A: 출석 부르겠어요. 메리!

B: 예, 선생님.

□ go over well with ~
　~에게 잘 받아들여지다
□ That makes two of us.
　나도 마찬가지다.
□ be wide of the mark
　빗나가다, 틀리다
□ catch me off guard 허를 찌르다
□ hand these papers out to ~
　이 종이를 ~에게 건네주다
□ scratch the surface
　수박 겉핥기식으로 하다
□ be overwhelmed by ~
　~에 압도되다, 제압되다
□ as time goes by 시간이 지나면서
□ get used to ~ ~에 익숙해지다
□ stick around 가지 않고 있다

138
□ put our heads together
　함께 머리를 맞대고 상의하다
□ Two heads are better than one.
　백지장도 맞들면 낫다.
□ All I have to do is to ~
　내가 해야 할 일은 단지 ~하는 것이야
□ be through with ~ ~를 끝내다

대학생에게 학년 묻기

대학생에게 몇 학년인지 물을 때는 "What year are you in?"(몇 학년이니?)이라고 한다. 대학 1학년은 freshman, 2학년은 sophomore, 3학년은 junior, 4학년은 senior이다.
"저의 2년 선배시군요."는 "You are two years my senior."라 하면 되고 반대로 "나의 3년 후배구나."는 "You are three years my junior."라 하면 된다. 서양에서는 학연과 선후배 관계를 대수롭지 않게 생각하므로 잘 쓰는 표현은 아니다. "우리는 동창이군요."는 "We went to the same school."이라고 한다.

02　A: Don't you think our teacher's organized lessons always go over well with her students.
　　　B: That makes two of us.

03　A: Did John answer the question correctly?
　　　B: No, he was wide of the mark.

04　A: Why couldn't you answer the professor's easy question?
　　　B: He caught me off guard.

05　A: Do you need some help, professor?
　　　B: Yes, hand these papers out, one to each student.

06　A: Did you learn a lot about English Literature last semester?
　　　B: No, I barely scratched the surface.

07　At the beginning I was overwhelmed by the English class only conducted in English, but as time went by, I got used to it.

08　A: This lecture is really boring. Let's leave.
　　　B: No, not yet. Let's stick around until they serve food after the lecture.

😀 SITUATION 138 Homework

01　A: Do you know how to solve this problem.
　　　B: No, but let's put our heads together.
　　　　Two heads are better than one.

02　A: Do you have a lot to do this afternoon?
　　　B: No. All I have to do is to memorize the lesson.

03　A: Are you through with your homework?
　　　B: Not yet.

02 A: 너는 생각하지 않니, 우리 선생님의 체계적인 수업이, 항상
　　　잘 간다고 위로, 그녀의 학생들과.
　　B: 그건 만들어, 우리 둘을.

03 A: 존이 대답했니, 그 문제를, 정확하게?
　　B: 아니, 그는 넓었어, 표적의 (범위에서).

04 A: 왜 너는 대답할 수 없었니, 그 교수의 쉬운 질문을?
　　B: 그는 잡았어 나를, 떨어져 나간 (상태에서), 경계심이.

05 A: 당신은 필요합니까, 약간의 도움을, 교수님?
　　B: 그래, 건네줘 이 종이들을, 하나씩, 각 학생에게.

06 A: 너는 배웠니, 많은 것을, 영문학에 대해, 지난 학기에?
　　B: 아뇨, 나는 겨우 긁었어요, 그 표면을.

07 　처음에, 나는 압도당했다, 영어 수업에 의해, 오직 진행된,
　　영어로, 그러나 시간이 지남에 따라, 나는 익숙해졌다 그것에.

08 A: 이 강의는, 정말 지루하다. 떠나자.
　　B: 아니, 아냐, 아직은. (막대기 찔러놓듯) 붙어 있자, 주위에,
　　　그들이 제공할 때까지, 음식을, 그 강의 후에.

🔔 138 숙제

01 A: 너는 알고 있니, 어떻게 푸는지를, 이 문제를.
　　B: 아니, 그러나 놓자, 우리의 머리들을, 함께.
　　　두 머리가, 더 낫지, 하나보다.

02 A: 너는 갖고 있니, 많은 것을, 해야 할, 이번 오후에?
　　B: 아니. 모든 것은, 내가 해야 하는, 암기하는 것이야, 그 과를.

03 A: 너는 통과해 있니, 너의 숙제와 함께?
　　B: 아니요, 아직.

---

02 A: 우리 선생님의 체계적인 수업이 학생들에게
　　　호응이 좋다고 생각하지 않니?
　　B: 나도 그렇게 생각해.

03 A: 존이 그 질문에 정확히 대답했니?
　　B: 아니, 엉뚱한 대답을 했어.

04 A: 너 교수님의 쉬운 질문에도 왜 대답을 못했니?
　　B: 방심하는 틈에 허를 찔렸지.

05 A: 교수님, 도움이 좀 필요하십니까?
　　B: 그래, 이 종이들을 학생들에게 한 장씩 나눠주게.

06 A: 지난 학기에 영문학에 대해 많이 배웠습니까?
　　B: 아뇨, 겨우 수박 걷핥기였죠.

07 　처음에는 영어로만 진행되는 영어 수업에
　　주눅이 들었지만 시간이 지나면서
　　익숙해졌다.

08 A: 이 강의는 정말 지루하다. 가자.
　　B: 아니, 아직 안 돼. 강의가 끝난 후에 음식을
　　　줄 때까지 기다리자.

---

01 A: 이 문제 푸는 방법을 아니?
　　B: 아니, 하지만 머리를 맞대보자.
　　　백지장도 맞들면 낫잖아.

02 A: 오늘 오후에 할 일이 많니?
　　B: 아니. 내가 해야 할 일은 단지 그 과를
　　　암기하는 것이야.

03 A: 숙제 끝냈니?
　　B: 아직 끝내지 않았어요.

139

☐ belong to ~

　~에 속하다

☐ fraternity 남학생 사교 클럽

☐ pick on ~

　~를 괴롭히다

☐ Try fighting back.

　반격해봐.

☐ have a fight with ~

　~와 싸우다

☐ pick the fight

　싸움을 걸다

140

☐ be rusty

　녹슬다, 예전 같지 않다

☐ make myself understood

　그럭저럭 내 뜻을 이해시키다

☐ pick it up

　그것을 알게 되다, 익히게 되다

☐ Do you follow me?

　내 말 알아듣고 있니?

☐ I've lost you.

　이해하지 못하겠어.

☐ talk over my head

　이해하기 어렵게 말하다

영어를 잘하시는군요

영어를 조금 할 줄 아는 사람이라면 미국인으로부터 "You speak English well."(영어를 잘하시네요.)과 같은 칭찬을 들은 적이 있을 것이다. 이 말은 영어에 능숙하다는 칭찬이라기보다는 외국인으로서 영어를 잘한다는 의미일 것이다. 어쨌든 이런 칭찬을 받으면 "I'm not very good at English."(영어를 잘 못합니다.)라고 겸손해하지만 말고 먼저 "Thank you."라고 말하는 것이 예의다.

👥 SITUATION 139 Extracurricular activities, A classmate

01 A: Do you belong to any clubs?

　　B: I'm an editor of the college paper.

02 A: I don't like this fraternity. I want out.

　　B: All right. I'm sorry to lose you, but let me know when you want in again.

03 A: Dad, Sam keeps picking on me. How can I make him stop?

　　B: Try fighting back. A boy is always a coward.

04 A: I heard you had a fight with Sam. Who picked the fight?

　　B: Of course it was Sam.

👥 SITUATION 140 One's speaking ability

01 A: You speak English well, don't you?

　　B: A little, but my English is rusty, because I haven't had many opportunities to practice English since my college days.

02 　I'm not good at English, but I can make myself understood.

03 A: You speak Korean very well. Where did you pick it up?

　　B: I just sort of picked it up when I lived there.

04 A: Do you follow me?

　　B: No. I've lost you. You are talking over my head.

🔔 139 과외 활동, 급우

01 A: 너는 속하니, 어떤 클럽에?
    B: 나는 편집자야, 대학 신문의.

02 A: 나는 좋아하지 않아, 이 남학생 서클을. 나는 원해, 빠지기를.
    B: 좋아. 나는 유감이야, 잃어서 너를. 그러나 내가 알도록 해줘,
       너가 원할 때, 들어오기를, 다시.

03 A: 아빠, 샘이 계속해요, 찌르는 것을, 나를.
       어떻게, 내가 만들 수 있죠, 그를, 멈추도록?
    B: 시도해봐, 싸우는 것을, 다시.
       소년은 언제나, 겁쟁이지.

04 A: 나는 들었어, 네가 가졌다고, 싸움을, 샘과.
       누가 집었어, 싸움을?
    B: 물론, 그건 샘이었어요.

---

01 A: 동아리에 가입했니?
    B: 나는 대학 신문 편집자야.

02 A: 나는 이런 서클을 싫어해. 빠지겠어.
    B: 그래. 너를 잃는 건 유감이지만
       또 들어오고 싶으면 알려줘.

03 A: 아빠, 샘이 계속 괴롭혀요.
       어떻게 하면 못하게 할 수 있어요?
    B: 네가 싸움을 걸어봐.
       사내 녀석들은 언제나 겁이 많은 법이지.

04 A: 샘이랑 싸웠다며?
       누가 먼저 싸움을 걸었지?
    B: 당연히 샘이지요.

🔔 140 외국어 능력

01 A: 당신은 말합니다, 영어를 잘, 그렇지 않나요?
    B: 약간, 그러나 나의 영어는, 녹슬어 있습니다,
       왜냐하면, 나는 가지지 않았기 때문이죠, 많은 기회들을,
       연습할, 영어를, 나의 대학 날들 이래로.

02   나는 좋지는 않습니다, 영어에, 그러나 나는 만들 수 있습니다,
       나 자신을, 이해된 (상태로).

03 A: 너는 말한다, 한국어를, 매우 잘. 어디서, 너는 집어들었지
       그것을?
    B: 나는 단지 좀, 집어들었어 그것을, 내가 살았을 때, 그곳에.

04 A: 너는 따라오고 있니 나를?
    B: 아니. 나는 잃었어 너를.
       너는 말하고 있어, 나의 머리 위로.

---

01 A: 영어를 잘하시지요?
    B: 약간 합니다. 그러나 내 영어 실력은 녹슬었어요.
       대학 졸업 후 영어를 쓸 기회가 많지
       않았거든요.

02   영어를 잘하지는 못하지만, 그럭저럭
       의사소통은 합니다.

03 A: 한국어를 매우 잘하는데 어디서 배웠지?
    B: 그곳에 살 때 좀 배웠어.

04 A: 내 말 알아듣고 있니?
    B: 아니, 무슨 말인지 모르겠어.
       네 말은 너무 어려워 못 알아듣겠어.

✔ 바로 이것이 포인트!

□ make sense to ~
   ~에게 의미가 통하다, 이해가 되다

141
□ How did you do on ~
   ~(시험) 잘 봤니?
□ brush up on ~
   ~를 복습하다
□ cram all night for ~
   ~를 밤새워 벼락치기하다
□ flunk math
   수학을 낙제하다
□ be a dime a dozen
   흔하다, 쌔고 쌨다
□ a bolt from the blue
   청천벽력
□ a report card   성적표
□ get a good grade in ~
   ~에서 좋은 성적을 받다
□ What will happen if ~ ?
   ~하면 어떻게 되지?
□ be in hot water
   곤경에 처해 있다
□ have a little trouble ~ing
   ~하는 데 약간 애를 먹고 있다
□ keep pace with ~
   ~와 보조를 맞추다

😀 SITUATION 141 Examination

01   A: I'm taking a test tomorrow in my mathematics class.
     B: Good luck.

02   A: How did you do on the mathematics test?
     B: Not very well, even though I brushed up on my mathematics.

03   A: I've just finished taking my math final.
       I crammed all night for it.
     B: I think it's good to brush up on it regularly.

04   A: John got his report card today straight A's.
     B: Tom got a C average and flunked math.

05   A: Did you get a good grade in Prof. William's history class last semester?
     B: Good grades from him are a dime a dozen.

06   A: Did you expect to get a C in Prof. Brown's English literature class?
     B: No, it was really a bolt from the blue.
       I thought I was going to get an A.

07   A: What will happen if you get another bad report card again next semester?
     B: I'll be in a lot of hot water at home.

08   A: How's your boy doing in school?
     B: Oh, he's been having a little trouble keeping pace with his other classmates.

05   너의 설명은, 만들지 않는다, 어떤 감각도, 나에게.

🔔 141 시험

01   **A:** 나는 치를 거야, 시험을, 내일, 나의 수학 교실에서.
        B: 좋은 운.

02   **A:** 어떻게, 너는 했니, 수학 시험에서?
        B: 아니야, 매우 잘된 (것은),
            비록 내가 솔질했지만, 나의 수학을.

03   **A:** 나는 방금 끝마쳤어, 나의 수학 마지막 (시험) 치는 것을.
            나는 밀어 넣었어, 모든 밤 (동안), 그것을 위해.
        B: 나는 생각해, (그것은) 좋다고, 솔질하는 것은 그것을, 규칙적으로.

04   **A:** 존은 받았어요, 그의 보고 카드를, 오늘, 연이은 A로.
        B: 톰은 받았어요, 평균 C를, 그리고, 낙제했어요, 수학을.

05   **A:** 너는 받았니, 좋은 성적을, 교수 윌리엄의 역사 수업에서,
            지난 학기에?
        B: 좋은 성적들은, 그로부터의, 10센트 한 다스야.

06   **A:** 너는 예상했니, 받을 것을, C학점을, 교수 브라운의 영문학
            강의에서?
        B: 아니, 그것은 정말 벼락이었어, 그 푸른 (하늘)로부터.
            나는 생각했어, 내가 받을 거라고, A를.

07   **A:** 무엇이, 일어날까, 만약, 네가 받으면, 또 다른 나쁜 성적표를,
            다시, 다음 학기에?
        B: 나는 많은 뜨거운 물에 있게 될 거야, 집에서.

08   **A:** 어떻게, 자네 소년은, 하는가, 학교에서?
        B: 오, 그 아이는 갖고 있었어, 약간의 문제를, 유지하는 데 보조를,
            그의 다른 교실 친구들과.

---

05   너의 설명은 도무지 이해가 안 가.

---

01   **A:** 내일 수학 시험이 있어.
        B: 시험 잘 봐.

02   **A:** 수학 시험 잘 봤니?
        B: 신통치 않아,
            복습을 했지만.

03   **A:** 방금 학기말 수학 시험을 끝냈어.
            밤새워서 벼락공부했어.
        B: 나는 규칙적으로 복습하는 것이 좋다고 생각해.

04   **A:** 존이 오늘 성적표를 받아왔는데 전부 A예요.
        B: 톰은 평균 C를 받았고 수학은 낙제예요.

05   **A:** 너 지난 학기에 윌리엄 교수의 역사 수업에서
            좋은 성적을 올렸니?
        B: 그에게서 좋은 성적을 얻는 것은 흔한 일이야.

06   **A:** 브라운 교수의 영문학 강의에서 C를 받을
            거라고 예상했니?
        B: 아냐, 청천벽력이었어.
            A를 받을 거라고 생각했거든.

07   **A:** 너 다음 학기에도 성적이 나쁘면
            어떻게 되지?
        B: 집에서 몹시 곤란하게 될 거야.

08   **A:** 자네 아들 학교에서 공부 잘하나?
        B: 글쎄, 다른 학급 애들을 따라가는 데 약간
            애를 먹고 있다네.

☐ 50 multiple choice questions
   50개의 선다형 문제
☐ analytical ability 분석력

142
☐ Trying wouldn't hurt.
   밑져야 본전이다.
☐ eat your words
   너의 말이 틀렸음을 인정하다
☐ by the skin of his teeth
   구사일생으로, 간신히
☐ I'm glad to hear that.
   그것 잘됐군요.
☐ I'm sorry to hear that
   = That's too bad.
   그것 안됐군요.
☐ pull my leg
   놀리다
☐ Don't take me seriously.
   심각하게 받아들이지 마.
☐ I'm positive.
   나는 확신한다, 틀림없다.
☐ No doubt about it.
   의심의 여지가 없다.

농담이겠지.

"You're kidding." 혹은 "Are you kidding?"은 상대방의 말이 너무 놀랍거나 사실이 아니어서 "농담이겠지."(Are you joking?) 혹은 "농담하지 마, 놀리지 마."(No kidding.)라고 말할 때 사용한다. 흔히 "농담이겠지."로 해석은 하지만 "사실이 아니겠지."가 더 정확한 표현이 될 것이다.
사실이라고 말할 때는 "I'm serious."(나 진지해.) 혹은 "No. I mean it."(아니, 진심으로 하는 말이야.)이라고 한다.

---

09 The college entrance exam consists of three sections. Each section consists of 50 multiple choice questions. Part one deals with mathematics, part two with language skills, and part three with analytical ability. You will not lose points for blank answers, but you will lose points for incorrect guesses.

🗣 SITUATION 142 An entrance examination

01 A: I don't think I can make it to Harvard with my SAT score.
   B: Trying wouldn't hurt.

02 A: You'll never make it.
   B: Someday you're going to eat your words.

03 A: He has passed the exam by the skin of his teeth.
   B: I'm glad to hear that.

04 A: She didn't pass the test.
   B: I'm sorry to hear that. = That's too bad.

05 A: I failed the exam.
   B: Are you kidding? Are you pulling my leg?
   A: No. I'm serious.

06 A: Do you mean it?
   B: I'm only joking.
      Don't take me seriously.

07 A: Are you sure? I can't believe it.
   B: I'm positive. No doubt about it.

09 대학 입학 시험은 이루어져 있습니다, 세 영역으로. 각 영역은, 이루어져 있습니다, 50개의 다중 선택 문제들의 (형태로). 파트 1은 다룹니다, 수학을, 파트 2는, 언어 기술들을, 그리고, 파트 3은, 분석적 능력을. 당신은 잃지 않을 겁니다, 점수들을, 공란 답들을 위해, 그러나 당신은 잃을 겁니다, 점수들을, 부정확한 추측들을 위해서는.

09 대학입학시험은 3개 영역으로 이뤄져 있습니다. 각 영역은 50개의 선다형 문제로 되어 있습니다. 제1영역은 수학문제이고 제2영역은 언어능력, 제3영역은 분석력을 테스트하는 문제입니다. 공란에 대해서는 감점하지 않습니다. 그러나 답을 틀리게 쓰면 점수를 잃게 됩니다.

🔔 142 입학 시험

01 A: 나는 생각하지 않아, 내가 만들 수 있다고 그것(성공)을, 하버드로, 나의 SAT 점수와 함께.
   B: 시도하는 것은 상처를 내지 않을 거야.

02 A: 너는 결코 만들지 못할 거야 그것을.
   B: 언젠가, 너는 먹을 거야, 너의 말들을.

03 A: 그는 통과했어요, 그 시험을, 그의 이의 피부로.
   B: 나는 기뻐요, 들으니 그것을.

04 A: 그녀는 통과하지 못했어요, 그 테스트를.
   B: 나는 유감이에요, 들으니 그것을. = 그것은 너무 나쁘군요.

05 A: 나는 실패했어요, 그 시험을.
   B: 너는 농담하고 있니. 너는 잡아당기고 있니, 나의 다리를?
   A: 아니야. 나는 진지해.

06 A: 너는 의미하니 그것을?
   B: 나는 단지, 농담하고 있어.
      받아들이지 마 나를, 심각하게.

07 A: 당신은 확신하나요? 나는 믿을 수가 없어요 그것을.
   B: 나는 긍정적입니다. 의심은 없어요, 그것에 대해.

01 A: 내 SAT 성적으로 하버드 입학은 어렵겠어.
   B: 밑져야 본전인데 해보지 그래.

02 A: 너는 결코 못할 거야.
   B: 언젠가 잘못했다고 인정해야 할걸.

03 A: 그는 간신히 시험에 합격했어요.
   B: 그것 잘됐군요.

04 A: 그녀는 시험에 불합격했어요.
   B: 그것 참 안됐군요.

05 A: 시험에 떨어졌어요.
   B: 농담이겠지? 나 놀리는 거야?
   A: 아니야. 정말이야.

06 A: 진심이니?
   B: 그저 농담한 거야.
      심각하게 받아들이지 마.

07 A: 정말인가요? 믿을 수 없어요.
   B: 틀림없다니까요. 의심의 여지가 없어요.

Chapter 19
Computers / 컴퓨터

SITUATION 143

Computers / 컴퓨터

SITUATION 144

Computer problems / 컴퓨터 고장

SITUATION 145

The internet / 인터넷

✔ 바로 이것이 포인트!

143

☐ a computer illiterate
컴맹
☐ peripheral
주변장치, 주변의
☐ be out of date
구식이다
☐ 1gigabyte
= 1,000kilobyte
☐ 1terabyte
= 1,000gigabyte
☐ install 설치하다
☐ wallpaper
벽지, 컴퓨터 바탕 화면
☐ clutter 어수선하다, 난장판
☐ go great
호응이 대단하다
☐ use a multimedia application
멀티미디어를 적용하다

144

☐ print out ~
~을 출력하다
☐ draw up
작성하다

🗣 SITUATION 143 Computers

01 A: I don't know anything about computers.
B: Oh, you're one of those computer illiterates.

02 A: Did you get all your peripherals for that price?
B: No, they were extra.

03 A: The new software we bought is already out of date.
B: Heavens!
Software sure changes quickly.

04 A: How many gigabytes does your hard disk have?
B: It's a 50-gigabyte hard disk.

05 A: How do I install this program?
B: Just click on the install icon.

06 A: That wallpaper on your computer is not the default one.
B: No, I wanted something more interesting so I downloaded one.

07 A: Your desktop is so cluttered!
B: I like having all of the program icons right where I can see them.

08 A: I heard that your presentation to the new clients went great.
B: It's because I used a multimedia application, which is more interesting than a standard PowerPoint presentation.

🗣 SITUATION 144 Computer problems

01 A: Will you print out what you drew up on the computer?

🔔 143 컴퓨터

01 A: 나는 몰라, 어느 것도, 컴퓨터에 대해.
　　 B: 오, 너는 한 명이구나, 저 컴맹들 중의.

02 A: 너는 구했니, 모든 너의 주변기기들을, 그 가격을 위해?
　　 B: 아니, 그것들은 별도였어.

03 A: 그 새 소프트웨어는, 우리가 구입한, 이미 밖에 있어, 날짜의.
　　 B: 하늘들!
　　　 소프트웨어는 분명 변하지, 빠르게.

04 A: 얼마나 많은 기가바이트를, 너의 하드디스크는, 가지고 있니?
　　 B: 그것은 50기가바이트 하드디스크야.

05 A: 어떻게 내가 설치하죠, 이 프로그램을?
　　 B: 단지 클릭하세요, 설치 아이콘 위에.

06 A: 그 벽지는, 너의 컴퓨터 (화면) 위에 (있는), '처음 설정된'
　　　 것은 아니군.
　　 B: 아니야, 나는 원했어, 무언가를, 더 재미있는, 그래서 나는
　　　 내려 받았어, 하나를.

07 A: 네 바탕 화면은, 너무 어수선해.
　　 B: 나는 좋아해, 가지는 것을, 모든 것을, 그 프로그램 아이콘들의,
　　　 바로 내가 볼 수 있는 곳에서, 그것들을.

08 A: 나는 들었어, 너의 프레젠테이션이, 새 고객들에게 (했던), 갔다고,
　　　 대단한 (상태로).
　　 B: 그건 왜냐하면, 내가 사용했기 때문이야, 멀티미디어 적용을,
　　　 그것은 더 재미있지, 표준적인 파워포인트 프레젠테이션 보다.

01 A: 난 컴퓨터에 대해선 아무것도 몰라.
　　 B: 오, 너는 컴맹이구나.

02 A: 그 가격에 주변기기도 구입한 거니?
　　 B: 아니, 그것들은 별도였어.

03 A: 우리가 구입한 소프트웨어는 이미 구식이야
　　 B: 저런!
　　　 소프트웨어는 정말 금방 바뀐다니까.

04 A: 네 컴퓨터 하드디스크에는 몇 기가바이트나
　　　 들어 있니?
　　 B: 50기가바이트 하드디스크야.

05 A: 이 프로그램을 설치하려면 어떻게 하면 되죠?
　　 B: 설치 아이콘을 누르기만 하면 됩니다.

06 A: 네 컴퓨터의 바탕 화면 그림이 처음부터
　　　 설정된 건 아니군.
　　 B: 아니야, 좀 더 재미있는 것으로 하고
　　　 싶어서 다운받았어.

07 A: 네 바탕 화면 정말 어지럽다!
　　 B: 나는 모든 프로그램 아이콘을 내가 바로
　　　 볼 수 있는 곳에 놓아두는 걸 좋아해.

08 A: 네가 새 고객들에게 했던 프레젠테이션이
　　　 대단했다고 들었어.
　　 B: 일반적인 파워포인트 프레젠테이션보다
　　　 더 재미있는 멀티미디어를 적용했거든.

🔔 144 컴퓨터 고장

01 A: 당신은 프린트해주시겠어요, 당신이 작성한 것을, 컴퓨터 위에?

01 A: 컴퓨터에 작성한 것을 출력해주시겠어요?

□ reboot your computer
  컴퓨터를 재부팅하다
□ turn in ~
  ~를 제출하다
□ a computer glitch
  컴퓨터의 (사소한) 장애
□ crash (컴퓨터가) 갑자기 서버리다
□ Give it a shot.
  한번 시도해봐.

145
□ be into ~
  ~에 관심이 많다, 좋아하다
□ be hooked on ~
  ~에 푹 빠지다
□ get on line
  접속하다
□ get in touch with ~
  ~와 연락하다
□ run across ~
  ~와 우연히 마주치다
□ surf the web
  인터넷을 검색하다

B: The computer doesn't work.

02 A: My computer is causing trouble again.
   B: Uh-oh. Here we go again.

03 A: Are you having computer problems again?
   B: Yeah. I don't know what's wrong.
   A: Why don't you reboot your computer?
      Sometimes that solves the problem.

04 A: Why didn't you turn in the report on time?
   B: There was a computer glitch so I couldn't access
      my file.

05 A: What's wrong now?
   B: My computer crashed again. This is the third
      time that I had to reboot my computer today!

06 A: Sam, I don't know whether I can fix this or not.
   B: Well, give it a shot.

🗣 SITUATION 145 The internet

01 A: You're really into using your computer to explore
      the Internet, aren't you?
   B: Yeah. I'm hooked on it!

02 A: Are you connected to the Internet?
   B: How can I get on line?
   A: You need to contact to an Internet service provider.

03 A: How can I get in touch with you?
   B: Just e-mail me. My e-mail address is
      bookman@kornet.net.

B: 그 컴퓨터가, 작동하지 않아요.

02 A: 나의 컴퓨터가, 야기하고 있어, 문제를, 다시.
　 B: 어어, 여기 우리가 가는군, 다시.

03 A: 너는 가지고 있니, 컴퓨터 문제들을, 다시?
　 B: 그래. 나는 모르겠어, 무엇이 잘못인지.
　 A: 왜 너는 재부팅하지 않니, 너의 컴퓨터를?
　　 가끔, 그게 해결하지, 그 문제를.

04 A: 왜 너는 제출하지 않았니, 그 보고서를, 제시간에?
　 B: 있었어요, 컴퓨터 장애가, 그래서 나는 접근할 수 없었어요,
　　 나의 파일에.

05 A: 무엇이, 잘못이지, 지금?
　 B: 나의 컴퓨터가, 충돌했어, 다시. 이것이 세 번째야,
　　 내가 재부팅해야 하는, 나의 컴퓨터를, 오늘!

06 A: 샘, 나는 몰라요, 내가 고칠 수 있는지 이것을, 혹은 없는지.
　 B: 자, 주세요 그것에, 하나의 사격을.

🔔 145 인터넷

01 A: 너는 정말 빠져 있군, 사용하는 데, 너의 컴퓨터를, 탐색하기
　　 위해, 인터넷을, 그렇지 않니?
　 B: 그래. 나는 '갈고리에 걸렸어', 그것 위에!

02 A: 너는 연결돼 있니, 인터넷에?
　 B: 어떻게, 내가 취하지, 라인 위에?
　 A: 너는 필요해, 접촉하는 것이, 인터넷 서비스 제공자에.

03 A: 어떻게, 내가 접촉할 수 있지, 너와?
　 B: 그냥 이메일을 보내 나에게. 나의 이메일 주소는,
　　 *bookman@kornet.net*이야.

B: 컴퓨터가 작동되지 않습니다.

02 A: 컴퓨터가 또 이상해.
　 B: 아이구, 또 그래.

03 A: 또 컴퓨터에 문제가 있니?
　 B: 그래. 뭐가 잘못됐는지 모르겠어.
　 A: 컴퓨터를 재부팅을 해보지 않니?
　　 그러면 문제가 해결되기도 하거든.

04 A: 왜 보고서를 제때에 제출하지 않았지?
　 B: 컴퓨터 장애가 있어서 파일을 열 수 없었어요.

05 A: 지금, 뭐가 잘못됐지?
　 B: 컴퓨터가 다시 서버렸어.
　　 오늘 세 번이나 컴퓨터를 재부팅했어.

06 A: 샘, 이걸 수리할 수 있을지 모르겠는데요.
　 B: 자, 한번 해보세요.

---

01 A: 너는 정말 인터넷 검색에 빠져 있구나.
　 B: 그래. 나는 인터넷에 푹 빠졌어.

02 A: 인터넷에 접속되어 있니?
　 B: 어떻게 하면 접속할 수 있지?
　 A: 인터넷 서비스 제공 회사에 연락해야 해.

03 A: 어떻게 너와 연락할 수 있지?
　 B: 그냥 이메일을 보내면 돼. 내 이메일 주소는
　　 bookman@kornet.net.이야.

04　A: That site you told me about is really good.
　　B: I ran across it accidentally when I was surfing the web.

05　A: Have you finished the annual report?
　　B: Yes, I'll send it to you by attachment this afternoon.

04 **A:** 그 사이트는, 네가 말한 나에게, 정말 좋아.

B: 나는 마주쳤어 그것을, 우연히, 내가 서핑하고 있었을 때, 그 웹을.

05 **A:** 당신은 끝냈나요, 연차 보고서를?

B: 예, 나는 보낼 겁니다 그것을, 당신에게, 첨부 파일로, 오늘 오후.

04 **A:** 네가 말한 사이트 정말 좋던데.

B: 인터넷 서핑을 하다가 우연히 발견했지.

05 **A:** 연차 보고서 작성은 끝냈나요?

B: 예, 오늘 오후에 첨부 파일로 보내드리죠.

Chapter 20

Time, Age, Weather / 시간, 나이, 날씨

SITUATION 146

Time, Date / 시간, 날짜

SITUATION 147

Age / 나이

SITUATION 148

Nice weather / 좋은 날씨

SITUATION 149

Hot weather, Cold weather / 더운 날씨, 추운 날씨

SITUATION 150

Rain / 비

✔ 바로 이것이 포인트!

146
☐ a quarter to five
　5시 15분 전
☐ What's the date?
　오늘이 며칠입니까?
☐ What day is it?
　오늘이 무슨 요일입니까?
☐ the third of Dec.
　12월 3일
☐ How time flies!
　세월 참 빠르구나!

147
☐ push forty
　마흔에 가깝다
☐ be under age
　미성년자이다
☐ in his teens
　10대의
☐ What do you mean by ~?
　~가 무엇을 의미하나요?

날짜 묻기

"오늘 무슨 요일이지?"는 "What day is today?"라고 한다. 거리에서 요란한 행사를 하고 있으면 "What are we celebrating?"(오늘 무슨 날이지?)이라고 물어볼 수 있다.

미국의 공휴일은 일요일과 겹치지 않도록 요일별로 지정돼 있다. '몇 월의 몇째 주 무슨 요일'로 정하는 것이 일반적이다.

Easter : 부활절-3월 21일 이후 보름달 다음 첫 일요일

Memorial Day : 5월의 마지막 월요일

Labor Day : 9월의 첫 번째 월요일

Thanksgiving Day : 11월의 4번째 목요일

🗣 SITUATION 146 Time, Date

01 A: Excuse me. Do you have the time?
　　B: Yes. It's a quarter to five.

02 A: What time is it now?
　　B: Let me see, I don't have a watch with me, but it must be about three.

03 A: What is the date?
　　B: It's the third of Dec.(= It's Dec 3.)
　　　Soon it will be Christmas and then the New Year. How time flies!

04 A: What day is it?
　　B: It's Monday.

🗣 SITUATION 147 Age

01 A: May I ask how old you are?
　　B: I am thirty years old. How about yourself?

02 A: I'm pushing forty.
　　B: You don't look it.

03 A: I feel so old these days.
　　B: You are as old as you feel.

04 A: He is under age yet.
　　B: He is in his teens(twenties).

05 A: How old are you?
　　B: I'm 28 in Korean age.

06 A: What do you mean by Korean age?
　　B: When a child is born, he is already one year old because Koreans count the time we spent in our mother's womb.

🔔 146 시간, 날짜

01 A: 실례합니다. 당신은 가지고 있습니까, 그 시간을?
　　B: 예, 그것은 15분입니다, 5시로 (향한).

02 A: 무슨 시간입니까, 그것은, 지금?
　　B: 봅시다, 나는 가지고 있지 않아요, 시계를, 나와 함께,
　　　그러나, 그것은 약 3시임에 틀림없어요.

03 A: 무엇이, 그 날짜죠?
　　B: 그것은 세 번째입니다, 12월의.(= 그것은 12월 3일입니다.)
　　　곧 그것은 크리스마스가 될 것이고, 그러고 나서 새해.
　　　어떻게, 시간이 날아가는지!

04 A: 무슨 날이죠, 그것은?
　　B: 그것은 월요일입니다.

🔔 147 나이

01 A: 내가 물어봐도 됩니까, 얼마나 늙었는지, 당신이?
　　B: 나는 30년 늙었습니다. 어때요, 당신 자신은?

02 A: 나는 밀고 있습니다, 40을.
　　B: 당신은 보이지 않아요, 그것.

03 A: 나는 느낀다, 너무 늙었다고, 요즘.
　　B: 당신은 늙은 거예요, 당신이 느끼는 만큼.

04 A: 그는 나이 아래에 있어요, 아직.
　　B: 그는 있어요, 그의 10대(20대) 안에.

05 A: 얼마나 늙었죠, 당신은?
　　B: 나는 28세입니다, 한국 나이로.

06 A: 무엇을, 당신은 의미합니까, 한국 나이라니?
　　B: 아이가 태어날 때, 그는 이미 한 살 나이 먹습니다,
　　　왜냐하면, 한국인들은 계산합니다, 그 시간을, 우리가 보낸,
　　　우리 엄마의 자궁에서.

---

01 A: 실례지만 시계 가지고 계십니까?
　　B: 예. 5시 15분 전입니다.

02 A: 지금 몇 시죠?
　　B: 글쎄요, 시계가 없는데요, 그렇지만
　　　3시쯤 됐을걸요.

03 A: 오늘이 며칠입니까?
　　B: 12월 3일입니다.
　　　곧 크리스마스, 그리고 새해가 올 겁니다.
　　　세월 참 빠르군요.

04 A: 오늘이 무슨 요일입니까?
　　B: 월요일입니다.

---

01 A: 나이를 물어봐도 괜찮겠습니까?
　　B: 서른 살입니다. 당신은요.

02 A: 마흔 살에 가깝습니다.
　　B: 그렇게 안 보이는데요.

03 A: 요즘 너무 나이가 든 느낌이 들어요.
　　B: 나이란 느끼기 나름이지요.

04 A: 그는 아직 미성년이다.
　　B: 그는 10대(20대)다.

05 A: 나이가 어떻게 되죠?
　　B: 나는 한국 나이로 스물여덟 살입니다.

06 A: 한국 나이라니요?
　　B: 아이가 태어나면 이미 한 살입니다.
　　　한국인들은 엄마 뱃속에서 보낸 시간도
　　　계산하니까요.

☐ make sense 말이 되다
☐ a animal sign 띠
☐ a horoscope sign 별자리
☐ a zodiac animal 황도십이궁도 동물

148
☐ It couldn't be better.
　더 좋을 수 없다.
☐ It couldn't be worse.
　더 나쁠 수 없다.
☐ What is the weather going to be like?
　날씨가 어떻게 될 거 같습니까?
☐ take my breath away
　숨이 막힐 정도다

149
☐ a sizzler
　지글거리는 것, 몹시 더운 날
☐ muggy 날씨가 후텁지근한
☐ dog days 복중, 삼복더위 때
☐ 35 degrees Celsius 섭씨 35도
☐ sizzle
　(튀길 때) 지글지글하다, 매우 덥다
☐ It's freezing. 살을 에는군.
☐ You can say that again!
　정말 그렇다!

시간 묻기

우리는 학교에서 시간을 묻는 표현은 "What time is it?"(몇 시입니까?)이라고 배웠지만 미국인들은 상대방이 시계(the time)를 가지고 있는지 없는지 모르므로 "Do you have the time?"(시계 가지고 있어요?)을 더 많이 쓰는 경향이 있다.

시간을 물었을 때 대답은 간단히 "It's three ten."(3시 10분입니다.)처럼 '시, 분'의 순서로 말하면 된다. 30분까지는 past(~분 후), 30분 이후에는 to(~분 전)를 사용한다.

A: That makes sense.

07 A: What is your animal sign, Susan?
B: What do you mean by animal sign?
A: They are like western horoscope signs.
Everyone has his own zodiac animal according to his year of birth.
I was born in 1971. My animal sign is a pig.

😀 **SITUATION 148** Nice weather

01 A: Nice weather, isn't it?
B: Yes. What a lovely day!
It couldn't be better.

02 A: What is the weather going to be like this afternoon?
B: It will clear up in the afternoon.

03 A: What a marvelous rainbow!
B: Yes, it is so beautiful that it took my breath away.

😀 **SITUATION 149** Hot weather, Cold weather

01 A: Looks like it's going to be another sizzler today.
The temperature goes over 30℃.
B: You said it. We have very muggy weather.
I hate these dog days.

02 A: How hot is it in the summer in Korea?
B: The temperature climbs as high as 35 degrees Celsius during the sizzling months of July and August.

03 A: It's freezing!
B: You can say that again!
The temperature is nine degrees below zero.

A: 그것 만드는군요, 센스를.

07 A: 무엇이지, 당신의 동물 사인은, 수잔?

B: 무엇을, 당신은 의미하니, 동물 사인으로?

A: 그것들은 같은 거야, 서양의 별자리.
모든 사람은 가지고 있어, 그 자신의 12궁도 동물을,
그의 연도에 따라, 탄생의.
나는 태어났어, 1971년에. 나의 동물 사인은 돼지야.

A: 그거 말이 되네요.

07 A: 수잔, 너는 무슨 띠니?

B: 무슨 띠라니.

A: 서양의 별자리 같은 거지.
사람들은 태어날 때 자신만의 황도십이궁도
동물을 가지고 있거든.
나는 1971년생이니까 돼지띠야.

🔔 148 좋은 날씨

01 A: 좋은 날씨입니다, 그렇지 않습니까?

B: 예. 무슨 사랑스런 날!
그것은 될 수가 없었어요, 더 좋은 (상태로).

02 A: 무엇처럼(어떻게), 날씨가 될까요, 이 오후?

B: 그것은 깨끗해질 겁니다, 오후에.

03 A: 무슨 놀라운 무지개!

B: 그래, 그것은 그렇게 아름다워, 그것은 잡았어, 나의 숨을, 떨어져서.

01 A: 날씨 좋습니다.

B: 예. 정말 좋군요.
더 이상 좋을 수가 없군요.

02 A: 오늘 오후에는 날씨가 어떨까요?

B: 오후에는 갤 것입니다.

03 A: 정말 멋진 무지개군!

B: 그래, 숨도 못 쉴 정도로 아름답군.

🔔 149 더운 날씨, 추운 날씨

01 A: 보입니다, 그것은 될 것처럼, 또 다른 찌는 날이, 오늘.
기온이 갑니다, 30도 넘어서.

B: 당신은 말했어요 그것을. 우리는 갖고 있어요, 매우 후텁지근한
날씨를. 나는 싫어해요, 이런 복날을.

02 A: 얼마나 덥니, 여름에, 한국에서?

B: 기온은 올라가, 높은 (위치로), 섭씨 35도만큼,
찌는 달 동안, 7, 8월의.

03 A: 그것은 얼리는군!

B: 너는 말할 수 있다, 그것을, 다시!
기온이 9도입니다, 제로 아래.

01 A: 오늘도 찌겠군요.
기온이 섭씨 30도를 넘고 있습니다.

B: 당신 말이 맞아요. 후텁지근하군요.
나는 이런 복날이 싫어요.

02 A: 한국의 여름은 얼마나 더워?

B: 7, 8월의 무더운 달에는 기온이 섭씨
35도까지 올라가.

03 A: 정말 살을 에는군!

B: 누가 아니래!
기온이 영하 9도예요.

✔ 바로 이것이 포인트!

□ nippy
    살을 에는
□ bundle ~ up
    ~를 따뜻이 둘러싸다

150
□ rain cats and dogs
    비가 억수같이 퍼붓다
□ let up
    누그러지다, 약해지다
□ get caught in a sudden shower
    소나기를 만나다
□ get soaked with ~
    ~로 흠뻑 젖다
□ for nothing
    공짜로
□ That's the way it goes.
    세상사란 다 그런 것이야.
□ Good thing (that) ~
    ~하길 잘했어
□ bring along ~
    ~를 가지고 오다

04 A: It's pretty nippy today.
   B: We'd better bundle up today.

🗣 SITUATION 150 Rain

01 A: Look outside! It is raining cats and dogs right now and it never seems to let up.
   B: I got caught in a sudden shower on my way here and I got soaked with rain.

02 A: We're going to go on a picnic tomorrow.
   B: Are you? I'm afraid it's going to rain tomorrow, though.

03 A: It rained, so all our preparations for the picnic were for nothing.
   B: That's the way it goes.

04 A: Raindrops are falling!
   B: Good thing I brought along my umbrella.

말 트는 데는 날씨 얘기가 최고

미국인들은 날씨에 대해 이야기하는 것을 매우 좋아한다. 같은 공원에서 모르는 사람과 우연히 몇 번 마주쳤을 때는 흔히 "It's a nice day, isn't it?"(날씨 좋죠?) 혹은 "What a lovely day!"(화창한 날이네요.)라고 날씨 이야기를 하면서 인사를 건넨다. Nice와 it는 높고 강하게 발음한다. 날씨가 나쁠 때는 "Terrible weather, isn't it?"(날씨가 좋지 않아요.)이라고 하면 된다.
모르는 사람과 말을 트는 데는 한국에서든 미국에서든 날씨 이야기가 가장 무난한 것 같다.

04 **A:** 그것은 꽤 살을 에는군, 오늘.

　　B: 우리는 좋겠어, 껴입는 것이, 오늘.

04 **A:** 오늘 꽤 추운데.

　　B: 오늘 옷을 두둑이 껴 입어야겠어.

150 비

01 **A:** 쳐다봐, 바깥을! 비가 내려, 고양이들과 개들처럼, 바로 지금, 그리고, 그것은 결코 보이지 않아, 약해질 것처럼.

　　B: 나는 잡혔어, 갑작스런 소나기에, 나의 길 위에서, 여기로 (오는), 그리고, 나는 흠뻑 젖었어, 비와 함께.

01 **A:** 바깥을 봐! 지금 비가 억수로 내리는데 멈출 것 같지 않아.

　　B: 나는 여기 오는 길에 소나기를 맞아서 흠뻑 젖었어.

02 **A:** 우리는 소풍갈 거야, 내일.

　　B: 그래? 나는 두려워, 비가 올까봐, 내일, 그렇지만.

02 **A:** 우리 내일 소풍 갈 거다.

　　B: 그래? 그런데 내일 비가 올 것 같은데.

03 **A:** 비가 왔어, 그래서, 모든 우리의 준비들은, 소풍을 위한, 아무것도 아닌 것을 위해서였어.

　　B: 그게 방식이야, 그것(세상)이 가는.

03 **A:** 비 때문에 소풍 준비는 모두 엉망이 되었어.

　　B: 인생이란 다 그런 거야.

04 **A:** 빗방울이 떨어지고 있어.

　　B: 좋은 일, 내가 가져온 것은, 나의 우산을.

04 **A:** 빗방울이 떨어져.

　　B: 우산 가져오길 잘했지.

전통 영문법이 죽어야 영어가 산다

원어민이 자국인이나 유럽인을 염두에 두고 쓴 영문법은 한국인의 입장을 거의 고려하지 않은 것입니다. 이제는 한국인을 위한 영문법을 자체 개발할 필요가 있습니다. 우리말과 영어를 구조적으로 '있는 그대로' 대응시켜 영어의 기본 문형을 확실하게 익히도록 하는 것이 대안이 될 수 있습니다. 영문법도 '우리말식'이 아닌 '영어식'으로 공부해야 합니다. 영문법 용어도 알기 쉽게 고치고 필요 없는 용어는 가능한 사용하지 말아야 합니다.

영문을 있는 그대로 정확히 읽기 위해서는 기본 문형이 몸에 배어 있어야 합니다. 영문을 확실하게 이해해야 자신감도 붙고 빠른 성과도 기대할 수 있습니다. 영어를 대충 이해하면 영어도 대충 지나가버립니다. 10년을 공부해도 영어에 자신감을 가질 수 없는 이유를 바로 여기서 찾을 수 있습니다.

이 책에서 소개한 65가지의 문장 패턴만 익히면 수많은 영문법 규칙을 공부한 사람보다 훨씬 더 자신감을 가질 수 있을 것입니다. 무릇 실전에 강하지 않은 지식은 장식품에 지나지 않습니다.

영어 회화와 영작을 위한
新영문법

CHAPTER 1
Infinitive / 부정사

CHAPTER 2
Gerund / 동명사

CHAPTER 3
Participle / 현재분사, 과거분사

CHAPTER 4
Conjunction / 접속사

CHAPTER 5
Relative Pronoun, Adverb / 관계대명사, 관계부사

CHAPTER 6
Verb / 동사의 형식

CHAPTER 7
Subjunctive Mood, Tense / 가정법, 시제

Infinitive

'to do~'가 동사 앞에서 주어 역할을 하거나 동사 뒤에서 보어·목적어 역할을 할 때 '것'으로 해석한다.

1. 주어로 쓰인 'to do…'가 길 경우 It를 주어 자리에 놓고 'to do…'는 문장 뒤로 보낸다.
2. to do의 의미상의 주어는 for~로 나타낸다.

👩 PATTERN 01 to do ~ + 동사 / 동사 + to do ~

01 To express feelings is good for your mental health.
02 I don't want to see you again.
03 The goal of this restructuring is to move heavy manufactures and traditional industries into high-tech fields.

👩 PATTERN 02 It is ~ to do… / It is …for ~ to do… / 주어 + 동사 + it + 보어 + to do…

01 To finish the work in a day is impossible.
02 It is impossible to finish the work in a day.
03 It is impossible for me to finish the work in a day.
04 I think it wrong to tell a lie.
05 It's tough to kick a habit.
06 Well, with my salary it's not going to be easy to make ends meet.
07 I think it's good to brush up on it regularly.

08 It's very good of you to say so.
09 How long will it take to get there?
10 How long do you think it will take for us to break even?

👩 PATTERN 03 명사 + to do

01 I can't find the nerve to propose to her.
02 I don't have time to fool around like you do.

부정사

🔔 01 ~하는 것, ~하기

01 표현하는 **것은**, 감정을, 좋다, 당신의 정신 건강을 위해.

02 나는 원하지 않아, **보기를** 너를, 다시.

03 목표는, 이 구조 조정의, 옮기는 **것입니다**, 무거운 제조업들과, 전통적인 산업들을, 하이테크 분야들로.

01 감정을 표현하는 것은 정신 건강에 좋다.

02 나는 너를 더 만나고 싶지 않아.

03 이 구조 조정의 목적은 중공업과 전통산업을 첨단기술 분야로 전환시키는 것이다.

🔔 02 ~가 …하는 것은

01 끝내는 **것은**, 그 일을, 하루에, 불가능하다.

02 (그것은) 불가능하다, 끝내는 **것은**, 그 일을, 하루에.

03 (그것은) 불가능하다, **내가** 끝내는 **것은**, 그 일을, 하루에.

04 나는 생각한다, (그것은) 나쁘다고, 거짓말하는 **것은**.

05 (그것은) 힘들다, 차버린다는 **것은**, 버릇을.

06 글쎄, 나의 봉급으로, (그것은) 쉽지 않을 것이다, 만드는 **것은**, 끝부분들이 만나도록.

07 나는 생각해, (그것은) 좋다고, 빗질하는 **것은**, 그것 위에서, 규칙적으로.

08 그건 매우 좋다, 네가, 말하는 **것은** 그렇게.

09 얼마나 오래, 그것은 걸릴까요, 가는 **것이** 그곳에?

10 얼마나 오래, 너는 생각하니, (그것이) 걸릴 거라고, 우리가 깨는 **것이**, 평평한 (상태로)?

01 그 일을 하루에 끝내는 것은 불가능하다.

02 그 일을 하루에 끝내는 것은 불가능하다.

03 내가 그 일을 하루에 끝내는 것은 불가능하다.

04 나는 거짓말 하는 것은 나쁘다고 생각한다.

05 습관을 버리는 것은 어렵다.

06 글쎄, 내 봉급으로는 수지를 맞추기가 쉽지 않을걸.

07 나는 규칙적으로 복습하는 것이 좋다고 생각해.

08 그렇게 말해주니 정말 고마워.

09 거기까지 가는 데 얼마나 걸릴까요?

10 우리가 수지를 맞추는 데 시간이 얼마나 걸릴 거라고 생각합니까?

🔔 03 ~할, ~하는

01 나는 발견할 수 없어, 신경을, 프러포즈할, 그녀에게.

02 나는 가지고 있지 않아, 시간을, 빈둥거릴, 네가 하는 것처럼.

01 그녀에게 프러포즈할 용기를 낼 수 없어.

02 난 너처럼 빈둥거릴 시간이 없어.

1. to do 앞에 명사가 오면 '~할'로
해석한다. 전치사 to는 '~로 향하는'을
뜻하므로 대개 미래의 일을 일컫는다.
2. 명사가 to do의 목적어로 해석되지
않으면 to do 다음에 적당한 전치사를
넣어야 한다.

03   We can't find the right person to replace Sam.

04   There is no need to stand on ceremony in my office.

05   This is your once-in-a-lifetime chance to make
     big bucks.

06   I have a good mind to cancel the party, honey.

07   I have no house to live in.

08   How many pieces of baggage do you have to check in?

to do 앞에 what, when, where,
which, who(m), how가 오면
to do는 '~할지'로 해석한다.

🗣 PATTERN 04 wh- + to do

01   I'd like to know how to make Susan fall in love
     with me.

02   Excuse me, but could you tell me how to get to
     the city hall?

03   They don't know what to do with it all.

04   I can't decide whether to postpone or cancel it.

05   I can't decide whether to order fish or chicken.

06   The boy didn't know which to choose.

07   Nobody knew which way to go.

08   Do you know what number to take?

to do 앞에 go, come 등 구체적 행위를
나타내는 동사가 오거나 to do가 주어
앞에 올 경우 to do는 '~하기 위해'로
해석한다.

🗣 PATTERN 05 동사 + (명사) + to do~ / To do + 주어

01   I need your signature here to complete the deal.

02   They may lower interest rates to try to prop up the
     economy.

03   To get ahead you'll have to work nights and take
     short vacations.

03 우리는 발견할 수 없어요, 올바른 사람을, 대체할 샘을.

04 필요가 없습니다, 서 있을, 의식 위에, 나의 사무실 안에서는.

05 이것은 너의 '인생에서 한 번' 기회야, 만들, 큰 달러들을.

06 나는 갖고 있어, 좋은 마음을, 취소할, 그 파티를, 여보.

07 나는 가지고 있지 않아, 집을(들어가서), **살**.

08 얼마나 많은 개수의 짐을, 당신은 가지고 있습니까, 체크인할?

03 샘을 대신할 적임자를 못 찾겠어요.

04 저의 사무실에서는 너무 격식 차릴 필요 없습니다.

05 큰돈을 벌 일생일대의 기회야.

06 여보, 그 파티 취소하고 싶은 마음이 굴뚝같아.

07 나는 살 집이 없다.

08 맡기실 짐이 몇 개입니까?

🔔 04 ~할지

01 나는 원해, 알기를, 어떻게 만드**는지**를, 수잔이 빠지도록 사랑에, 나와 함께.

02 실례합니다, 그러나 말해주시겠습니까 나에게, 어떻게 가**는지**를, 시청으로?

03 그들은 모른다, 무엇을 해야 **할지**를, 그것 모두를 가지고.

04 나는 결정할 수 없다, 연기**해야 할지**, 혹은 취소**해야 할지** 그것을.

05 나는 결정할 수 없어, 주문할지를, 생선 혹은 치킨.

06 그 소년은 몰랐다, 어느 것을 선택**해야 할지**를.

07 아무도 몰랐다, 어느 길로 가야 **할지**를.

08 당신은 압니까, 무슨 번호를 타야 **할지**?

---

01 나는 수잔이 나에게 푹 빠지게 하는 방법을 알고 싶어.

02 실례합니다만 시청으로 기는 길을 가르쳐주시겠습니까?

03 그들은 그 모든 것으로 무엇을 해야 할지를 모른다.

04 나는 그것을 연기해야 할지 취소해야 할지 결정할 수 없다.

05 생선으로 주문할지 치킨으로 할지 결정을 못하겠어.

06 그 소년은 어느 것을 선택해야 할지 몰랐다.

07 어느 길로 가야 할지 아무도 몰랐다.

08 몇 번 버스를 타는지 아십니까?

🔔 05 ~하기 위해

01 나는 필요합니다, 당신의 사인을, 여기에, 완료하**기 위해** 그 계약을.

02 그들은 내릴지도 모릅니다, 이자 비율을, 시도하**기 위해**, 지지하는 것을, 경제를.

03 앞서 가**기 위해**서는, 당신은 일해야 합니다, 밤에, 그리고 가져야 합니다, 짧은 휴가를.

---

01 계약을 체결하기 위해 여기에 당신의 사인이 필요합니다.

02 그들은 경기를 부양하기 위해 금리를 인하할지도 모릅니다.

03 출세하려면 야근을 하고 휴가를 짧게 가져야 하지요.

04 What's your company doing **to** cope with the recession?

05 How often do you take your wife out **to** eat?

06 Let's go out **to** lunch.

07 My father always uses a carrot and a stick **to** make me do the chores in the house.

08 The city beefed up the police force **to** crack down on burgeoning prostitution.

😊 PATTERN 06 형용사 + to do

to do 앞에 형용사가 오면 '~하기에, ~하는 데'로 해석한다.

1. 'too ~ to…'는 그대로 해석하면 '너무 ~하다…하기에는'이다. 따라서 '너무 ~해서…할 수 없다'로 해석하는 것은 엄격히 말하면 오역이다.

2. enough to는 '~ 하기에 충분한'으로 해석하고 enough to 앞에 형용사가 오면 '~하기에 충분히'로 해석한다.

01 English is very easy **to** learn.

02 He isn't qualified **to** be a teacher.

03 He is too young **to** marry.

04 He is rich enough **to** buy the car.

05 I'm **too** busy **to** take any time off right now.

06 I know this is very good chance, but I'm afraid **to** put all my eggs in one basket.

07 I think about $100 should be enough **to** tide me over until the 1st of Oct.

08 Are you ready **to** order, sir?

😊 PATTERN 07 smile, wept + to do / 감정형용사 + to do

to do 앞에 smile, weep, rejoice, regret 등 감정동사나 glad, happy, sorry, surprised 등의 감정형용사가 오면 to do는 '~해서'로 해석한다.

01 He smiled **to** see the monkey.

02 He wept **to** see the sight.

03 I'm sorry **to** hear that.

04 I'm sorry **to** have kept you waiting.

05 Nice **to** meet you, Mrs. Miller.

04 무엇을, 당신 회사는 하고 있습니까, 대처하기 **위해**, 그 불경기에.

05 얼마나 자주, 당신은 데려갑니까, 당신의 부인을, 밖으로, 먹기 **위해**?

06 가자 밖으로, '점심 먹기 **위해**'.

07 나의 아버지는 항상 사용하셔, 당근과 회초리를, 만들기 **위해**, 나를, 그 허드렛일들을 하도록, 집에서.

08 시는 '소고기처럼 살찌웠다', 경찰력을, 깨기 **위해**, 싹트는 매춘을.

04 당신 회사는 불경기에 어떻게 대처할 것입니까?

05 얼마나 자주 부인과 외식합니까?

06 점심 먹으러 가자.

07 아버지는 집에서 나에게 허드렛일을 시키려고 항상 당근과 채찍을 사용하셔.

08 시 당국은 매춘이 싹트는 것을 단속하기 위해 경찰력을 증강시켰다.

🔔 06 ~하기에, ~하는 데

01 영어는 매우 쉽다, 배우**기에**.

02 그는 자격이 갖춰져 있지 않아, 교사가 되**기에**는.

03 그는 너무 어리다, 결혼하**기에**는.

04 그는 부자다, 충분한 (정도로), 사**기에**, 그 차를.

05 나는 너무 바쁩니다, 취하**기에**는 어떤 시간을 떼서, 지금 당장.

06 나는 알아, 이것이 매우 좋은 기회라는 것을, 그러나 나는 두려워, 놓기에, 모든 나의 계란들을, 하나의 바구니에.

07 나는 생각합니다, 100달러면 충분하다고, 조수에 태워 나를 위로 넘기**기에**, 10월 1일까지.

08 당신은 준비가 됐나요, 주문하**기에**, 선생님?

01 영어는 배우기가 매우 쉽다.

02 그는 교사가 될 자격이 되지 않는다.

03 그는 결혼하기에는 너무 어리다.

04 그는 차를 살 정도로 부자다.

05 지금 당장은 너무 바빠서 잠시도 쉴 수 없어요.

06 좋은 기회라는 건 알지만 전 재산을 한 군데에 투자하는 것이 두려워.

07 100달러 정도면 10월 1일까지는 충분히 지낼 수 있을 것 같아요.

08 주문하시겠습니까, 선생님?

🔔 07 ~해서

01 그는 웃었다, **보고서** 원숭이를.

02 그는 울었다, **보고서** 그 광경을.

03 나는 유감입니다, 듣게 **돼서** 그것을.

04 나는 미안합니다, 유지시켜서 당신을, 기다리고 있는 (상태로).

05 좋습니다, 만**나서** 당신을, 밀러 부인.

01 그는 원숭이를 보고서 웃었다.

02 그는 그 광경을 보고서 울었다.

03 그 말을 들으니 유감입니다.

04 기다리게 해서 미안합니다.

05 만나서 반갑습니다, 밀러 부인.

CHAPTER 2

Gerund

-ing가 동사 앞에서 주어 역할을 하거나 동사 뒤에서 보어·목적어 역할을 할 때 -ing는 '것'으로 해석한다.

동명사의 의미상의 주어는 소유격으로 표시하지만 현대 영어에서는 의미상의 주어로 목적격을 더 많이 쓰는 경향이 있다. 해석은 '～가 …하는 것을'로 한다.

동명사만 목적어로 취하는 동사에는 dislike, mind, avoid, evade, escape, resist, give up, quit, discontinue, deny, postpone, put off, finish, stop 등 회피·포기 동사, 그리고 consider, admit, allow, appreciate, enjoy 등이 있다.

😀 PATTERN 08 동사 + -ing

01 Seeing is believing.

02 Just thinking about it makes my mouth water.

03 Creating a double eyelid is the most popular cosmetic surgery among Korean women.

😀 PATTERN 09 소유격, 목적격 + -ing

01 I don't like going to such a place.

02 I don't like your going to such a place.

03 I don't like my sister going to such a place.

04 He doesn't like me going to such a place.

😀 PATTERN 10 동사 + -ing

01 The Smiths are considering moving to New York.

02 She missed seeing that film.

03 He enjoys reading a novel.

04 Would you mind taking a picture for me?

05 I don't mind taking the bus.

06 Would you mind opening the window?

07 He admitted having done wrong.

08 I've just finished taking my math final.

09 The child barely escaped being run over.

10 He gave up drinking by the doctor's advice.

동명사

🔔 08 ~하는 것

01 보는 것이 믿는 것이다.
02 단지 생각하는 것이 그것에 대해, 만듭니다, 나의 입이, 물이 돌도록.
03 창조하는 것은 이중 눈꺼풀을, 가장 인기 있는 성형 수술이다, 한국 여성들 사이에서.

01 보기 전엔 알 수 없지.
02 생각만 해도 군침이 돕니다.
03 한국 여성들에게는 쌍꺼풀을 만드는 것이 가장 인기 있는 성형 수술이다.

🔔 09 ~가 …하는 것을

01 **나는** 좋아하지 않는다, 가는 **것을**, 그런 곳에.
02 나는 좋아하지 않는다, **네가 가는 것을**, 그런 곳에.
03 나는 좋아하지 않는다, **나의 여동생이 가는 것을**, 그런 곳에.

04 그는 좋아하지 않는다, **내가 가는 것을**, 그런 곳에.

01 나는 그런 곳에 가는 것을 좋아하지 않아.
02 나는 네가 그런 곳에 가는 것을 좋아하지 않아.
03 나는 내 여동생이 그런 곳에 가는 것을 좋아하지 않아.
04 그는 내가 그런 곳에 가는 것을 좋아하지 않아.

🔔 10 ~하는 것을

01 스미스 댁은 고려하고 있다, 움직이는 **것을** 뉴욕으로.

02 그녀는 놓쳤다, 보는 **것을** 그 영화를.
03 그는 즐긴다, 읽는 **것을** 소설을.
04 당신은 꺼리십니까, 찍는 **것을** 사진 한 장, 나를 위해?
05 나는 꺼리지 않는다, 타는 **것을** 버스를.
06 당신은 꺼리십니까, 여는 **것을** 그 창문을?
07 그는 시인했다, 잘못했다는 **것을**.
08 나는 방금 끝마쳤어, 치르는 **것을**, 나의 수학 마지막 (시험)을.
09 그 아이는 가까스로 피했다, 차에 치이는 **것을**.
10 그는 포기했다, 술 마시는 **것을**, 의사의 충고에 따라.

01 스미스 부부는 뉴욕으로 이사가는 것을 고려하고 있다.
02 그녀는 그 영화 보는 것을 놓쳤다.
03 그는 소설 읽기를 즐긴다.
04 사진 좀 찍어주시겠습니까?
05 나는 버스 타는 것을 싫어하지 않는다.
06 창문 좀 열어주시겠습니까?
07 그는 잘못했다는 것을 시인했다.
08 방금 학기말 수학 시험을 끝냈어.
09 그 아이는 가까스로 차에 치이는 것을 피했다.
10 그는 의사의 충고에 따라 음주를 포기했다.

11 I once quit drinking, but I'm off the wagon now.

12 She resisted being kissed.

13 I bet you regret no marrying him.

👩 PATTERN 11 동사 + to do

부정사만 목적어로 가지는 동사에는
wish, want, hope, desire, learn
등 기대동사, decide, promise,
agree, refuse 등 동의·거절동사
등이 있다.

to는 '~로 향해'라는 의미를 지니므로
to 다음의 동사에는 미래의 의미가
내포되어 있다.
이에 반해 동사 다음에 오는 -ing에는
대체로 과거의 의미가 내포되어 있다.
부정사 혹은 동명사를 목적어로 취하는
동사는 원리만 파악하면 억지로 외울
필요가 없다.

01 If you wish to learn I can teach you how to fly.

02 She managed to get on the bus.

03 "I want to learn to fly like that" Jonathan said.

04 I hope to see you within the next few days.

05 He refused to discuss the question.

06 Are you still planning to take your vacation in Hawaii next summer?

07 Sam and Susan have decided not to have kids at all.

08 Did you expect to get a C in Prof. Brown's English literature class?

👩 PATTERN 12 동사 + -ing, to do

동명사와 부정사를 모두 목적어로 가지는
동사에는 like, hate, prefer, begin,
continue, cease, try, propose,
intend 등이 있다.
to do에는 대체로 미래의 의미가, doing
에는 과거의 의미가 내포돼 있다.
오래된 행동을 말할 때는 ~doing이
더 보편적으로 사용된다.

01 Shall we continue climbing the mountain?

02 My mother was diagnosed with pneumonia and she continued to smoke.

03 I forgot to bring my wallet.

04 Don't forget to attend the meeting.

05 I will never forget seeing her at the party.

06 Yes, so I'm going to turn over a new leaf and begin exercising more.

07 I began to see what he was getting at.

11	나는 한때, 그만뒀어 마시는 **것을**, 그러나 나는 내렸어 그 마차에서, 이제.	11	한때 술을 끊었지만 이제 다시 마셔.
12	그녀는 저항했다, 입맞춤 당하는 **것을**.	12	그는 키스당하는 것을 거부했다.
13	나는 내기 건다, 네가 후회한다는 **것에**, 결혼하지 않은 **것을**, 그와.	13	그와 결혼하지 않은 것을 너는 분명 후회하고 있어.

🔔 11 ~하는 것을

_____

01	만약, 네가 희망한다면, 배우는 **것을**, 나는 가르쳐줄 수 있지 너에게, 어떻게 나는지를.	01	네가 배우기를 원한다면 나는 법을 가르쳐줄 수 있어.
02	그녀는 간신히 할 수 있었다, 그 버스에 타는 **것을**.	02	그녀는 간신히 그 버스를 탔다.
03	"나는 원합니다, 배우**기를** 나는 **것을**, 그렇게" 조나단은 말했다.	03	"나는 그렇게 나는 것을 배우고 싶습니다"라고 조나단은 말했다.
04	나는 희망한다, 보는 **것을** 너를, 다음 수일 내에.	04	나는 다음 며칠 내에 너를 보기를 희망한다.
05	그는 거부했다, 토의하는 **것을**, 그 문제를.	05	그는 그 문제를 토의하는 것을 거부했다.
06	당신은 아직도 계획하고 있나요, 취하는 **것을** 당신의 휴가를, 하와이에서, 다음 여름에.	06	다음 여름에 하와이로 휴가를 떠날 계획인가요.
07	샘과 수잔은, 결정했어요, 갖지 않는 **것을** 아이들을, 전혀.	07	샘과 수잔은 애를 갖지 않기로 결정했어요.
08	너는 예상했니, 받을 **것을** C학점을, 교수 브라운의 영문학 강의에서?	08	브라운 교수의 영문학 강의에서 C를 받을 거라고 예상했니?

🔔 12 ~하는 것을, ~하기를

_____

01	우리 계속할까, 오르는 **것을**, 산을?	01	산을 계속 올라갈까?
02	나의 어머니는, 진단을 받았다, 폐렴으로, 그리고 그녀는 계속했다, 흡연하는 **것을**.	02	어머니는 폐렴 진단을 받고도 담배를 계속 피웠어.
03	나는 잊어버렸어요, 가져오는 **것을**, 나의 지갑을.	03	나는 지갑 가져오는 것을 잊어버렸어요.
04	잊지 마세요, 참석하는 **것을** 그 모임에. (미래의 일)	04	꼭 모임에 참석해주세요.
05	나는 잊지 못할 거야, **본 것을** 그녀를, 그 파티에서. (과거의 일)	05	파티에서 그녀를 만난 것을 잊지 못할 거야.
06	예, 그래서 나는 뒤집을 겁니다, 새로운 잎을, 그리고 시작할 겁니다, 운동하는 **것을** 더.	06	예. 그래서 심기일전해 운동을 더 많이 할 겁니다.
07	나는 시작했다, 알**기를**, 그가 노리는 것이 무엇인지를.	07	나는 그가 노리는 것이 무엇인지 알게 되었다.

08 You are starting to get a potbelly.

09 When are you going to stop mooching from your friends?

10 He stopped smoking.

11 He stopped to smoke.

12 Believe it or not, each of us⋯ is one day going to stop breathing, turn cold and die.

08 당신은 시작하는군요, 갖**기**를 불룩한 배를.

09 언제, 너는 그만두려니, 빈대 붙**는 것을**, 너의 친구들로부터?

10 그는 그만두었다, 담배 피우**기를**.

11 그는 멈췄다, 담배를 피우**기 위하여**.

12 믿건 안 믿건, 우리 각자는…… 어느 날, 멈출 것이다, 숨쉬는 **것을**, (몸이) 차갑게 되고, 그리고 죽을 것이다.

08 배불뚝이가 되기 시작하는군요.

09 친구에게 빈대 붙는 것 언제 그만둘 거니?

10 그는 금연했다.

11 그는 담배를 피우기 위해 길을 멈췄다.

12 믿건 안 믿건 우리 각자는 어느 날 숨 쉬는 것을 멈추고 싸늘해지고 죽을 것이다.

Participle

✔ 바로 이것이 포인트!

-ing가 명사 앞에 오면 '~하는', -ed가 명사 앞에 오면 '~하게 된, 하여진'으로 해석한다.

-ing, -ed는 뒤에 수식어구가 오면 명사 뒤에 놓는다. 이 경우 명사와 -ing, -ed 사이에는 'that be'나 'Who be'를 넣을 수 있다.
-ing는 진행이나 미래의 의미를 지니므로 '~하(고 있)는'으로 해석된다.
형용사 뒤에 수식어구가 올 때도 명사 뒤에 온다.

1. 전명구(전치사 + 명사) 앞에 명사가 오면 '~하는'으로 해석하고 동사가 오면 대체로 '~에(서), 로'로 해석한다.
2. 전명구는 보조 요소이므로 생략해도 문장은 성립한다.
3. 전치사 뒤에 오는 -ing는 전치사의 목적어로서 명사 역할을 한다.

👥 PATTERN 13 -ing, -ed + 명사

01 a sleeping baby
02 an exciting scene
03 a blue-eyed girl
04 A rolling stone gathers no moss.
05 I'm young and I have many buried qualities.

👥 PATTERN 14 명사 + -ing, -ed ~ / 형용사 + 수식어

01 Is this your first time visiting Korea?
02 Big shots coming in today?
03 Give me a room looking out on the downtown area, if possible.
04 Your bill comes to 100 dollars including the tax and the service charge.
05 This is Katharine Smith reporting live from the Channel 10 Helicopter.
06 Your reservation is made for flight 102 leaving for Los Angeles Saturday at 4 p.m.
07 No, I wanted something more interesting so I downloaded one.
08 I heard in Korea there is a day called Poknal.

09 Do you have anything smaller in the same color?

👥 PATTERN 15 명사 + 전명구 / 동사 + 전명구

01 He lives in the house on the hill.

현재분사, 과거분사

🔔 13 -ing: ~하는, -ed: ~하게 된, 하여진

01 잠자는 아기

02 흥분시키는 장면

03 파란 눈을 **가진** 소녀

04 구르는 돌은, 모으지 않는다 이끼를.

05 나는 어리다, 그리고 나는 가지고 있다, 많은 묻힌 자질들을.

01 잠자는 아기

02 흥분시키는 장면

03 파란 눈을 가진 소녀

04 구르는 돌에는 이끼가 끼지 않는다.

05 나는 어리고 많은 숨겨진 자질을 가지고 있다.

🔔 14 ~하(고 있)는

01 이것은 당신의 첫 시간입니까, 방문하**는** 한국을.

02 큰 탄환들, 들어오는, 오늘?

03 주세요 나에게, 하나의 방을, 바깥을 보고 **있는**, 시내 지역 위에, 가능하면.

04 당신의 계산서는, 옵니다 100달러로, 포함하**는** 세금과 서비스 요금을.

05 저는 캐서린 스미스입니다, 보도하고 **있는** 생중계로, 채널 10 헬리콥터로부터.

06 당신의 예약은, 만들어졌습니다, 102편을 위해, 떠나**는** 로스앤젤레스를 향해, 토요일 4시에.

07 아니야, 나는 원했어, 무언가를 더 재미있**는**, 그래서 나는 내려받았어 하나를.

08 나는 들었습니다, 한국에서, 날이 있다고, 불리**는**, 복날이라고.

09 당신은 가지고 있나요, 어떤 것을 좀 더 작은, 같은 색깔로?

01 한국에는 처음 오셨습니까?

02 오늘 거물이라도 오나요?

03 가능하면 시내 중심가를 바라다 볼 수 있는 방을 주세요.

04 세금과 서비스 요금을 포함해서 100달러입니다.

05 채널 10의 헬기에서 캐서린 스미스가 실황으로 전해드립니다.

06 토요일 오후 4시 로스앤젤레스행 102편이 예약됐습니다.

07 아니야, 좀 더 재미있는 것으로 하고 싶어서 다운받았어.

08 한국에는 복날이라고 불리는 날이 있다고 들었습니다.

09 같은 색깔로 좀 더 작은 치수 있습니까?

🔔 15 ~하는 / ~에(서), 로

01 그는 살고 있다, 그 집에서, 언덕 **위에** 있는.

01 그는 언덕 위에 있는 집에서 살고 있다.

02 I went **to** the park with him.

03 That wallpaper **on** your computer is not the default one.

04 Aspirin is useful **in** relieving pain associated with headaches and reducing fever.

PATTERN 16 명사 + of -ing

of -ing 앞에 명사가 오면 '~(하)는'으로 해석한다.

01 Susan, may I have the pleasure **of dancing**?

02 I heard that he's on the verge **of filing** for bankruptcy.

03 He has a bad habit **of getting** up late in the morning.

04 He or she may stand before us, but we see only the figure **of** our own mak**ing.**

PATTERN 17 -ing ~, 주어

'-ing ~, 주어'는 '~하는 + 주어'로 해석한다. 흔히 분사구문으로서 시간, 이유, 조건, 양보 등으로 문맥상 구분해서 해석하지만 의미가 명확히 규정할 수 없는 경우도 많으므로 '~하는'으로 이해하는 것이 바람직하다. 만약 글쓴이가 시간, 이유, 조건 등을 분명히 표시할 의도가 있었다면 분사구문을 쓰지 않고 'when / as / if + 주어 + 동사'로 표현했을 것이다.

01 Walk**ing** along the street, I met a friend.

02 (Be**ing**) warm and full, he soon fell asleep.

03 Turn**ing** to the left, you will find the post office.

04 Walk**ing** on tiptoe, I approached the window.

05 Liv**ing** near the sea, I cannot swim.

06 Smil**ing** brightly, she came up to me.

PATTERN 18 -ed ~, 주어

-ed ~, 주어 = ~된 + 주어

01 Compar**ed** to our small apartment, our uncle's house seemed like a palace.

02 Startl**ed** to hear a man's voice, Julliet shouted back, "Who's there?"

02 나는 갔다, 공원**으로**, 그와 함께.

03 그 벽지는, 너의 컴퓨터(화면) **위에 있는**, '처음 설정된' 것은 아니군.

04 아스피린은 유용합니다, 덜어**주는 데**, 통증을, 관련된 두통과, 그리고 낮추**는 데** 열을.

02 나는 그와 함께 공원으로 갔다.

03 네 컴퓨터의 바탕 화면 그림이 처음부터 설정된 건 아니군.

04 아스피린은 두통을 완화시키고 열을 낮추는 데 유용합니다.

🔔 16 ~하는

01 수잔, 내가 가질 수 있나요, 기쁨을, 춤추**는**?

02 나는 들었다, 그는 가장자리 위에 있다고, 신청**하는**, 파산을 위해.

03 그는 가지고 있다 나쁜 습관을, 일어**나는**, 늦게, 아침에.

04 그 혹은 그녀가, 서 있을지도 모른다, 우리 앞에, 그러나, 우리는 본다, 오직 모습을, 우리 자신이 만**든**.

01 수잔, 같이 춤추지 않겠어요?

02 그는 파산 신청 직전에 있다고 들었다.

03 그는 아침에 늦게 일어나는 나쁜 습관을 가지고 있다.

04 상대방이 우리 앞에 서 있어도 우리는 단지 우리 자신이 만든 모습만을 본다.

🔔 17 ~하는 + 주어

01 걷고 있**는**, 거리를 따라서, 나는 만났다 친구를.

02 (등이) 따뜻하고 배부**른**, 그는 곧 잠들었다.

03 도**는**, 왼쪽으로, 당신은 발견할 것이다, 우체국을.

04 걷**는**, 발끝으로, 나는 다가갔다, 창가에.

05 바닷가에 사**는**, 나는, 수영을 할 수 없다.

06 밝게 웃**는**, 그녀는 다가왔다 나에게.

01 나는 거리를 걷다가 친구를 만났다.

02 따뜻하고 배불러서 그는 곧 잠이 들었다.

03 왼쪽으로 돌면 우체국이 나올 것이다.

04 나는 발끝으로 걸어서 창가에 다가갔다.

05 바닷가에 살지만 나는 수영을 할 줄 모른다.

06 밝게 웃으면서 그녀는 나에게 다가왔다.

🔔 18 ~된 + 주어

01 비교**된**(비교하면) 우리의 작은 아파트와, 우리 삼촌의 집은, 보였다, 궁전같이.

02 놀**란**, 남자의 목소리를 듣고, 줄리엣은 소리쳐 대꾸했다. "누가 있죠, 거기?"

01 우리의 작은 아파트에 비하면 우리 아저씨 집은 궁전 같았어.

02 남자의 목소리를 듣고 놀라, 줄리엣은 소리쳤다 "거기 누구죠?"

03 (Being) Uncontrolled, the forces of nature may be dangerous and destructive, but once mastered, they can be bent to man's will and desire.

🗣️ PATTERN 19 ~, -ing

~, -ing = 그리고 ~하다

01 "Romeo", he replied, stepping out from the shade into the moonlight.
02 We took a walk together, enjoying the fine view around.
03 Two cars collided head-on, totaling each other.
04 The Dow Jones index rose twelve points today in heavy trading, reaching a monthly high of 10,123.

🗣️ PATTERN 20 명사 + -ing ~, 주어

명사 + -ing ~, 주어
= ~가···다, ~가···다

01 School being over, the boys went home.
02 Our dinner being over, we went out for a walk.
03 The sun having set, we gave up looking for them.

🗣️ PATTERN 21 with + 명사 + -ing, -ed

with + 명사 + 분사(전명구)
= ~가(을)···하는 채

01 She looked at me with tears running down her cheeks.
02 Don't leave the room with the window open.
03 With an eye bandaged, I could not write properly.

03 제어되지 않은, 힘들은, 자연의, 위험하고 파괴적일지 모른다, 그러나 일단 정복된, 그것들은 구부러질 수 있다, 인간의 의지와 소망 쪽으로.

03 자연의 힘은 제어되지 않으면 위험하고 파괴적일지 모르지만 일단 정복되면 인간의 의지와 소망대로 따르게 된다.

☼ 19 그리고 ~하다

01 "로미오입니다", 그가 대답했다, **그리고 걸어나왔다**, 그늘에서, 달빛 속으로.
02 우리는 함께 걸었다, 함께, **그리고 즐겼다**, 아름다운 경치를, 주변의.
03 두 차가, 충돌했지요, 정면으로, **그리고 크게 부서졌다**, 서로.
04 다우존스 지수는, 올랐습니다, 12포인트 오늘, 무거운 거래에서, **그리고 도달했습니다**, 한 달 최고인 10,123을.

01 "로미오입니다" 그가 대답하면서 그늘에서 달빛 속으로 걸어나왔다.
02 우리는 함께 걸으면서 주변의 아름다운 경치를 즐겼다.
03 두 차가 정면충돌해 모두 크게 부서졌습니다.
04 오늘 다우존스 지수는 대량 거래 속에 12포인트 상승해 이달 들어 최고치인 10,123을 기록했습니다.

☼ 20 ~가 …다, ~가 …다

01 학교가 끝났다, 소년들이 갔다 집으로.
02 우리의 식사가, 끝났다, 우리는 나갔다, 걷는 것을 위해
03 해가 졌다, 우리는 포기했다, 찾는 것을 그들을.

_____

01 학교가 끝나서 소년들은 집으로 갔다.
02 식사가 끝난 후 우리는 산책을 나갔다.
03 해가 져서 우리는 그들을 찾는 것을 포기했다.

☼ 21 ~가(을) …하는 채

01 그녀는 바라보았다 나를, 눈물이 흘러내리는 채, 그녀의 뺨에.

02 떠나지 마라, 방을, 창문을 열어둔 채.
03 한 쪽 눈에 붕대를 감은 채, 나는 쓸 수 없었다, 제대로.

_____

01 그녀는 뺨 아래로 눈물을 흘리면서 나를 쳐다보았다.

02 창문을 열어둔 채 방을 떠나지 마라.
03 한쪽 눈이 붕대로 감겨져 있어 나는 제대로 쓸 수 없었다.

Conjunction

명사절을 이끄는 that은 '것, ~다고'로 해석한다. 매우 자주 나오는 기본 문형이다.

👤 PATTERN 22 동사 + that + 주어 + 동사

01 Do you know **that** Susan has been gossiping about you behind your back?

02 I still believe **that** people are really good at heart.

03 Don't tell me **that** he loves me.

04 She found out **that** her husband was having an affair with her best friend.

05 Did you know **that** all three of Mr. Jung's children are professional musicians?

👤 PATTERN 23 It ~ that … / 동사 + it + 보어 + that

1. 주어로 쓰인 that절이 길 경우 그 자리에 it를 놓고 that절은 문장 뒤로 보낸다.
2. 목적어로 쓰인 that절이 길 경우에도 그 자리에 it를 놓고 that절을 문장 뒤로 보낸다.

01 **That** he is honest is true.
   = It is true that he is honest.

02 I think **that** our team will win the game.

03 I think **it** certain **that** our team will win the game.

👤 PATTERN 24 동사 + (that) + 주어 + 동사

'동사 + 주어 + 동사'에서 동사와 '주어 + 동사' 사이에는 명사절 접속사인 that이 생략돼 있다.

01 I hope (**that**) you have a great weekend.

02 May I say I think (**that**) you are the most beautiful girl I've ever met in America.

03 I can't believe (**that**) aunt Julie passed away.

04 I know (**that**) I take after my father.

05 I just saw (**that**) you throw a cigarette butt and step on it.

접속사

🔔 22 것을, ~다고

01 알고 있니, 수잔이 수군거리고 있었다는 **것을**, 너에 대해 너의 등 뒤에서?

02 나는 아직 믿는다, 사람들은 정말 착하**다고**, 마음속은.

03 말하지 마, 나에게, 그가 사랑한**다고** 나를.

04 그녀는 발견했어, 그녀의 남편이, 가지고 있었다는 **것을** (애정) 사건을, 그녀의 가장 친한 친구와.

05 아셨어요, 모든 세 명이, 정 선생님 자녀의, 전문적인 음악가들이라는 **것을**.

01 수잔이 너 없는데서 너를 험담하고 있는 것을 알고 있니?

02 나는 아직도 사람들이 마음은 정말 착하다고 믿는다.

03 설마 그가 나를 사랑하겠어.

04 그녀는 남편이 자신의 가장 친한 친구와 바람피우는 것을 알아냈어.

05 정 선생님의 자녀 세 명이 모두 전문 음악가라는 것을 아셨어요?

🔔 23 (그것은) ~것은

01 그가 정직하다는 **것은**, 사실이다.
= 그것은 사실이다, 그가 정직하다는 것은.

02 나는 생각한다, 우리 팀이, 이길 **것**이라고 그 게임을.

03 나는 생각한다, 그것은 확실하다고, 우리 팀이, 이길 **것**이라고 그 게임을.

01 그가 정직하다는 것은 사실이다.

02 나는 우리 팀이 이길 것이라고 생각한다.

03 나는 우리 팀이 그 게임에서 이기는 것은 확실하다고 생각한다.

🔔 24 것을, ~다고

01 나는 희망한다, 네가 가지고 있**기를**, 대단한 주말을.

02 내가 말해도 됩니까, 내가 생각한다고, 당신이 가장 아름다운 **소녀라고**, 내가 지금까지 만나본 (사람들 중에서), 미국에서?

03 나는 믿을 수 없어, 아주머니 줄리가, 지나갔다는 **것을** 떨어져서.

04 나도 알아요, 내가 닮았다는 **것을**, 나의 아버지를.

05 나는 방금 보았어, 네가 던지는 것을, 담배꽁초를, 그리고 밟는 **것을** 그것 위에서.

01 즐거운 주말 보내세요.

02 당신은 제가 미국에서 만난 여자 중 가장 미인이라고 생각합니다.

03 줄리 아주머니가 돌아가셨다니 믿을 수가 없어.

04 나도 아버지를 닮았다는 것을 알아요.

05 너는 방금 담배꽁초를 버리고 발로 밟아 끄더군.

Chapter 4 CONJUNCTION **275**

06 I hear (that) they called off their engagement.

07 Don't you remember (that) we have an
    appointment at two here in my office?

08 I'm afraid (that) I don't take very good pictures.

09 It seems (that) you have a hangover.

😀 PATTERN 25 wh- + 주어 + 동사

명사절을 이끄는 who, when, where,
why, what, how는 '〜는지'로 해석한다.
5w1h 앞에는 ask, know, tell,
understand, imagine, determine
등 의문과 관련된 동사가 온다.

01 He has trouble deciding who should do what, and
    he doesn't give clear orders.

02 I don't want to get involved in that argument about
    who is to blame.

03 The film shows how Jews suffered increasingly
    violent attacks before being deported from ghettos

04 Can you tell me where I can find men's
    underwear?

05 Can I ask what your secret of health is?

06 Can you tell me what floor the restaurant is on?

07 Could you tell me what musical is playing tomorrow?

08 Do you know which car was responsible for the
    accident?

09 I wonder how much this DVD player is.

😀 PATTERN 26 wh- + do you think + 주어+ 동사

명사절을 이끄는 의문사 다음에 do you
think가 오면 wh-는 '〜것이라고'로
해석한다.

01 Who do you think will win the Subway Series, the
    Yankees or the Mets?

02 What do you think will happen when our boss retire?

03 How long do you think it will take for you to learn
    the art of salesmanship?

06 나는 듣고 있어, 그들이 취소했**다고**, 그들의 약혼을.

07 너는 기억하지 않니, 우리가 가지고 있**다는 것을**, 약속을, 두 시에, 여기, 나의 사무실에서?

08 나는 두렵습니다, 내가 찍지 **못해서**, 매우 좋은 사진들을.

09 그것은 보입니다, 당신이 가지고 있는 것**으로**, 숙취를.

06 그들은 약혼을 취소했다던데.

07 여기 내 사무실에서 두 시에 약속이 있는 걸 잊었어?

08 제가 사진을 잘 못 찍어서 걱정이군요.

09 당신은 취한 것 같군요.

🔔 25 ~는지

01 그는 갖고 있어 문제점을, 결정하는 데, 누가 해야 하**는지**, 무엇을, 그리고, 그는 주지 않아, 분명한 명령을.

02 나는 원하지 않아, 말려드는 것을, 그 논쟁에, 누가 비난받아야 할**는지**에 대한.

03 그 필름은 보여준다, 어떻게, 유대인들이 당했**는지를**, 점점 더 폭력적인 공격들을, 추방당하기 전에, 유태인 거주지에서.

04 당신은 말할 수 있나요 나에게, 어디서 내가 발견할 수 있**는지**, 남자 속옷을?

05 내가 물을 수 있나요, 무엇이 당신의 비결**인지**, 건강의?

06 당신은 말해줄 수 있나요 나에게, 무슨 층에, 식당이 있**는지**?

07 당신은 말해주실 수 있습니까 나에게, 무슨 뮤지컬이, 공연되**는지**, 내일?

08 당신은 압니까, 어느 차가, 책임이 있었**는지**, 그 사건을 위해?

09 나는 궁금하다, 얼마나 (가격이) 많은**지**, 이 DVD 플레이어가.

01 그는 누가 무엇을 해야 하는지 결정하는 걸 어려워해. 그리고 분명한 명령을 내리지 않지.

02 누가 비난을 받아야 하는지를 따지는 논쟁에 말려들고 싶지 않아요.

03 그 영화는 유태인들이 유태인 거주지에서 추방되기 전에 얼마나 폭력적인 공격에 시달렸는지를 보여주고 있다.

04 남자 속옷은 어디 가면 찾을 수 있나요?

05 당신의 건강 비결을 여쭤봐도 되나요?

06 식당은 몇 층에 있습니까?

07 내일은 어떤 뮤지컬이 공연됩니까?

08 어느 차가 그 사고에 책임이 있는지 아십니까?

09 이 DVD 플레이어가 얼마인지 궁금해요.

🔔 26 ~것이라고 생각합니까

01 누가, 당신은 **생각합니까**, 이길 **거라고**, 그 지하철 시리즈를, 양키즈 아니면 메츠?

02 무엇이, 당신은 **생각합니까**, 일어날 **거라고**, 우리 사장이 은퇴할 때.

03 얼마나 오래, 당신은 **생각합니까**, (그것이) 걸릴 **거라고**, 당신이 배우는 것이, 기술을, 판매 방법의?

01 지하철 시리즈에서 양키즈와 메츠 중 어느 팀이 이길 것 같나요.

02 우리 사장이 은퇴하면 어떻게 될까요?

03 판매 방법을 익히는 데 얼마나 걸릴 것 같습니까?

04 When do you think she'll be released from the hospital?

🗣 PATTERN 27 동사 + whether / if + 주어 + 동사

whether절과 동사 뒤에 오는 if절은
'~인지 아닌지'로 해석한다.
ask, see, know, learn, doubt,
wonder 등 의문과 관련된 동사가
whether절과 if절을 이끈다.

01 I couldn't decide whether I should propose to her.

02 I doubt whether he is cut out to be a teacher.

03 May I ask if you are married?

04 I'm wondering if you could come to my house for dinner tonight.

05 I wonder if he inherited a fortune from his parents or made it on his own.

06 Mr. Kim, I'm wondering if I can stop by your office tonight.

🗣 PATTERN 28 It is + 강조되는 어구 + that(who)

it-that 강조구문에서 It is와 that을
생략해도 문장은 성립된다. 해석은
있는 그대로 it는 '그것'으로, that은
'~것은'으로 한다.

01 He broke the window on purpose.

02 It was he that(who) broke the window on purpose.

03 It was the window that(which) he broke on purpose.

04 It was on purpose that he broke the window.

05 It is not until we lose health that we realize the vlaue of it.

06 It is the time you have wasted for your rose that makes your rose so important.

🗣 PATTERN 29 명사 + that~

01 No one can deny the fact that you are guilty.

04 언제, 당신은 **생각합니까**, 그녀가 풀려날 **거라고**, 병원으로부터?

04 그가 언제 퇴원할 것 같아요?

🔔 27 ~인지 아닌지

01 나는 결정할 수 없었어, 내가 프러포즈를 해야 **할지 어떨지를**, 그녀에게.

02 나는 의심해, 그가 잘려졌**는지 어떤지를**, 교사가 되도록.

03 내가 물어도 될까요, 당신이 결혼했**는지 어떤지를**.

04 나는 궁금해 하고 있습니다, 당신이 올 수 있**을지**, 나의 집으로, 저녁을 위해, 오늘 저녁.

05 나는 궁금합니다, 그가 물려받았**는지**, 재산을, 그의 부모로부터, 혹은 만들었는지 그것을, 그 자신 위에서.

06 김 선생님, 나는 궁금합니다, 내가 멈출 수 있**을지**, 당신 사무실에, 오늘 밤.

01 청혼을 할 것인지 결정할 수 없었어.

02 그는 교사가 되기에 적합한지 의심스러워.

03 결혼했는지 물어도 될까요?

04 오늘 저녁 우리 집에 식사하러 오실 수 있을지 궁금합니다.

05 그 사람이 부모로부터 재산을 물려받았는지 자수성가했는지 궁금합니다.

06 김 선생님, 오늘 밤 당신의 사무실에 들러도 되는지 궁금합니다.

🔔 28 ~것은

01 그는 깨뜨렸다, 그 창을, 일부러.

02 그것은 그였다, 창을 깬 사람은, 일부러.

03 그것은 창이었다, 그가 깬 **것은**, 일부러.

04 그것은 일부러 그런 것이었다, 그는 깬 **것은** 그 창을.

05 그것은 아니다, 우리가 잃을 때까지는, 건강을, 우리가 깨닫는 **것은** 가치를, 그것의.

06 그것은 시간이다, 당신이 소비한, 당신의 장미를 위해, 만드는 **것은** 너의 장미를, 그렇게 중요하게.

01 그는 일부러 그 창문을 깨뜨렸다.

02 일부러 그 창문을 깨뜨린 사람은 그였다.

03 그가 일부러 깬 것은 창문이었다.

04 그가 그 창문을 깨뜨린 것은 고의로 한 짓이었다.

05 건강을 잃고서야 비로소 건강의 소중함을 안다.

06 너의 장미를 그토록 중요하게 만드는 것은 네가 장미를 위해 바친 시간이야.

🔔 29 ~라는, 다는

01 아무도 부정할 수 없다, 그 **사실을**, 네가 유죄라**는**.

01 아무도 네가 유죄라는 사실을 부정할 수 없다.

동격절을 이끄는 that은 '~라는, ~다는'
으로 해석하고 생략할 수 없다. fact,
proof, possibility, proposition,
feeling, terror 등 논리나 감정을 나타
내는 명사가 동격명사로 흔히 사용된다.

1. as는 '만큼, 처럼'으로 해석한다.
'as ~ as…'에서 앞의 as는
형식적인 요소로 무시한다.
2. 'such A as B'는 'B 같은 A'로
해석한다.

so는 '그래서'를 의미하므로 'so ~ that
…'은 '너무 ~해서 …하다'로 해석한다.

02 There is **no proof that** he stole it.

03 Susan, I have **a hunch that** Sam loves you.

04 I got **a hunch that** cops might be lying in wait.

05 I had **a feeling that** the Korean team might turn
the tables.

👤 PATTERN 30 as ~ as … / such 명사 as + 명사

01 My love is **as** deep and boundless **as** the sea.

02 Your guess is **as** good **as** mine.

03 Yes, but it wasn't nearly **as** good **as** the original.

04 Sure. You know, I'm **as** strong **as** Hercules.

05 I'm working **as** fast **as** I can, so don't give me
such a hard time.

06 We can't trust **such** a man **as** he.

👤 PATTERN 31 so(such) 형용사 + that + 주어 + 동사

01 It was **so** lovely a day **that** I went out.
   = It was **such** a lovely day **that** I went out.

02 It's **so** great **that** it will soon sweep the country.

03 I'm **so** certain **that** I'll go for broke.

04 I'm **so** tired of my job **that** I'm thinking of quitting.

05 My coworkers are **so** noisy they're driving me
crazy.

06 Yes, the rainbow is **so** beautiful **that** it took my
breath away.

02 없다, 아무런 **증거가**, 그가 **훔쳤다는** 그것을.

03 수잔, 나는 가지고 있어 **예감을**, 샘이 **사랑한다는** 너를.

04 나는 가졌어 **예감을**, 경찰이 드러누워 있을지도 **모른다는**,
기다림 안에서.

05 나는 가졌어요 어떤 **느낌을**, 한국 팀이, 뒤집을지 **모른다는**
그 테이블들을.

02 그가 그것을 훔쳤다는 증거는 없다.

03 수잔, 샘이 너를 좋아한다는 예감이 들어.

04 경찰이 잠복해 있을 것 같은
예감이 든다.

05 한국이 역전할지도 모른다는 느낌이
들었어요.

☼ 30 만큼, 처럼 / ~ 같은

_____

01 나의 사랑은, 깊고 끝이 없답니다, 바다**만큼**.

02 너의 추측은, 좋다, 나의 것**만큼**.

03 응, 그러나 그것은 거의 좋지는 않았어, 그 원작**만큼**.

04 물론이죠. 당신도 알다시피, 나는 강합니다, 헤라클레스**만큼**.

05 나는 일하고 있습니다, 빨리, 내가 할 수 있는 **만큼**, 그러니
주지 마세요 나에게, 그런 힘든 시간을.

06 우리는 신용할 수 없다, 그와 **같은** 인간을.

01 나의 사랑은 바다만큼 깊고 끝이 없답니다.

02 모르기는 피차 마찬가지야.

03 응, 그런데 원작만큼 우수하지는 않아.

04 그럼요. 내가 헤라클레스처럼 힘이 센 거 모릅니까?

05 할 수 있는 데까지 빨리 일하고 있으니
힘들게 하지 마십시오.

06 우리는 그와 같은 인간은 신용할 수 없다.

☼ 31 너무 ~해서 …하다

_____

01 그것은 **너무** 아름다운 날이**어서**, 나는 외출했다.

02 그것은 **너무** 훌륭해서, 그것은 곧 휩쓸 거야, 전국을.

03 나는 **너무** 확실하니까, 나는 갈 거야, 무일푼을 향해.

04 나는 **너무** 피곤해져서, 나의 일에, 나는 생각하고 있어,
그만두는 것을.

05 나의 동료들은, **너무** 시끄러워서, 그들은 몰아갑니다,
나를, 미친 (상태로).

06 그래, 무지개가 **너무** 아름다워서, 그것은 취했다,
나의 숨을 떨어져서.

01 너무 날씨가 좋아서 나는 외출했다.

02 그건 아주 대단해서 곧 전국을 휩쓸 거야.

03 확신하니까 난 모든 것을 걸겠어.

04 이 일에 너무 질려서 그만둘까 생각하고
있어.

05 동료들이 너무 시끄러워서 미치겠습니다.

06 그래, 무지개가 너무 아름다워서 숨도 못 쉴
지경이야.

so는 '그래서'를 의미하므로 'so ~ that … may'는 '너무 ~해서 …할 수도 있다'로 해석한다.

'so that 주어 may ~'는 일반적으로 '~ 하기 위해'로 해석하지만 빠르고 정확한 독해를 위해 '… 한다, 그래서 ~할 수도 있다'로 있는 그대로 이해하는 것이 좋다.

😮 PATTERN 32 so 형용사 + that + 주어 + may(can) ~

01 He is **so** rich **that** he **can** buy the car
= He is rich enough to buy the car.
= He is so rich as to buy the car.

02 This stone is **so** heavy **that** I **can** not lift it.
= This stone is too heavy for me to lift.

😮 PATTERN 33 so that + 주어 + may(can) ~

01 He works hard **so that** he **may** pass the exam.
= He works hard (so as) to pass the exam.

02 He works hard **so that** he **may** not fail.
= He works hard (so as) not to fail.
= He works hard lest he should fail.

03 Let's rest here for a few minutes **so** we **can** catch our breath.

04 I have an itch to go into the high-tech industry **so** I **can** make a lot of money.

🔔 32 너무 ~해서 …할 수 있다

01 그는 **매우 부자여서**, 그는 살 **수 있다**, 그 차를.

    = 그는 부자다, 충분한 정도로 사기에, 그 차를.

    = 그는 매우 부자다, 살 만큼 그 차를.

02 이 돌은, **너무 무거워서**, 내가 들 **수 없다** 그것을.

    = 이 돌은, 너무 무겁다, 내가 들기에는.

01 그는 부유해서 그 차를 살 수 있다.

    = 그는 그 차를 살 정도로 충분히 부유하다.

    = 그는 그 차를 살 만큼 아주 부유하다.

02 이 돌은 너무 무거워서 내가 들 수 없다.

    = 이 돌은 내가 들기에는 너무 무겁다.

🔔 33 그래서 ~할 수도 있다 / ~ 하기 위해

01 그는 열심히 공부한다, **그래서** 그는 합격할 **수도 있다**, 시험에.

    = 그는 열심히 공부한다, 합격하기 **위해**, 시험에.

02 그는 열심히 공부한다, **그래서** 그는 실패하지 않을지도 **모른다**.

    = 그는 열심히 공부한다, 실패하지 **않기 위해**.

    = 그는 열심히 공부한다, 실패하지 **않도록**.

03 쉬자 여기서, 몇 분 동안, **그래서** 우리는 잡을 수 **있다**, 우리의 호흡을.

04 나는 갖고 있다, 가려움을, 들어가려는, 높은 기술 산업 안으로, **그래서**, 내가 만들 수 **있다**, 많은 돈을.

01 그는 시험에 합격하기 위해 열심히 공부한다.

02 그는 실패하지 않기 위해 열심히 공부한다.

03 한숨 돌리게 여기서 좀 쉬자.

04 많은 돈을 벌기 위해 첨단산업에 종사하고 싶은 마음이 굴뚝같아.

CHAPTER 5

Relative Pronoun, Adverb

명사 뒤에 오는 wh-나 that은 앞의 명사(선행사)를 수식하며(관계) 대신한다고(대명사) 관계대명사란 이름이 붙여졌다. 명사 뒤에 오는 wh-와 that은 무조건 '~하는'으로 해석하는 것이 포인트다. 선행사가 사람인지 사물인지, 주격인지 목적격인지 몰라도 해석하는 데는 전혀 지장이 없다. 그런 것들은 그때그때 문장 속에서 쓰임을 익히기만 해도 충분하다.

✔ 바로 이것이 포인트!

who는 앞의 사람을 받아 주어 역할을 하고 뒤에 동사가 온다.

😊 PATTERN 34 명사 + who

01 He doesn't look like a guy **who**'ll ever cheat on his wife?
02 He **who** makes no mistakes makes nothing.
03 Men are so simple and so ready to obey present necessities, that the one **who** deceives will always find those **who** allow themselves to be deceived.

1. whose는 앞의 사람을 받아 소유격 역할을 하고 뒤에 명사가 온다.
2. whom은 앞의 사람을 받아 목적격 역할을 하고 뒤에 주어가 온다.

😊 PATTERN 35 사람 + whose 명사 + 동사 / 사람 + whom + 주어 + 동사

01 This is the boy **whose** father is a teacher.
02 The girl **whom** you met yesterday is my sister.
03 Marcel Proust said that love is subjective and that we do not love real people, but only those **whom** we have created in our mind.

1. which는 선행사가 동물이나 사물일 때 쓰인다.
2. which 앞에 콤마(,)가 오면 형용사구·형용사절도 선행사로 받으며 '그런데 그것은'으로 해석한다.

😊 PATTERN 36 동물, 사물, 형용사, 구, 절 + which (주어) + 동사

01 She made a doll **which** had blue eyes.
02 There is an ingredient called saponin in insam **which** makes cells strong so the body can resist disease.
03 He lent me a book, **which** interested me.

관계대명사, 관계부사

🔔 34 ~하는

01 그는 보이지 않아, 남자처럼, **속일**, 그의 아내를.
02 그는, 만들지 **않는**, 아무 실수들도, 못 만들지요 아무것도.
03 인간은 너무 단순하고, 너무 준비가 돼 있어서, 복종할 현재의
    필요성에, 사람은, **속이는**, 항상 발견할 것이다, 사람들을, 허용**하는**
    자신들을, 속임을 당하도록.

01 그는 아내 몰래 바람피울 사람 같지는 않아 보여.
02 실수를 하지 않는 사람은 아무 일도 못하지요.
03 사람은 너무 단순하고 현재의 필요성에
    기꺼이 복종할 준비가 돼 있어서 속이는
    사람은, 자신들이 속아 넘어가도록
    허용하는 사람들을 항상 발견할 것이다.

🔔 35 ~하는

01 이 사람은 소년이다, 그의 아버지가 선생님**인**.
02 그 소녀는, 네가 만**난**, 어제, 나의 여동생이다.
03 마르셀 프루스트는 말했다, 사랑은 주관적이라고, 또 우리는
    사랑하는 것이 아니라, 실제 사람을, (사랑한다고) 오직 사람들을,
    우리가 창조**한**, 우리의 마음속에.

01 이 아이가 아버지가 교사인 소년이다.
02 네가 어제 만난 그 소녀는 내 여동생이다.
03 마르셀 프루스트는 사랑은 주관적이고, 우리는
    진짜 사람을 사랑하는 것이 아니라 우리가
    마음속에 창조한 사람만을 사랑한다고 말했다.

🔔 36 ~하는

01 그녀는 만들었다 인형을, 가**진** 푸른 눈을.
02 있다, 성분이, 불리는, 사포닌이라고, 인삼에는, 만드**는**,
    세포들을 강한 (상태로), 그래서, 신체는 저항할 수 있다, 병을.
03 그는 빌려주었다 나에게, 책 한 권을, **그런데 그것은**,
    흥미롭게 했다 나를.

01 그녀는 푸른 눈을 가진 인형을 만들었다.
02 인삼에는 사포닌이란 성분이 있는데 세포를
    강화시켜 병에 대한 저항력을 키워준다.
03 그가 나에게 책 한 권을 빌려주었는데
    그것은 나의 흥미를 끌었다.

1. that은 소유격을 제외한 어떤 경우에도 사용할 수 있는 약방의 감초격인 '감초 관계사'다.
2. 제한적 용법으로만 사용되고 한정의 뜻이 강하므로 선행사에 최상급의 형용사, 서수사, the only, the, very, all 등이 올 때 흔히 쓰인다.

명사가 연이어 나오면 명사 사이에는 관계대명사 that이 생략돼 있다.

🗣 PATTERN 37 사람, 동물, 사물 + that (주어) + 동사

01 This is the best music **that** I have ever heard.

02 This is the very film **that** I have wanted to see.
03 All **that** glitters is not gold.

🗣 PATTERN 38 명사 + (that) + 주어, 동사

01 All (**that**) I have to do is to memorize the lesson.
02 I don't like that arrogant smile (**that**) he's wearing.
03 She's one of the dumbest persons (**that**) I've ever met.
04 The new software (**that**) we bought is already out of date.
05 That site (**that**) you told me about is really good.
06 A man is known by the company (**that**) he keeps.
07 You mean to say that he still hasn't repaid you the $1,000 (**that**) you lent him?
08 How can I get him to pay back the money (**that**) he owes me?
09 I don't like the way (**that**) he shows off in front of everyone.
10 My computer crashed again. This is the third time (**that**) I had to reboot my computer today!
11 When a child is born, he is already one year old because Koreans count the time (**that**) we spent in our mother's womb.

🗣 PATTERN 39 what + 주어 + 동사

01 That's **what** I say!

🔔 37 ~하는

01 이것은 가장 좋은 음악이다, 내가 지금까지 들어본.

02 이것이 바로 그 필름이다, 내가 원했던 보기를.

03 모든 것이 반짝이는, 아니다 금은.

---

01 이것은 내가 지금까지 들어본 음악 중에서 가장 좋은 음악이다.

02 이것은 내가 보기를 원했던 바로 그 필름이다.

03 반짝이는 모든 것이 금은 아니다.

🔔 38 ~하는

01 모든 것은 내가 해야 **하는**, 암기하는 것이야 그 과를.

02 나는 좋아하지 않아, 거만한 미소가, 그가 입고 있**는**.

03 그녀는 한 명이지요, 가장 우둔한 사람 중의, 내가 지금까지 만났**던**.

04 그 새 소프트웨어는, 우리가 구입**한**, 이미, 밖에 있어 날짜의.

05 그 사이트는, 네가 말**한** 나에게, 정말 좋아.

06 사람은 알게 된다, 친구에 의해, 그가 유지하**는**(사귀는).

07 당신은 의미하는군요, 말하는 것을, 그가 아직 갚지 않았다고 당신에게, 그 1,000달러를, 당신이 빌려**준** 그에게?

08 어떻게, 내가 하게 하지요, 그가 지불하도록 다시, 그 돈을, 그가 빚지고 있**는** 나에게?

09 나는 좋아하지 않아 방식을, 그가 자랑하**는**, 모든 사람들 앞에서.

10 나의 컴퓨터가 충돌했다, 다시. 이것이 세 번째야, 내가 재부팅해야 하**는**, 나의 컴퓨터를, 오늘!

11 아이가 태어날 때, 그는 이미, 한 살 나이 먹습니다, 왜냐하면, 한국인들은 계산합니다, 그 시간을, 우리가 보낸, 우리 엄마의 자궁에서.

---

01 내가 해야 할 일은 단지 그 과를 암기하는 것이야.

02 나는 그의 거만한 미소가 싫어.

03 그녀는 내가 본 사람 중에 가장 우둔한 사람에 속하거든요.

04 우리가 구입한 새로운 소프트웨어는 이미 구식이야.

05 네가 말한 사이트 정말 좋던데.

06 사람은 그가 사귀는 친구를 보면 알 수 있어.

07 당신이 그에게 빌려준 1천 달러를 아직 갚지 않았다는 말입니까?

08 그가 내게 진 빚을 어떻게 갚도록 할 수 있지요?

09 그가 여러 사람 앞에서 자랑하는 꼴이 보기 싫어.

10 컴퓨터가 다시 서버렸어. 이번이 오늘만 세 번째로 컴퓨터를 재부팅하는 거야.

11 아이가 태어나면 이미 한 살입니다. 한국인들은 우리가 엄마 자궁 안에서 보낸 시간도 계산하니까요.

🔔 39 (~하는) 것, ~는지

01 그것이, 내가 말하는 **것**이지요!

---

01 내 말이 바로 그거야!

1. 선행사를 포함한 관계대명사 what은
'(~하는) 것'으로 해석한다.
2. ask, wonder, know 등 의문과
관련된 동사 뒤에 오는 what은 대체로
'무엇을 ~는지'로 해석되는 의문대명사다.

1. '명사 + -wh'에서 -wh는 무조건
'~하는'으로 해석한다.
2. when 앞에는 시간 표시 명사,
where 앞에는 장소 표시 명사,
why 앞에는 the reason이 오고,
how 앞에는 선행사가 오지 않는다.
3. 선행사가 생략된 where는 '하는 곳',
when은 '하는 때', why는 '하는
이유', how는 '하는 방법'으로
해석한다.
4. 일반적으로 ask, know, tell 등
의문과 관련된 동사 뒤에 오는 when,
where, why는 명사절 접속사로서
'~지'로 해석할 수도 있다.

whenever는 '언제나', wherever는
'어디든지', however는 '아무리',
whoever는 '누구나', whichever는
'어느 것이든', whatever는 '무엇이든'
으로 해석한다.

02 Never put off till tomorrow **what** can be done today.

03 Guess **what** I got for your birthday.

04 I really don't care **what** people say about me or how I look anymore.

05 Yes. You don't know **what** you have until you've lost it.

😊 PATTERN 40 명사 + when, where, why, how

01 I like to climb the mountain **where** there is some snow.

02 There are frequent occasions **when** joking is not allowable.

03 Do you know **where** the children play?

04 Do you know **when** he is going to start?

05 Come **when** you wish.

06 Tell me **why** you left me.

07 This is **how** he always treats me.

😊 PATTERN 41 whenever, wherever, however, whoever, whichever, whatever

01 Whenever I visited him, he was not at home.
= No matter when I visited him, he was not at home.

02 Wherever you may go, I will follow you.
= No matter where you may go, I will follow you.

03 However rich you may be, you can't buy it.
= No matter how rich you may be, you can't buy it.

04 Whoever wishes to succeed must be industrious.

05 Choose whichever you like.

06 I will give you whatever you need.

02 결코 떼어놓지 마, 내일까지, 행해질 수 있는 **것을**, 오늘.

03 짐작해봐, **무엇을** 내가 구했**는지를**, 너의 생일을 위해.

04 나는 정말 신경 쓰지 않아, 사람들이 말하는 **것을**, 나에 대해, 혹은 어떻게, 내가 보이는지를, 더 이상은.

05 그래. 너는 몰라, **무엇을** 네가 가지고 있**는지를**, 네가 잃어버릴 때까지 그것을.

02 오늘 할 일을 내일로 미루지 마라.

03 네 생일 선물로 뭘 샀는지 맞혀봐.

04 사람들이 나에 대해 뭐라 하든 내가 어떻게 보이든 이제 정말 더 이상 신경 안 써.

05 구관이 명관이야.

🔔 40 ~하는, 할

01 나는 좋아한다, 오르는 것을 산을, 있**는**, 약간의 눈이.

02 있다, 흔한 경우들이, 농담이 허용되지 않**는**.

03 너는 알고 있니, 아이들이 노**는** 곳을(어디서 아이들이 노는지)?

04 너는 알고 있니, 그가 출발할 때를(언제 그가 출발할지)?

05 오라, 네가 오고 싶을 때.

06 말해주세요 나에게, 이유를, 당신이 떠난, 나를 (왜 나를 떠났는지를).

07 이것이 방식이다, 그가 늘 대하**는** 나를.

_____

01 나는 눈이 약간 있는 산에 오르는 걸 좋아한다.

02 농담이 허용되지 않는 경우는 흔하다.

03 아이들이 노는 곳을 알고 있니?

04 너는 그가 출발하는 시간을 알고 있니?

05 원할 때 오라.

06 왜 나를 떠났는지 말해주세요.

07 이것이 그가 늘 나를 대하는 방식이다.

🔔 41 양보부사절

01 **언제나**, 내가 방문할 때는 그를, 그는 없었다, 집에.
   = 내가 언제 방문할지라도 그를, 그는 없었다, 집에.

02 **어디든지**, 당신이 가는 곳은, 나는 따라가겠어요 당신을.
   = 당신이 어디로 갈지라도, 나는 따라가겠어요 당신을.

03 **아무리**, 네가 부유할지라도, 너는 살 수 없다 그것을.

04 **누구든** 원하는, 성공하기를, 근면해야 한다.

05 선택하라, **어느 것이든**, 네가 좋아하는.

06 나는 주겠다 너에게, **무엇이든**, 네가 필요한.

_____

01 내가 그를 방문할 때는 언제나, 그는 집에 없었다.

02 당신이 가는 곳이 어디든지, 나는 당신을 따라가겠어요.

03 네가 아무리 부자일지라도, 너는 그것을 살 수 없다.

04 성공하기를 원하는 사람은 누구나 근면해야 한다.

05 네가 좋아하는 어느 것이든 선택하라.

06 나는 네가 필요한 것은 무엇이든 너에게 주겠다.

CHAPTER 6

Verb

✔ 바로 이것이 포인트!

go, come, run, make, grow, turn 등 위치나 상태의 변화를 나타내는 동사는 '～되다'로 해석한다.

💬 PATTERN 42 되다동사 + 보어

01 He **got** angry with me.

02 Eggs soon **go** bad in hot weather.

03 His dog **went** mad.

04 He **went** blind in his old age.

05 Your dreams will **come** true some day.

06 She will **make** a good wife.

07 Her blood **ran** cold.

08 He **turned** pale.

09 You **become** responsible, forever, for what you have tamed.

10 Believe it or not, each of us… is one day going to stop breathing, **turn** cold, and die.

💬 PATTERN 43 이동동사, 정지동사 + 보어

go, come, stand, sit, run, return, lay 등 이동동사 다음에 오는 보어는 '～하면서(～한 채) …하다'로 해석한다.

01 He **stood** looking at the picture.

02 She **sat** surrounded by her children.

03 He **went** hopeful and came back disappointed.

04 He **went** home satisfied with the result.

05 He **came** home crying bitterly.

06 The dog **ran** barking after him.

07 A soldier **lay** dead on the road.

08 He **returned** home a millionaire.

동사의 형식

🔔 42 ~되다

01 그는 화를 냈다, 내게.

02 계란은 곧 상한다, 더운 날씨엔.

03 그의 개는, 미쳤다.

04 그는 눈이 멀게 됐다, 노년에.

05 너의 꿈들은, 실현될 것이다, 언젠가는.

06 그녀는 만들 것이다, 좋은 아내를.

07 그녀의 피는, 달렸다 찬 (상태로).

08 그는 변했다, 창백하게.

09 당신은 됩니다, 책임감 있게, 영원히, 당신이 길들인 것을 위해.

10 믿건 그것을, 혹은 아니건, 우리 각자는… 어느 날, 멈출 것이다, 숨쉬는 것을, 차갑게 되고, 그리고 죽을 것이다.

---

01 그는 내게 화를 냈다.

02 계란은 더운 날씨에는 곧 상한다.

03 그의 개는 미쳤다.

04 그는 노년에 눈이 멀게 됐다.

05 너의 꿈은 언젠가는 실현될 것이다.

06 그녀는 좋은 아내가 될 것이다.

07 그녀는 오싹해졌다.

08 그는 창백해졌다.

09 당신은 당신이 길들인 것에 대해 영원히 책임을 지게 된다.

10 믿건 안 믿건 우리는 언젠가 숨을 멈추고 싸늘하게 죽을 것이다.

🔔 43 ~하면서, ~한 채 …하다

01 그는 서 있었다, 보면서, 그 그림을.

02 그녀는 앉아 있었다, 둘러싸인 채, 자기 아이들에 의해.

03 그는 갔다, 희망에 넘친 채, 그리고 돌아왔다, 실망한 채.

04 그는 갔다 집으로, 만족한 채, 결과에.

05 그는 집에 왔다, 울면서 비통하게.

06 그 개는 달렸다, 짖으면서, 그의 뒤에서.

07 한 군인이 누워 있었다, 죽은 채, 길 위에.

08 그는 돌아왔다 집에, 백만장자가 된 채.

---

01 그는 그 그림을 보면서 서 있었다.

02 그녀는 자신의 아이들에게 둘러싸인 채 앉아 있었다.

03 그는 희망에 넘친 채 갔고 실망한 채로 돌아왔다.

04 그는 결과에 만족한 채 집으로 갔다.

05 그는 몹시 울면서 집에 왔다.

06 그 개는 그를 쫓아 짖으면서 달렸다.

07 한 군인이 죽은 채 길 위에 누워 있었다.

08 그는 백만장자가 된 채 집으로 돌아왔다.

stay, remain, keep, hold, rest 등
유지동사 다음에 오는 형용사는 '~한
상태로(를)'로 해석한다.

seem, look, feel, sound, smell,
taste 등 감각동사 다음에 형용사나
형용사 상당어구가 오면 '~하게'로,
명사나 명사 상당어구가 오면
'~인 것처럼'으로 해석한다.

prove, be found, come out, turn
out 등 판명동사는 '~로 밝혀지다'로
해석한다.

😊 PATTERN 44 정지동사 + 보어

01 They **kept** silent for several hours.

02 This ticket **holds** good for three days.

03 He cannot **remain** indifferent.

04 Petroleum stocks **remained** largely unchanged.

😊 PATTERN 45 감각동사 + 보어

01 Always make the other person **feel** important.

02 I'm already beginning to **feel** high.

03 She **looks** every inch a lady.

04 A rose by any other name would **smell** as sweet.

05 The music **sounds** sweet.

06 The soup **tastes** bitter.

07 So many things **seem** strange to me.

08 He **seems** to have no culture, for he often plays tricks on young girls.

09 You **look** depressed.

😊 PATTERN 46 판명동사 + 보어

01 The rumor **turned out** (to be) false.

02 The report was **found** (to be) true.

03 The scandal will **come out** (to be) true at the trial.

04 This bud of love may **prove** (to be) a beautiful flower when we next meet.

🔔 44 ~상태를 (계속) …하다

01 그들은 **유지했다**, 조용한 (**상태를**), 여러 시간 동안.
02 이 티켓은, **잡고 있다**, 좋은 (**상태를**), 3일 동안.
03 그는 **유지할 수 없다**, 무관심한 (**상태로**).
04 석유 주식들은, **유지했다**, 대체로 변화하지 않은 (**상태를**).

01 그들은 여러 시간 동안 침묵을 지켰다.
02 이 티켓은 3일 동안 유효하다.
03 그는 무관심할 수는 없다.
04 석유 종목 주가는 대체로 보합을 유지했습니다.

🔔 45 ~하게, ~인 것처럼

01 항상 만들어라, 다른 사람이, **느끼도록 중요하게**.
02 나는 이미, 시작하고 있습니다, **느끼기를 높게**.
03 그녀는 **보인다**, 속속들이, 숙녀인 **것처럼**.
04 장미는, 어떤 다른 이름이라도, **냄새나겠지요**, 향기롭게.
05 음악이, **들린다**, 감미롭게.
06 그 수프는, **맛이 난다**, 쓰게.
07 그렇게 많은 일들이, **보입니다**, 낮설게, 나에게는.
08 그는 **보인다**, 갖고 있지 않는 **것처럼** 아무 교양도,
     왜냐하면, 그가 자주, 장난을 치기 때문에, 젊은 소녀들에게.
09 너는 **보이는군**, 내리눌린 (**것처럼**).

01 항상 다른 사람이 중요하다고 느끼도록 만들어라.
02 벌써 술이 오르기 시작하는걸요.
03 그녀는 속속들이 귀부인처럼 보인다.
04 장미는 어떤 다른 이름이라도 향기롭겠지요.
05 음악이 감미롭게 들린다.
06 그 수프는 쓴 맛이 난다.
07 많은 것들이 나에게는 낮설게 보입니다.
08 그가 젊은 여자들에게 자주 장난을
     치는 것을 보면 교양이 없는 것 같아.
09 너 우울해 보여.

🔔 46 ~로 밝혀지다

01 그 풍문은 **밝혀졌다**, 거짓**으로**.
02 그 보도는 **밝혀졌다**, 사실인 것**으로**.
03 그 추문은 **밝혀질 것이다**, 사실로, 재판에서.
04 이 꽃봉오리는, 사랑의, **밝혀질지도 몰라요**,
     한 송이 아름다운 **꽃으로**, 우리가 다음에 만날 때.

01 그 풍문은 거짓으로 밝혀졌다.
02 그 보도는 사실인 것으로 밝혀졌다.
03 그 추문은 재판에서 사실로 밝혀질 것이다.
04 이 사랑의 꽃봉오리는 우리가 다음에 만날 때
     한 송이 아름다운 꽃으로 변해 있을 거예요.

marry, live, die, part 등 인생사와
관련된 동사 다음에 명사가 오면
'~로', 형용사가 오면 '~인 상태로'로 해
석한다.

동사 뒤에 '사람 + 사물'이 오면 'A에게
(를 위해) B를 ~해주다'로 해석한다.
사람을 사물 뒤로 보낼 때는 to, for, of
등이 사람 앞에 온다.
1. A에게 B를 ~해주다 :
   give, bring, show, send, teach,
   tell, lend, offer, hand + 사물 +
   to 사람
2. A를 위해 B를 ~해주다 :
   buy, get, make, order, leave,
   play, save, sing + 사물 +
   for 사람

👤 PATTERN 47 인생동사 + 보어

01 She **married** young.

02 My teacher **lives** a bachelor.

03 We **parted** the best of friends.

04 He **went** an enemy and **came back** a friend.

05 They **were born** poor, **lived** poor and poor they died.

👤 PATTERN 48 4형식동사 + 목적어(사람) + 목적어(사물)

01 I **gave** her the book.
   = I gave the book to her.

02 He **bought** the girl a red rose.
   =He bought a red rose for the girl.

03 **Give** me a chance, please!

04 What did your husband **get** you for your silver wedding anniversary?

05 He **bought** a gold necklace for me.

06 Sure. I'll **give** you a ring as soon as I get there.

07 **Give** me a rain check, will you?

08 Please **show** me how to fill in this entry card.

09 Could you **give** me a hand?

10 Can you **lend** me some money?

11 I'll **give** you an injection/a shot.

12 Hey, **treat** me another round.

🔔 47 ~로, ~인 상태로 …하다

01 그녀는 **결혼했다**, 젊은 (**상태로**).

02 나의 선생님은 **사신다**, 총각(**인 상태로**).

03 우리는 **헤어졌다**, 가장 좋은 친구(**인 상태로**).

04 그는 **갔다** 적(**인 상태로**), 그리고 **돌아왔다**, 친구(**인 상태로**).

05 그는 **태어났다**, 가난한 (**상태로**), **살았다** 가난한 (**상태로**), 그리고, 가난한 (**상태로**), 그들은 죽었다.

---

01 그녀는 젊어서 결혼했다.

02 나의 선생님은 총각으로 사신다.

03 우리는 다정한 친구로 헤어졌다.

04 그는 적으로 가서 친구로 돌아왔다.

05 그는 가난하게 태어나 가난하게 살았고 가난하게 죽었다.

🔔 48 A에게(를 위해) B를 ~해주다

01 나는 **주었다**, 그녀에게, 그 책을.
 = 나는 주었다, 그 책을, 그녀에게.

02 나는 **사주었다**, 그 소녀에게, 한 송이 빨간 장미를.
 = 그는 사주었다, 한 송이 빨간 장미를, 그 소녀를 위해.

03 **줘** 나에게, 한 번의 기회를, 제발!

04 무엇을, 너의 남편이, **사주었니** 너에게, 너의 은색 결혼기념일을 위해?

05 그는 **사주었어요**, 금목걸이를, 나를 위해.

06 물론이죠. 나는 줄 겁니다, 당신에게, 전화 벨소리를, 내가 도착하자마자, 거기에.

07 **주세요** 나에게, '비올 경우 연기된 경기의 표'를, 그럴 겁니까?

08 부탁합니다, **보여주세요** 나에게, 어떻게 채우는지를, 이 입국 카드를.

09 당신은 **주시겠어요**, 나에게, 하나의 손을?

10 당신은 **빌려줄 수 있나요**, 나에게, 약간의 돈을?

11 나는 **줄 겁니다**, 당신에게, 주사를.

12 자, **대접해줘** 나에게, 다른 라운드.

---

01 나는 그녀에게 그 책을 주었다.
 = 나는 그 책을 그녀에게 주었다.

02 나는 한 송이 빨간 장미를 그녀에게 사주었다.
 = 나는 그 소녀를 위해 한 송이 빨간 장미를 사주었다.

03 한 번만 봐줘.

04 너의 남편이 은혼식을 위해 너에게 무엇을 사주었니?

05 금목걸이를 사주었어요.

06 물론이죠, 거기 도착하자마자 전화하지요.

07 다음에 초대해주시겠습니까?

08 이 입국 신고서 기재하는 방법을 가르쳐주십시오.

09 도와주시겠어요?

10 돈 좀 빌려줄래요?

11 주사 한 대 놓겠습니다.

12 야, 네가 2차 사라.

생각동사 + 목적어 + 보어(명사, 형용사, 준동사) = (생각하다) '~가 …라고'
생각동사 : think, believe, consider, imagine, find, guess, expect, took, regrad, treat

👤 PATTERN 49 생각동사+ 목적어 + 보어

01 Some **think** him a good Samaritan.

02 I **believe** him (to be) a teacher.

03 We **consider** the withdrawal a great shame.

04 I **find** it wholesome to be alone the greater part of the time.

05 I always **imagined** him as a tall man.

06 I **regard** our hiding as a dangerous, romantic adventure.

07 In my diary, I **treat** all difficulties as amusing.

호칭동사 + 목적어(명사) + 보어(명사) = (부르다) '~를 …라고'
호칭동사 : call, name

👤 PATTERN 50 호칭동사 + 명사 + 명사

01 Adam **named** his wife Eve.

02 You can **call** me Marry

03 What the catepillar **calls** the end of the world, the master **calls** a butterfly.

임명동사 + 목적어(명사) + 보어(명사) = (임명하다) '~를 …로'
임명동사 : elect, appoint, select, choose, make

👤 PATTERN 51 임명동사 + 명사 + 명사

01 They **appointed** him chairman.

02 Though you may **choose** the virtuous to be(= as) your friends, they may not **choose** you.

03 I have **made** him my friend.

🔔 49 (생각하다) '~가 …라고'

01 어떤 사람은 **생각한다**, 그가 좋은 사마리아인이라고.

02 나는 **믿는다**, 그가 선생님이라고.

03 우리는 **여긴다**, 후퇴가 큰 치욕이라고.

04 나는 **발견한다**, 그것이 건전하**다고**, 혼자 있는 것이,
   더 큰 부분의 시간을.

05 나는 언제나, **상상하고 있었다**, 그가 키 큰 사람이라고.

06 나는 **간주한다**, 우리의 은신이, 위험한, 낭만적인 모험이라고.

07 나의 일기에서, 나는 **다룬다**, 모든 어려움들이,
   즐거운 것이라고.

01 자신이 자선가라고 생각하는 사람도 있다.

02 나는 그가 선생님이라고 믿는다.

03 우리는 후퇴가 큰 치욕이라고 여긴다.

04 나는 대부분의 시간을 혼자 있는 것이
   건전하다고 생각한다.

05 나는 그를 키 큰 사람으로 늘 상상했다.

06 나는 우리의 은신이 위험하고 낭만적인
   모험이라고 간주한다.

07 나는 일기에서 모든 어려움을 즐거운
   것으로 간주한다.

🔔 50 (부르다) '~를 …라고'

01 아담은 **불렀다**, 아내를 이브라고.

02 당신은 **부를 수 있다**, 나를 메리라고.

03 고치가 **부르는** 것을, 세상의 끝이라고, 대가는 **부른다**, 나비라고.

01 아담은 자신의 아내를 이브라고 불렀다.

02 당신은 나를 메리라고 불러도 된다.

03 고치가 세상의 끝이라고 부르는 것을 스승은
   나비라고 부른다.

🔔 51 (임명하다) '~를 …로'

01 그들은 **임명했다**, 그를 회장으로.

02 비록, 당신이 **선택할지** 모른다 해도, 미덕을 지닌 사람들을
   당신의 친구들로, 그들은 선택하지 않을지도 모른다, 당신을.

03 나는 **만들었지**, 그를 나의 친구로.

01 그들은 그를 회장으로 임명했다.

02 당신이 미덕을 지닌 사람들을 당신의
   친구로 선택하더라도 그들은 당신을
   선택하지 않을지도 모른다.

03 나는 그를 나의 친구로 만들었다.

명령동사 + 목적어(명사) + 보어(to do)
= (명령하다) '~에게 …하라고'
'~가 …할 것을'
명령 동사 : order, command,
advise, tell, warn, compel, force

🗣 PATTERN 52 명령동사 + 명사 + **to do**

01　He **ordered** his men to fire.

02　The general **commanded** the troops to withdraw.

03　He often **tells** me to keep my mouth shut.

04　I **told** you not to buy in this bear market.

05　I **warned** him not to be late.

06　He **advised** me not to go there.

07　Illness **compelled** me to spend the holiday in bed.

08　You can lead a horse to water, but you can't **force** it to drink.

허락동사 + 목적어(명사) + 보어(to do)
= (허락하다) '~가 …하는 것을'
허락동사 : allow, forbade, permit,
enable

🗣 PATTERN 53 허락동사 + 명사 + **to do**

01　I will **allow** them to do as they like.

02　I **forbade** him to enter my room.

03　We **permitted** him to depart.

04　Good health **enabled** him to carry out the plan.

부탁동사 + 목적어(명사) + 보어(to do)
= (부탁하다) '~에게 …해달라고'
부탁동사 : ask, beg

🗣 PATTERN 54 부탁동사 + 명사 + **to do**

01　She **asked** me to hand this package to you.

02　Why didn't you **ask** Tom to be on our football team?

03　I **begged** my husband to accompany me.

🗣 PATTERN 55 기대동사 + 목적어(명사) + 보어

01　Many people don't **like** a woman to smoke.

52 (명령하다) '~에게 …하라고' '~가 …할 것을'

01 그는 **명령했다**, 그의 부하에게, 발포하라고.
02 장군은 **명령했다**, 군대에게, 후퇴하라고.
03 그는 종종, **말한다**, 나에게 유지하라고, 나의 입을, 닫힌 상태로.
04 내가 **말했죠**, 당신에게 사지 말라고, 이런 약세장에서는.
05 나는 **경고했다**, 그에게 늦지 말라고.
06 그는 **충고했다**, 나에게 가지 말라고, 거기에.
07 병은 **강요했다**, 나에게 보내라고 휴일을, 침대에서.
08 당신은 이끌 수 있다, 말을 물가로, 그러나, 당신은 **강요할 수는** 없다, 그것(말)에게 물을 마시라고.

01 그는 부하에게 발포하라고 명령했다.
02 장군은 군대에게 후퇴하라고 명령했다.
03 그는 종종 나에게 입을 닫으라고 말한다
04 나는 약세장이니 사지 말라고 말했다.
05 나는 그에게 늦지 말라고 경고했다.
06 그는 나에게 그곳에 가지 말라고 충고했다.
07 병 때문에 나는 휴일을 침대에서 보냈다.
08 말을 물가로 끌고 갈 수 있지만 물을 마시라고 강요할 수는 없다.

 53 (허락하다) '~가 …하는 것을'

01 나는 **허락할 것이다**, 그들이 하는 것을, 그들이 좋을 대로.
02 나는 **금했다**, 그가 들어오는 것을, 내 방에.
03 우리는 **허락했다**, 그가 떠나는 것을.
04 건강은 **가능하게 했다**, 그가 수행하는 것을, 그 계획을.

01 나는 그들이 멋대로 하도록 내버려둘 것이다.
02 나는 그가 들어오는 것을 금지했다.
03 우리는 그가 떠나는 것을 허락했다.
04 그는 건강이 좋아서 그 계획을 수행할 수 있었다.

54 (부탁하다) '~에게 …해달라고'

01 그녀가 **부탁했다**, 나에게 전달해달라고, 이 꾸러미를, 당신에게.

02 왜 너는 **부탁하지 않았니**, 톰에게 있으라고, 우리 축구팀.
03 나는 **간청했다**, 나의 남편에게 동행해달라고 나와.

01 그녀는 나에게 이 꾸러미를 당신에게 전해달라고 부탁했다.
02 왜 톰에게 축구팀에 들어오라고 부탁하지 않았니?
03 나는 남편에게 동행해달라고 간청했다.

55 (원하다) '~가 …하기를, …하는 것을'

01 많은 사람들이, **좋아하지 않는다**, 여자가 담배 피우는 것을.

01 여자가 담배 피우는 것을 싫어하는 사람이 많다.

호불호·기대동사 + 목적어(명사) + 보어
= (원하다) '~가 …하기를, …하는 것을'
호불호·기대동사 : like, hate, want,
expect

02 I hate a thing done by halves. If it be right,

do it boldly.

03 Mr. Kim, I would like you to meet Mrs. Miller.

04 I want this suit dry-cleaned.

05 What do you want me to do for you?

06 I want you to do your best.

07 I want you to put on a little extra makeup and

greet every customer with a smile today.

08 My father expected me to go to a medical school.

🧑 PATTERN 56 감각동사 + 명사 + 원형부정사(-ing, -ed)

감각동사 + 목적어(명사) + 목적어(원형부
정사-진행형, 분사형)
= '~가 …하는 것을'
감각동사 : see, watch, smell, hear,
feel

01 I saw a man beaten by some people.

02 Watch the girl play the violin.

03 We noticed someone jump over the fence.

04 We felt the house shake.

05 I heard my name called.

06 I can't hear a single bird singing outside.

🧑 PATTERN 57 사역동사 + 명사 + 원형부정사 /
have + 명사 + -ed

1. 사역동사 + 목적어(명사) + 보어(원형
부정사)
= '~가 …하게', '~가 …하도록'
사역동사 : have(하게 하다), make
(만들다), let(허락하다)
2. have + 목적어(명사) + 보어(-ed)
= (가지다) '~을 …한 (상태로)'

01 They will have someone sing.

02 I had the man repair my car.

= I got the man to repair my car.

= I had my car repaired by the man.

03 I had(got) my bag stolen.

04 Please have him call me at 939-7410.

05 I want to have my fortune told.

06 Can you have it done by four o'clock?

02 나는 **싫어한다**, 일이 행해지는 **것을**, 어중간하게.

만약 그것이 옳다면, 실행하라 그것을, 대담하게.

03 김 선생님, 나는 **원합니다**, 당신이 만나기를, 밀러 부인을.

04 나는 **원합니다**, 이 양복이 드라이클리닝되기를.

05 무엇을 너는 **원하니**, 내가 하기를, 너를 위해?

06 나는 **원한다**, 당신이 최선을 다할 것을.

07 나는 **원한다**, 당신이 놓기를 (얼굴) 위에, 약간의 추가 화장을,

그리고, 맞이하기를, 모든 손님을, 미소로, 오늘.

08 나의 아버지는, **기대하셨다**, 내가 가기를 의대에.

---

02 나는 일이 어중간하게 행해지는 것을 싫어한다.

만약 그것이 옳다면 과감하게 실행하라.

03 김 선생님 밀러 부인과 인사하시죠.

04 이 양복 드라이해주세요.

05 너를 위해 뭘 해주길 바라니?

06 나는 당신이 최선을 다하기를 원한다.

07 화장을 좀 더 하고 모든 손님들을

미소로 맞아주길 바라요.

08 나의 아버지는 내가 의대에 가기를 기대하셨다.

🔔 56 '〜가 …하는 것을'

01 나는 **보았다**, 한 남자가 맞는 **것을**, 몇 명의 사람들에 의해.

02 **주목하라**, 그 소녀가 연주하는 **것을**, 바이올린을.

03 우리는 **알아챘다**, 누군가가 뛰어넘는 **것을**, 그 담 위로.

04 우리는 **느꼈다**, 집이 흔들리는 **것을**.

05 나는 **들었다**, 내 이름이 불리는 **것을**.

06 나는 **들을 수 없다**, 한 마리의 새가, 노래하는 **것도** 밖에서.

---

01 나는 한 남자가 몇 명의 사람에게 맞는 것을 보았다.

02 그 소녀가 바이올린을 연주하는 것을 주목하라.

03 우리는 누군가가 담을 뛰어넘는 것을 눈치챘다.

04 우리는 집이 흔들리는 것을 느꼈다.

05 나는 내 이름이 불리는 것을 들었다.

06 나는 밖에서 한 마리의 새가 노래하는 것도

들을 수 없다.

🔔 57 '〜가 …하게', '〜가 …하도록' /
(가지다) '〜을 한 (상태로)'

01 그들은 **하게 할 것이다**, 어떤 사람이 노래하게.

02 나는 **하게 했다**, 그 사람이 수리하게, 내 차를.

= 나는 **하게 했다**, 그 사람이 수리하게, 내 차를.

= 나는 **가졌다**, 나의 차를, 수리된 (상태로), 그 사람에 의해.

03 나는 **가졌다**, 나의 가방을, 도둑맞은 (상태로).

04 제발, **하게 하세요**, 그가 전화하도록 나에게, 939-7410으로.

05 나는 원한다, **가지기를**, 나의 운명을, 말해진 (상태로).

06 당신은 **가질 수 있습니까**, 그것을, 되어 있는 (상태로), 4시까지?

---

01 그들은 누군가에게 노래하게 시킬 것이다.

02 나는 그 사람이 내 차를 수리하게 시켰다.

03 나는 가방을 도둑 맞았다.

04 939-7410으로 전화 좀 해달라고 전해주세요.

05 나는 점 보기를 원해.

06 4시까지 끝낼 수 있습니까?

07 Can I **have** it gift-wrapped?

08 Your new hair-do **makes** you look younger.

09 Always **make** the other person feel important.

10 Would you like to know how to **make** a girl fall in love with you?

11 Students create their own success; this **makes** the schools look good.

12 I **let** him have his own way.

13 **Let** bygones be bygones.

14 I won't **let** the cat out of the bag.

07 내가 **가질 수 있나요**, 그것을, 선물 포장된 (상태로)?

08 너의 새 헤어스타일이, **만든다**, 네가, 보이**도록** 더 젊은 (상태로).

09 항상, **만들어라**, 다른 사람이, 느끼**도록** 중요하다고.

10 여러분은 알기를 원하는가, 어떻게 **만드는지를**, 한 소녀를, 사랑에 빠지**도록**, 당신에게?

11 학생들이 창출한다, 그들 자신의 성공을; 이것이 **만든다**, 그 학교들이 보이**도록**, 좋게.

12 나는 **허락한다**, 그가 가지**도록**, 그 자신의 길을.

13 **허락해**, 지난 일이, 지난 일이 되**도록**.

14 나는 **허용하지 않을 거야**, 그 고양이가 밖으로 (나오**도록**), 가방에서.

07 선물용으로 포장해주실 수 있나요?

08 새로 머리를 하니 더 젊어 보이는데.

09 항상 다른 사람이 중요하다고 느끼도록 만들어라.

10 당신은 어떻게 한 소녀가 당신과 사랑에 빠지도록 만드는지 알고 싶은가?

11 학생들은 그들 자신의 성공을 창출한다 : 이것이 학교를 좋게 보이게 만든다.

12 나는 그가 하고 싶은 대로 하도록 허락한다.

13 지난 일은 잊어버려.

14 나는 비밀을 누설하지 않을 거야.

CHAPTER 7

Subjunctive Mood, Tense

가정법은 의외로 쉽다. 문형은 시제의 일치에만 유의하면 되고, 가정의 정도는 현재보다 과거가 더 강하며, 과거완료는 실현불가능한 일을 가정하는 것이라고 알아두면 된다.

1. 가정법 현재 : '～하면 …할 것이다'
(현재 또는 미래를 나타냄)
If 주어 + 현재동사,
주어 + 현재조동사

2. 가정법 과거 : '～한다면 …할 텐데'
(현재 사실에 대한 반대, 또는
실현 가능성이 적은 일을 나타냄)
If 주어 + 과거동사,
주어 + 과거조동사

3. 가정법 과거완료 : '～했었더라면
…했었을 텐데' (과거 사실에 대한
반대나 후회를 나타냄)
If 주어 + 과거완료,
주어 + 과거조동사 + 현재완료

4. 가정법 미래 :
'만일(만에 하나) ～한다면 …할 것이다'
(거의 불가능한 일을 나타냄)
If 주어 + were to(should),
주어 + 과거(현재)조동사
were to는 should보다 가능성이
희박할 경우에 쓰이나 무시해도 좋다.

👩 PATTERN 58 가정법(현재, 과거, 과거완료)

01   If he is honest, I will employ him.

02   If he were(was) honest, I would employ him.

03   If he had been honest, I would have employed him.

04   If she continues to slander me, someday I'm going to give her a piece of my mind.

05   If you spill the beans, we'll be in trouble.

06   We'll be late for the concert if you don't hurry up?

07   If our product is defective, we will replace it for free.

08   If I had to sum up in one word the qualities that make a good manager, I'd say that it all comes down to decisiveness.

09   If every man were not, to a great extent, the architect of his own character, he would be a fatalist, an irresponsible creature of circumstances.

👩 PATTERN 59 가정법 미래

01   If I were to be young again, I would be a teacher.

02   What should I do if I should lose my sight?

03   If I were to be young again, I would work really hard.

04   If you should fail again, what would you do?

가정법, 시제

🔔 58 '∼하면 …할 것이다', '∼하면 …할 텐데', '∼했었더라면 …했을 텐데'

01 만약, 그가 정직하다면, 나는 채용할 것이다 그를.

02 만약, 그가 정직하다면, 나는 채용할 텐데 그를.

03 만약, 그가 정직했었더라면, 나는 채용했었을 텐데 그를.

04 만약, 그녀가 계속한다면, 비방하는 것을 나를,
언젠가, 나는 줄 거야, 그녀에게, 한 조각을 내 마음의.

05 만약, 네가 쏟는다면, 그 콩들을, 우리는 있게 될 거야, 문제 속에.

06 우리는 늦을 거예요, 음악회를 위한 (시간에), 만약,
당신이 서두르지 않으면.

07 만약, 우리 제품이 하자가 있으면, 우리는 대체할 겁니다,
그것을, 무료로.

08 만약, 내가 요약해야 한다면, 한 단어로, 자질들을,
만드는, 좋은 관리자를, 나는 말할 텐데,
그것은 모두 내려온다고, 결단력으로.

09 만약, 모든 사람이 아니라면, 대단할 정도로, 건축가가
그 자신의 성격의, 그는 될 것이다, 숙명론자, 무책임한
피조물, 환경의.

01 그가 정직하다면 나는 그를 채용할 것이다.

02 그가 정직하다면 나는 그를 채용할 텐데.

03 그가 정직했었더라면 나는 그를 채용했었을 텐데.

04 그녀가 나를 계속 비방하고 다니면
언젠가 따끔하게 한마디 해야겠어.

05 비밀을 누설하면 우리는 곤경에 처할 거야.

06 서두르지 않으면 음악회에 늦을 거예요.

07 제품에 하자가 있으면 무료로 교환해
드리겠습니다.

08 좋은 관리자로 만드는 자질들을 한 단어로
요약해야 한다면 모든 것은 결단력으로
귀결된다고 말할 텐데.

09 모든 사람이 대단할 정도로 그 자신의
성격의 창조자가 아니라면 그 사람은
숙명론자가 될 것이고, 환경의 무책임한
창조물이 될 것입니다.

🔔 59 '만일(만에 하나) ∼한다면 …할 것이다'

01 만일, 내가 젊어진다면, 다시, 나는 될 **것이다**, 교사가.

02 무엇을 내가 해야 **하지, 만일,** 잃어버리면 시력을?

03 **만일,** 내가 젊어진다면, 다시, 나는 일할 **것이다**, 정말 열심히.

04 **만일,** 네가 실패한**다면** 다시, 무엇을, 너는 할 **것이니?**

01 만일 내가 다시 젊어진다면 나는 교사가
될 것이다.

02 만일 시력을 잃어버리면 나는 어떻게 해야 하지?

03 만에 하나 내가 다시 젊어진다면,
정말 열심히 공부해볼 텐데.

04 만에 하나 네가 또다시 실패한다면 넌
어떻게 할 거니?

If 주어 + 과거완료, 주어 + 과거조동사
= ～했었더라면 …할 텐데
(과거의 사실이 현재에 영향을 미치는
경우에 사용한다.)
If 주어 + 과거, 주어 + 현재
= ～했다면 …할 것이다

I wish + 주어 + 과거동사
= ～이라면 좋을 텐데
I wish + 주어 + 과거완료동사
= ～이었으면 좋을 텐데

as if + 주어 + 과거동사
= 마치 ～인 것처럼
as if + 주어 + 과거완료동사
= 마치 ～이었던 것처럼

👩 PATTERN 60 If 주어 + 과거완료, 주어 + 과거조동사 / If 주어 + 과거, 주어 + 현재

01 If he had not been killed in the war, he would be now thirty years old.

02 If he worked hard last year, he may pass the coming exam.

03 If she was sleeping at that time, it is sure that she didn't see the scene.

👩 PATTERN 61 I wish + 과거동사 / I wish + 과거완료동사

01 I wish I were a bird.

02 I wish you would do so.

03 I wish I could speak English that well.

04 I wish I had a house of my own however humble it might be.

05 I wish I could, but it's already late.

06 I wish I had been rich.

07 I wish I had bought it.

08 I wish you had not married her.

09 I sure wish I hadn't said that to Sam.

👩 PATTERN 62 as if + 과거동사 / as if + 과거완료동사

01 He talks as if he knows me.

02 He talked as if he knew me.

03 He talks as if he had seen me.

04 He talked as if he had seen me.

05 He acts as if he were a millionaire.

🔔 60 '~했었더라면 ⋯할 텐데', '~했다면 ⋯할 것이다'

01 만약, 그가 죽지 않았더라면, 전쟁에서, 그는 되었을 텐데, 지금, 30세가.

02 만약, 그가 일했더라면 열심히, 작년에, 그는 통과할지도 모른다, 다가오는 시험을.

03 만약, 그녀가 잠자고 있었다면, 그 시간에, 그것은 확실하다, 그녀가 못 본 것은, 그 장면을.

01 그가 전쟁에서 죽지 않았다면 그는 지금 30세일 것이다.

02 그가 작년에 열심히 공부했다면 다가오는 시험에 합격할 것이다.

03 그녀가 그 당시에 잠자고 있었다면 그것을 못 본 것이 확실하다.

🔔 61 '~이라면 좋을 텐데', '~이었으면 좋았을 텐데'

01 나는 **바란다**, 내가 한 마리의 새였기를.

02 나는 **바란다**, 당신이 하기를, 그렇게.

03 나는 **바란다**, 내가 말할 수 있기를, 영어를, 저만큼 잘.

04 나는 **바란다**, 내가 가지기를, 집을, 나 자신의, 아무리 초라할지라도 그것이.

05 나는 **바란다**, 내가 (그럴) 수 있기를, 그러나 그것은 이미 늦었다.

06 나는 **바란다**, 내가 부자였기를.

07 나는 **바란다**, 내가 사두었기를 그것을.

08 나는 **바란다**, 당신이 결혼하지 않았기를 그녀와.

09 나는 분명 **바란다**, 내가 말하지 않았기를, 그것을, 샘에게.

01 내가 새라면 좋을 텐데.

02 당신이 그렇게 해주면 좋을 텐데.

03 저만큼 영어를 잘하면 좋겠는데.

04 초라한 집이나마 내 집이 하나 있으면 좋을 텐데.

05 그러고 싶지만 너무 늦었다.

06 내가 부자였으면 좋았을 텐데.

07 사두었더라면 좋았을 텐데.

08 당신이 그녀와 결혼하지 않았으면 좋았을 것을.

09 샘에게 말하지 않았더라면 좋았을 것을.

🔔 62 '마치 ~인 것처럼', '마치 ~이었던 것처럼'

01 그는 말한다, **마치**, 그가 알고 있는 **것처럼** 나를. (직설법)

02 그는 말했다, **마치**, 그가 알고 있는 **것처럼** 나를. (직설법)

03 그는 말한다, **마치**, 그가 본 적이 있었던 **것처럼** 나를.

04 그는 말했다, **마치**, 그가 본 적이 있었던 **것처럼** 나를.

05 그는 행동한다, **마치**, 그가 백만장자인 **것처럼**.

01 그는 마치 나를 아는 것처럼 말한다.

02 그는 마치 나를 아는 것처럼 말했다.

03 그는 마치 나를 본 적이 있었던 것처럼 말한다.

04 그는 마치 나를 본 적이 있었던 것처럼 말했다.

05 그는 마치 백만장자인 것처럼 행동한다.

06   I feel **as if** I had sat on pins and needles.

07   I feel **as if** one day were years.

08   The boy talks **as if** he were quite old.

😮 PATTERN 63 가정문을 포함하는 어구

01   **Unless** you had force of character and physical strength, you **could** not succeed in life.

02   **Without** the rain, we **should** have had a pleasant journey.

03   I **should** be very glad **to go** with you.

문장 중에 would, should, could, might이 있으면 부사어구에 가정의 의미가 내포돼 있다.
*unless = if ~ not
*without = but for = ~이 없다면

😮 PATTERN 64 겸양의 would, should, could, might

01   What **would** you like to have?

02   **I'd** like to have beefsteak.

03   I **would** like to make a tour round the world.

04   **Would** you like a cup of coffee?

05   How **would** you like your coffee?

06   What kind of beer **would** you like?

07   **I'd** like a Miller, please.

일상 회화문에 사용된 would, could는 가정의 의미를 지니므로 겸손한 표현이 된다.

😮 PATTERN 65 have + p.p.

01   I **have** just **finished** it.

02   I **had** just **finished** my breakfast when he came.

03   I shall **have finished** it when you come home.

06 나는 느낀다, **마치**, 내가 앉아 있었던 **것처럼**, 핀과 바늘 위에.

07 나는 느낀다, **마치**, 하루가 여러 해인 **것처럼**.

08 그 소년은 말한다, **마치**, 그가 제법 나이가 든 **것처럼**.

06 바늘방석에 앉은 것 같다.

07 하루가 몇 년 같다.

08 그 소년은 마치 애늙은이처럼 말한다.

🔔 63 가정문을 포함하는 어구

_____

01 **만약**, 네가 갖지 **않으면**, 힘을, 성격과 체력의, 너는 성공할 수 없다, 인생에서.

02 **만약** 비가 **없었다면**, 우리는 가졌을 것이다, 재미있는 여행을.

03 나는 매우 기쁠 것이다, **간다면**, 당신과 함께.

01 성격의 힘과 체력을 갖지 않으면 너는 인생에서 성공할 수 없다.

02 비가 오지 않았다면 우리는 재미있는 여행을 했을 것이다.

03 당신과 함께 간다면 나는 매우 기쁠 것이다.

🔔 64 겸손의 표현

_____

01 무엇을, 당신은 원하십니까, 가지기를?

02 나는 원합니다, 먹기를, 비프스테이크를.

03 나는 원합니다, 만들기를 여행을, 세계 주변(을 도는).

04 당신은 원하십니까, 한 잔의 커피를?

05 어떻게, 당신은 원합니까, 당신의 커피를?

06 어떤 종류의 맥주를, 당신은 좋아하나요?

07 나는 원합니다, 하나의 밀러를, 부탁합니다.

01 무엇을 드시겠습니까?

02 비프스테이크로 하겠습니다.

03 나는 세계 일주 여행을 하고 싶습니다.

04 커피 한 잔 드시겠어요?

05 커피를 어떻게 해드릴까요?

06 어떤 맥주를 드시겠어요?

07 밀러로 주세요.

🔔 65 ~한 상태(경험)을 가지고 있다.

_____

01 나는 **가지고 있다**, 방금 끝마친 (**상태를**) 그것을. (완료)

02 나는 **가졌다**, 방금 끝마친 (**상태를**), 아침 식사를, 그가 들어왔을 때. (완료)

03 나는 **가지게 될 것이다**, 끝마친 (**상태를**) 그것을, 네가 집에 올 때까지는. (완료)

01 나는 그 일을 방금 끝냈다.

02 그가 들어왔을 때 나는 막 아침 식사를 마쳤다.

03 네가 집에 올 때까지는 내가 그 일을 마쳤을 것이다.

have + p.p.는 있는 그대로 '〜한 상태(경험)를 가지고 있다'로 해석한다.
즉 -ed는 발생한 동작을 나타내는 명사 상당어로서 have의 목적어가 된다.
have p.p.는 흔히 완료, 경험, 결과, 계속적 용법으로 분류되고 있는데 p.p.를 명사 상당어로 처리하면 그 뜻이 자명해진다.
have p.p.는 현재완료, had p.p.는 과거완료, will have p.p.는 미래완료로 분류하는데, p.p.는 명사 상당어구에 불과하고 have는 현재형, had는 과거형, will have는 미래형일 뿐이다.

04 I have seen him before.

05 I have been to Honolulu.

06 I have lost my watch.

07 He has gone to the station.

08 It has been raining since the day before yesterday.

04 나는 **가지고 있다**, 그를 본 (**경험을**), 전에.(경험)

05 나는 **가지고 있다**, 호놀룰루에 간 (**경험을**).(경험)

06 나는 **가지고 있다**, 잃어버린 (**상태를**) 나의 시계를.(결과)

07 그는 **가지고 있다**, 가버린 (**상태를**), 역으로.(결과)

08 날씨(it)는 **가지고 있다**, 비가 내리고 있는 (**상태를**),

그저께부터.(계속)

04 나는 그를 본 적이 있다.

05 나는 호놀룰루에 간 적이 있다.

06 나는 시계를 잃어버렸다.

07 그는 역으로 가버렸다.

08 그저께부터 계속 비가 내리고 있다.